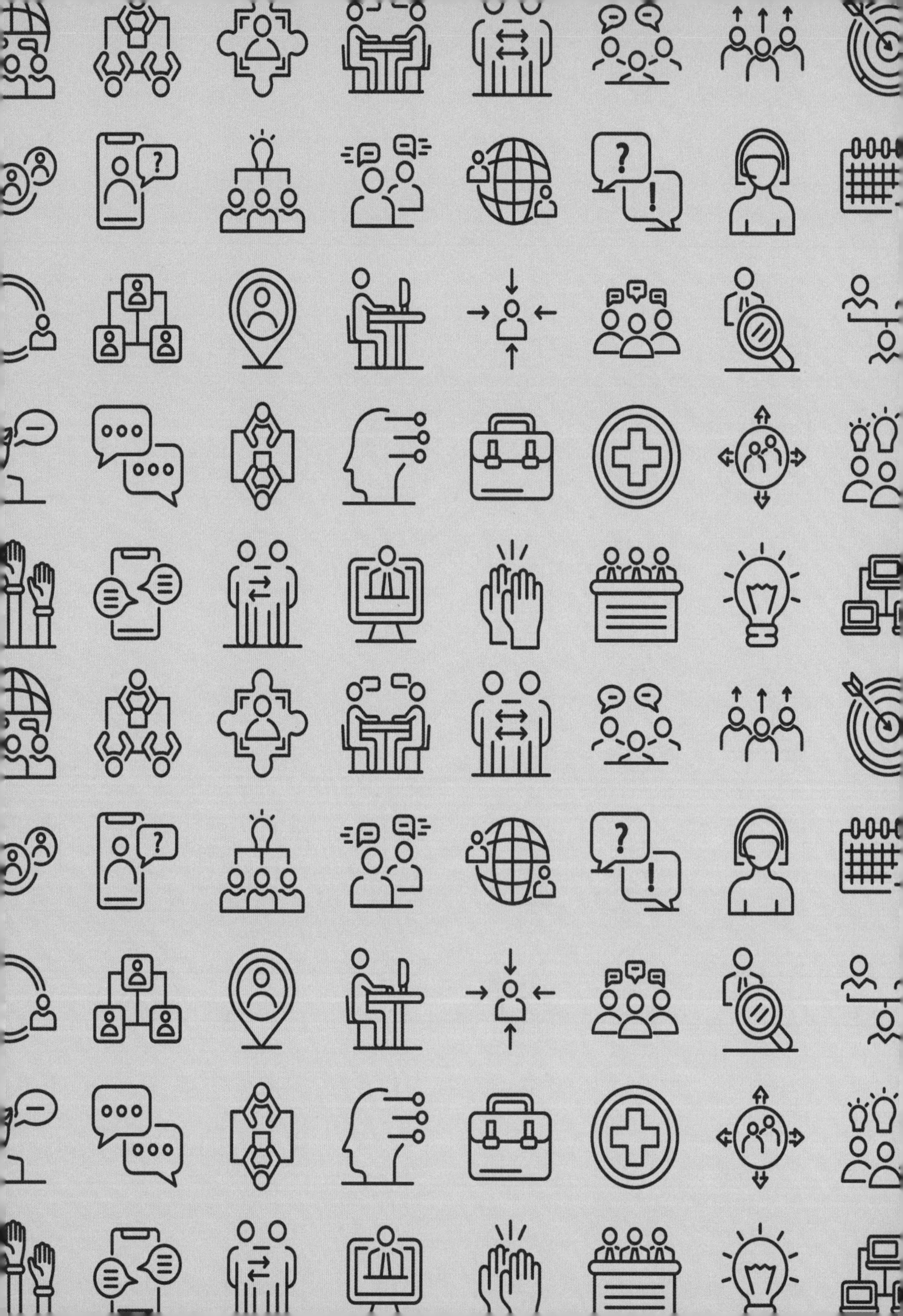

성경의 진리에 대한 백과사전
Encyclopedia of Bible Truths

사회학

성경의 진리에 대한 백과사전
Encyclopedia of Bible Truths

사회학

초판 1쇄 발행 2022년 8월 15일

지은이 루스 헤이콕
옮긴이 서혜란
펴낸이 김한수
편 집 박민선

펴낸곳 한국NCD미디어
등 록 과천 제2016-000009호
주 소 경기도 과천시 문원청계2길50 로고스센터 206호
전 화 02-3012-0520
이메일 ncdkorea@hanmail.net
홈주소 www.ncdkorea.net

ISBN 979-11-91609-20-2 03230

ACSI
Association of Christian Schools International

값 18,500원

성경의 진리에 대한 백과사전

Encyclopedia of Bible Truths

사회학

루스 헤이콕 지음 | 서혜란 옮김

ACTS 교육연구소

한국NCD미디어

서문

오늘날 기독교 학교 교육은 전 세계 수많은 학생의 삶에 영향을 미치고 있습니다. 기독교 학교 교육은 하나님 말씀을 광범위한 교육과정에 신중하게 연계하여 통합함으로써 기독교 세계관을 발전시키는 데 중점을 둡니다. 그리스도 중심의 학교Christ-centered schools는 젊은 세대가 예수를 위해 살도록 실질적인 변화를 나타내고 있습니다. 과목은 다를지라도 성경적 원리가 각 주제에 스며들면, 기독교 세계관은 학생들의 마음과 이성hearts and minds에 정교하게 아로새겨져 사고 및 의사결정에 평생 영향을 미칩니다. 이 책은 여러분이 각 학문 분야와 하나님 말씀 사이에 중요한 연결을 만드는 데 도움이 되도록 세심하게 설계되었습니다.

성경적 진리에 대한 백과사전The Encyclopedia of Bible Truth은 재능 있는 연구자이자 작가 그리고 기독교 교사인 루스 헤이콕Ruth Haycock 박사의 작품입니다. 헤이콕 박사는 이 책이 담고 있는 귀중한 정보들을 편찬하는데 삶을 헌신하였습니다. 지금은 천국에서 자신의 이타적이고 희생적이었던 사역에 대한 영원한 상급을 누리고 있으며, 이 책을 통해 전 세계의 기독교 교육자들은 자신의 가르침을 발전시키는 기회를 얻고 있습니다.

성경적 진리에 대한 백과사전은 기독교 학교 교실에서 성경적 통합을 위해 필요한 유일한 자료로 기획되지는 않았습니다. 다만, 대부분 과목에서 수업 준비와 프로젝트 과제를 위한 도움을 제공하고자 기획하였습니다. 우리는 여러분이 이 귀중한 자료를 활용함으로써 학생들이 성경적으로 통합된 학문을 경험하고, 하나님 말씀의 타당성과 진리가 살아나기를 바랍니다.

이와 같은 시기에 여러분이 학생들을 준비시킬 수 있도록 이 강력한 교수 자료를 추천하게 되어 영광입니다.

켄 스미더만Ken Smitherman 법학박사
국제 기독교 학교 연맹 회장Association of Christian Schools International

서론

흔히들 "세속적인 학교에 다니는 크리스천 학생은 진리로부터 가려져 있다; 결과적으로 그는 그리스도의 형상보다 세상을 따른다."라고 말합니다. 일반적으로, 기독교 학교와 관계를 맺고 있는 사람들은 이런 말에 동의하는데 기록된 말씀인 성경과 살아있는 말씀인 그리스도가 없다면 학생들은 진리를 알지 못하고 쉽게 현혹된다는 것을 알기 때문입니다. 학생들은 하나님께서 뜻하신 모습으로 성장하는 데 필요한 가장 중요한 것들을 얻지 못하고 있습니다.

한편, 기독교 학교에서도 학생들은 진리로부터 가려질 수 있습니다. 특히 학업에 있어서 더욱 그렇습니다. 성경 수업과 예배에 참여하고, 기독교 규범과 훈련을 따르고, 봉사에 적극적일 수 있으나 여전히 세속적인 학문 교육을 주로 받고 있습니다. 주변의 비기독교 학교와 비교할 때도 교육 내용과 방법이 매우 유사해서 방문자들은 차이를 발견하지 못할 수도 있습니다.

기독교 학교가 늘어나면서 많은 크리스천 교사가 공립학교에서 기독교 학교로 이동하였습니다. 그들은 복음을 자유롭게 전하며 가치 있게 생각하는 모든 것을 가르칠 수 있음을 기뻐하고 더 높은 수준의 훈련과 성취감에 만족해 왔습니다. 그러나 많은 경우, 과목에 대한 이전의 관점을 새로운 학교로 그대로 가져왔는데 그것이 그들이 알고 있는 유일한 관점이기 때문입니다. 크리스천 교사들은 공립학교에서 교육받았고 대학에서 기초를 쌓으며 어떻게 가르쳐야 하는지를 배웠습니다. 수년 동안 세속적인 인본주의 교과서와 교사 매뉴얼을 사용했습니다.

새로운 교사들도 세속 기관에서 교육받았든지 혹은 기독교 대학이든지 그들을 지도한 교수는 인본주의 대학과 대학원에서 훈련받은 이들이었습니다. 너무나 자주 일반적으로 "어디서 가르치든 상관없이 결국 사회학은 사회학이지요. 그렇지 않나요? 왜 기독교 학교에서는 다른 사회학을 기대하는 것이죠?"라고 생각합니다. 물론, 이러한 태도는 거의 모든 다른 교과 영역에서도 나타납니다.

우리가 실제로 성경이 기독교 교리뿐 아니라 역사와 과학을 비롯한 모든 과목에 대해 권위가 있다고 믿는다면 가르치는 모든 주제에 관하여 성경이 이야기하는 바를 찾아야 할 의무가 있습니다. 하나님께서 말씀하시는 것을 드러내지 못하고 다른 측면을 가르친다면 우리는 진리를 가리고 이야기의 일부분만을 전하게 됩니다.

우리가 가르치는 것은 순전히 인본주의적이며 성경의 진리에 반하는 것일 수 있고 혹은 어느 정도는 진리이나 불완전한 것일 수도 있습니다. 어느 경우이든지 학생들의 사고는 세상의 방식에 영향을 받습니다. 하나님께서는 세상에 순응하는 것이 아니라 하나님의 선하시고, 기뻐하시고, 온전하신 뜻이 무엇인지 분별할 수 있는 새로워진 마음renewed mind으로 살도록 요청하십니다.

기독교 학교들이 학문적 영역에서 기독교 진리를 드러내고, 성경적 삶과 세계관을 제시하려면 교사들은 각 과목에 대해 성경이 이야기하는 것을 더 잘 알아야 합니다. 학생들이 학습에 참여하고, 성경적 관점을 이해하며, 수용할 수 있는 방법을 찾아야 합니다. 더불어 기독교 교사들은 성경적 원리에 근거한 교과서 및 다른 자료들을 편찬하기 위해 서로 도와야 합니다.

성경 수업은 도덕적 행위나 기독교 품행을 가르치는 것으로 충분하지 않습니다. 역사적 사건들 혹은 과학적 관찰을 사용하여 영적 진리를 설명하는 것도 적절하지 않습니다. 역사와 과학은 많은 교훈을 제시하지만, 성경이 추구하는 진정한 통합은 아닙니다. 하나님께서 돈, 사형, 동물을 다루는 방법에 대해 무엇을 말씀하시는지를 찾아서 각 해당 교과에서 가르치는 것과 다릅니다.

다시 말하지만, 문법 수업에서 성경 구절을 사용하거나 철자 수업에서 성경의 단어를 사용한다고 해서 반드시 성경적 관점을 배우는 것은 아닙니다. 학습서나 교과서에서 성경 구절을 자주 인용하거나 예술 작품에서 성경적 주제들을 사용한다고 해서 그 주제를 성경적으로 배웠다고 확신할 수 없습니다. 기독교 학교 교육은 분명히 성경 구절과 단어, 성경적 인용과 주제를 연구해야 하지만, 진리를 통합한다는 것은 훨씬 더 깊은 문제입니다.

기독교 학교는 모든 영역에서 학생들에게 하나님의 진리를 가르치고, 모든 진리는 하나님으로부터 말미암음을 알도록 도와야 합니다. 먼저 학년별로, 전도 수업이든 경제 수업이든 성경은 무오한 하나님의 말씀으로 철저히 가르쳐야 합니다. 다음으로 주제에 대한 기독교적 관점은 성경 수업에서만 다루는 것이 아니라 각 교과목에 포함되어야 합니다.

예를 들어, 고전 문학을 공부할 때 기독교 저술이 포함되어야 합니다. 팔레스타인과 이스라엘은 역사적으로나 지리적으로 중동을 살펴보기에 적합한 장소입니다. 그렇지 못한다면 우리는 학생들에게 성경과 교과는 분리된 것이며 하나님 말씀은 오직 성경 수업에서만 다루는 것이라고 말하는 것과 같습니다. 이와 같은 메시지는 학생들에게 소위 지적 분열을 형성한 채 졸업하게 함으로써 기독교 학교의 목적과는 어긋나게 될 것입니다.

이번 시리즈에 포함된 원리 및 성경 구절들은 과목별로 각 주제에 대한 하나님 말씀과 다른 자료들의 연구를 촉진하고자 구성되었습니다. 주님께서 당신의 걸음을 인도하시며 지혜를 더하시기를 바랍니다.

루스 헤이콕Ruth C. Haycock 박사

Contents

사회학

역사

역사: 성경적 개념

I. 역사에 대한 우리의 태도

1. 하나님께서는 성문 기록written records을 보관하라고 지시하셨습니다.

2. 하나님께서는 우리가 역사를 알기를 원하십니다.

3. 하나님께서는 우리가 역사적 지식을 통해 배우기를 기대하십니다.

4. 하나님께서는 계획을 세우시고 성취하십니다. 역사는 그 계획의 진전을 기록합니다.

5. 하나님께서 역사를 통해 다루시는 일들은 하나님이 어떤 분이신지 드러냅니다.

6. 하나님께서는 자녀들이 하나님의 계획에 따르며 그의 도구가 될 책임을 부여하십니다.

II. 하나님과 역사의 관계

1. 하나님께서는 주권자이십니다. 어떤 사람이나 민족도 하나님을 지배할 수 없습니다.

2. 하나님께서는 절대 놀라지 않으십니다. 일어나는 일들은 하나님의 계획에 부합합니다.

3. 하나님께서는 민족의 역사를 계획하십니다. 하나님께서는 목적을 두시고 일을 행하십니다.

4. 하나님께서는 통치자의 흥망성쇠를 다스리십니다.

5. 하나님께서는 통치자들이 하나님의 인도하심을 구할 때 그들을 이끄십니다.

6. 하나님께서는 목적을 성취하시기 위해 이방 나라들도 사용하십니다.

7. 하나님께서는 나라뿐 아니라 개인도 다루십니다.

8. 하나님께서는 예정된 심판을 종종 하나님 이름의 영광을 위하여 보류하십니다.

9. 일반적인 심판의 때 하나님께서는 항상 있지는 않지만 종종 하나님을 신뢰하는 자들을 구원하십니다.

10. 하나님께서는 그의 종들에게 다른 이들에게는 알려지지 않은 미래의 일들을 자주 계시하셨습니다.

III. 국가와 하나님의 관계
(앞에서 언급한 개념에 덧붙여)

1. 하나님께서는 모든 나라와 그 나라 사람들에게 관심이 있으십니다.

2. 모든 국가는 하나님께 책임이 있습니다.

3. 모든 나라의 역사는 하나님과 백성들에 대한 각 나라의 태도에 달려있습니다.

4. 하나님을 떠나거나 하나님보다 자신을 높이는 민족은 안전하지 않습니다.

5. 하나님께서 한 나라를 사용하셔서 다른 나라를 심판하신다고 하여 그 나라가 하나님께 대한 책임에서 해방되는 것은 아닙니다.

6. 하나님께서는 이스라엘을 위한 특별한 장소와 미래를 가지고 계십니다.

7. 하나님께서는 이스마엘[아랍]의 후손이 큰 민족을 이루게 될 것을 약속하셨습니다.

8. 하나님을 대적하는 사단은 국가의 역사에 영향을 미쳤습니다.

9. 궁극적으로 모든 민족은 하나님을 예배할 것입니다.

국가의 주기 The Cycle of Nation

1. 속박 - 포로, 노예
2. 영적 믿음 - 하나님께로 돌아감
3. 위대한 용기의 행동 - 어려움, 위험, 고통에도 불구하고 옳은 일을 행함
4. 자유와 풍요 - 자유와 큰 축복
5. 이기심 - 자신의 이익을 취함 (남을 희생시켜)
6. 안주함 - 은밀한 만족
7. 무감각 - 무관심, 감정의 부족
8. 의존성 - 타인에 의한 통제 혹은 영향
9. 속박 - 포로, 노예

_ 출처를 알 수 없음; Temple Times(9월호 28, 1980년)에서 인용.

역사: 성경적 배경

I. 역사에 대한 우리의 태도

1.하나님께서는 성문 기록written records을 보관하라고 지시하셨습니다.

출애굽기 17장 14절
아말렉을 이긴 승리에 대한 설명:
여호와께서 모세에게 이르시되 이것을 책에 기록하여 기념하게 하고 여호수아의 귀에 외워 들리라 내가 아말렉을 없이하여 천하에서 기억도 못 하게 하리라

출애굽기 34장 27-28절
하나님께서 두 번째 계명을 주실 때:
27. 여호와께서 모세에게 이르시되 너는 이 말
들을 기록하라 내가 이 말들의 뜻대로 너와 이
스라엘과 언약을 세웠음이니라 하시니라 28. 모
세가 여호와와 함께 사십 일 사십 야를 거기 있
으면서… 여호와께서는 언약의 말씀 곧 십계명
을 그 판들에 기록하셨더라

하나님께서는 말씀을 기록하셨을 뿐 아니라 모세에게 기록하도록 지시하셨습니다.

신명기 17장 18-20절
이스라엘의 미래 왕에 대한 하나님의 명령:
18. 그가 왕위에 오르거든 이 율법서의 등사본을 레위 사람 제사장 앞에서 책에 기록하여…

왕은 하나님의 말씀을 기록하여 사본을 만들어 소유하고 매일 연구해야 합니다.

신명기 31장 19, 21-22절
모세에게 말씀하시는 하나님:
19. 그러므로 이제 너희는 이 노래를 써서 이스라엘 자손들에게 가르쳐 그들의 입으로 부르게 하여 이 노래로 나를 위하여 이스라엘 자손들에게 증거가 되게 하라

예레미야 30장 2절
예레미야에게 말씀하시는 하나님:
이스라엘의 하나님 여호와께서 이와 같이 말씀하여 이르시기를 내가 네게 일러 준 모든 말을 책에 기록하라
[36장 2, 27-28절; 에스겔 43장 11절을 함께 참조하세요.]

다니엘 12장 4, 8-9절
하나님께서는 다니엘에게 마지막 때까지 하나님께서 주신 예언의 글을 봉하도록 말씀하셨습니다. 다니엘은 하나님의 말씀을 모두 깨닫지 못했지만 미래를 위해 기록했습니다.

누가복음 1장 1-4절
여기에 구체적인 명령이 기록되어 있지는 않지만 누가는 복음서를 기록하는 것의 중요성을 설명합니다.

요한계시록 1장 11, 19절, 2장 1, 8, 12, 18절, 3장 1, 7, 14절, 19장 9절, 21장 5절
사도 요한에게 말씀하시는 그리스도:
11. 네가 보는 것을 두루마리에 써서… 일곱 교회에 보내라 하시기로… 19. 그러므로 네가 본 것과 지금 있는 일과 장차 될 일을 기록하라

2. 하나님께서는 우리가 역사를 알기를 원하십니다.

하나님 말씀의 많은 부분은 역사적 기록입니다. 모세오경, 구약의 열두 역사서, 예언서의 많은 역사적 설명, 그리스도의 삶과 사역에 관한 복음서의 설명, 초대 교회의 역사에 대한 사도행전의 설명, 바울의 서신서에 담겨 있는 역사 및 자전적 스케치, 요한계시록의 전반부 장들에서 요한의 경험에 대한 기록을 자세히 살펴보십시오. 이 정도의 역사적 의미라면 하나님께서 우리가 역사를 아는 것에 대해 관심을 두고 계신다는 것을 의심할 수 없습니다.

신명기 1장 1절-4장 2절
다음은 약속의 땅에 들어가려는 새로운 세대를 위해 반복적으로 기록된 내용입니다. 광야에서 방황했던 이야기가 상세하게 설명됩니다. 하나님께서는 이 새로운 세대가 이전에 일어난 일들을 아는 것을 중요하게 여기셨습니다.

여호수아 24장 1-13절
여기에서도 죽기 직전에 여호수아는 이스라엘의 역사와 주님만을 찾고 섬겨야 할 것을 반복하여 전하도록 지시받았습니다.

시편 78편
이스라엘의 역사는 노래로 기록되었고, 다음 세대들이 역사를 아는 그것에 관한 관심을 나타냅니다:
4. 우리가 이를 그들의 자손에게 숨기지 아니하고 여호와의 영예와 그의 능력과 그가 행하신 기이한 사적을 후대에 전하리로다 5. 여호와께서 증거를… 세우시며 법도를… 정하시고 우리 조상들에게 명령하사 그들의 자손에게 알리라 하셨으니 6. 이는 그들로 후대 곧 태어날 자손에게 이를 알게 하고 그들은 일어나 그들의 자손에게 일러서…
[시편 136편을 함께 참조하세요.]

3. 하나님께서는 우리가 역사적 지식을 통해 배우기를 기대하십니다.

신명기 4장 32-34절
32. 네가 있기 전 하나님이 사람을 세상에 창조하신 날부터 지금까지 지나간 날을 상고하여 보라 하늘 이 끝에서 저 끝까지 이런 큰 일이 있었느냐 이런 일을 들은 적이 있었느냐 33. 어떤 국민이… 말씀하시는 하나님의 음성을 너처럼 듣고 생존하였느냐 34. 어떤 신이 와서… 한 민족을 다른 민족에게서 인도하여 낸 일이 있느냐 이는 다 너희의 하나님 여호와께서 애굽에서 너희를 위하여 너희의 목전에서 행하신 일이라

신명기 7장 17-19절
이스라엘이 그 땅의 민족들을 두려워하게 될 때, 하나님께서 이미 행하셨던 일들을 기억하도록 하셨습니다.
[사사기 10장 11-13절을 함께 참조하세요.]

역대하 20장 6-13절
여호사밧 왕이 일찍이 하나님께서 이스라엘에 행하신 일을 알게 되었고 이는 모압과 암몬으로부터 구원하실 하나님께 대한 믿음의 근원이 되었습니다.
[450년 전으로 여겨지는 민수기 20장을 참조하십시오.]

에스겔 5장 13절
이와 같이 내 노가 다한즉 그들을 향한 분이 풀려서 내 마음이 가라앉으리라 내 분이 그들에게 다한즉 나 여호와가 열심으로 말한 줄을 그들이 알리라 (에스겔 25장, 35장 2-4절)

다니엘 5장 18-23절
다니엘은 벨사살에게 하나님께서 느부갓네살의 교만을 어떻게 심판하셨는지 상기시켰습니다:
22. 벨사살이여 왕은 그의 아들이 되어서 이것을 다 알고도 아직도 마음을 낮추지 아니하고
23. 도리어 자신을 하늘의 주재보다 높이며

다니엘 9장 2-3, 11-14절
바벨론에서 다니엘은 예레미야의 글을 공부했습니다. 하나님께서는 예루살렘이 황폐해질 70년의 기간을 계시하셨고 기록된 대로 행하셨습니다:
11-14절에서 다니엘은 이스라엘에 임한 재앙이 천 년 전에 기록된 모세의 율법이 성취된 것임을 깨달았습니다. (신명기 28장 15-68절)

고린도전서 10장 11절
그들에게 일어난 이런 일은 본보기가 되고 또한 말세를 만난 우리를 깨우치기 위하여 기록되었느니라

[역사에 대한 지식의 부족과 그로 인한 비극적인 결과에 대한 예로써 출애굽기 1장 8, 13절 그리고 사사기 2장 8-12절을 함께 참조하세요.]

에스더 6장은 때마침 역사를 알게 된 왕에 대한 흥미진진한 이야기입니다.

> 역사는 예언이 펼쳐진 두루마기입니다.
> _ 제임스 가필드(James A. Garfield), 미국 대통령, 1831-1881.

4. 하나님께서는 계획을 세우시고 성취하십니다. 역사는 그 계획의 진전을 기록합니다.

이사야 45장 18절
하나님께서는 사람이 거주하도록 땅을 창조하셨습니다.

창세기 1장 26절
하나님의 다스림 아래 사람은 모든 것을 다스리도록 창조되었습니다.

창세기 3장 15절
하나님께서는 구원자와 왕을 약속하셨습니다.
[이사야 9장 6-7절, 미가 5장 2절을 함께 참조하십시오.]

창세기 12장 2절
하나님께서는 이스라엘이 큰 민족을 이루며, 그들로 인하여 모든 민족이 복을 받을 것임을 약속하셨습니다.
[창세기 22장 17-18절, 26장 24절, 28장 3-4절, 35장 9-12절을 함께 참조하세요.]

예레미야 32장 27-44절
하나님께서는 민족들을 흩으신 후, 이스라엘을 회복하실 것을 약속하셨습니다.

마태복음 5장 17-18절
그리스도의 말씀:
17. 내가 율법이나 선지자를 폐하러 온 줄로 생각하지 말라 폐하러 온 것이 아니요 완전하게 하려 함이라 18. 진실로 너희에게 이르노니 천지가 없어지기 전에는 율법의 일점 일획도 결코 없어지지 아니하고 다 이루리라

누가복음 24장 27절
엠마오로 가는 길에서:
이에 모세와 모든 선지자의 글로 시작하여 모든 성경에 쓴 바 자기에 관한 것을 자세히 설명하시니라

고린도전서 15장 23-28절
하나님께서는 모든 것을 지배하십니다.

에베소서 1장 10절
모든 것은 그리스도 안에서 통일됩니다. 하나님의 궁극적인 목적은 모든 것이 하나님을 영화롭게 하는 것입니다.
[이어지는 구절을 함께 참조하세요.]

에베소서 1장 12절
이는 우리가 그리스도 안에서 전부터 바라던 그의 영광의 찬송이 되게 하려 하심이라

에베소서 2장 7절
이는 그리스도 예수 안에서 우리에게 자비하심으로써 그 은혜의 지극히 풍성함을 오는 여러 세대에 나타내려 하심이라

에베소서 3장 10절
이는 이제 교회로 말미암아 하늘에 있는 통치자들과 권세들에게 하나님의 각종 지혜를 알게 하려 하심이니

5. 하나님께서 역사를 통해 다루시는 일들은 하나님이 어떤 분이신지 드러냅니다.

창세기 6장 8, 13-14, 21절, 7장 1절, 8장 1절
하나님께서는 멸하고자 하시는 악한 세대 가운데서 노아에게 은혜를 베푸셨습니다.

시편 107편
1. 여호와께 감사하라 그는 선하시며 그 인자하심이 영원함이로다… 15. 여호와의 인자하심과 인생에게 행하신 기적으로 말미암아 그를 찬송할지로다… 43. 지혜 있는 자들은 이러한 일들을 지켜보고 여호와의 인자하심을 깨달으리로다
시편 전체는 선하시고 자비하신 하나님의 역사를 반복하여 나타냅니다.

시편 136편
여기에서 하나님의 지혜와 자비는 세상을 창조하시고 이스라엘을 위해 공급하신 일을 통해 설명됩니다.

예레미야 44장 22-28절
하나님께서는 예레미야를 통해 애굽에 있는 유대인들이 하늘의 여왕에게 행한 분향에 관하여 말씀하십니다. 하나님께서는 이스라엘의 죄를 다루심으로써 하나님의 전지하심과 거룩하심을

나타내십니다.

요한복음 3장 16절
하나님이 세상을 이처럼 사랑하사…
하나님의 사랑은 역사 가운데 가장 위대한 사건인 예수 그리스도를 이 땅에 보내심을 통해 나타납니다.

디모데전서 1장 13-14절
간증을 통해 사도바울은 비방자이자 박해자였던 자신에게 하나님께서 행하신 일을 드러냄으로써 하나님의 자비와 은혜를 나타냅니다.

> "하나님께서 스스로를 드러내시며, 그가 심지 않은 것은 무엇이든 흔들고 짓밟으시는 것을 제외하고는, 모든 역사란 무엇인가."
> _ 올리버 크롬웰(Oliver Cromwell), 1599-1658

6. 하나님께서는 자녀들이 하나님의 계획에 따르며 그의 도구가 될 책임을 부여하십니다.

로마서 6장 13절
또한 너희 지체를 불의의 무기로 죄에게 내주지 말고 오직 너희 자신을 죽은 자 가운데서 다시 살아난 자 같이 하나님께 드리며 너희 지체를 의의 무기로 하나님께 드리라

로마서 12장 1-2절
1. …너희 몸을 하나님이 기뻐하시는 거룩한 산 제물로 드리라 이는 너희가 드릴 영적 예배니라
2. 너희는… 변화를 받아 하나님의 선하시고 기뻐하시고 온전하신 뜻이 무엇인지 분별하도록 하라

에베소서 2장 10절
우리는 그가 만드신 바라 그리스도 예수 안에서 선한 일을 위하여 지으심을 받은 자니 이 일은 하나님이 전에 예비하사 우리로 그 가운데서 행하게 하려 하심이니라

II. 하나님과 역사의 관계

1. 하나님께서는 주권자이십니다. 어떤 사람이나 민족도 하나님을 지배할 수 없습니다.

사사기 7장 1-8절
하나님께서는 기드온의 군사를 줄이셨습니다:
2. …너를 따르는 백성이 너무 많은즉… 이스라엘이 나를 거슬러 스스로 자랑하기를 내 손이 나를 구원하였다 할까 함이니라

에스라 6장 22절
바벨론과 앗수르의 포로생활에서 돌아온 후 유월절을 다시 지켰을 때:
…이는 여호와께서 그들을 즐겁게 하시고 또 앗수르 왕의 마음을 그들에게로 돌려 이스라엘의 하나님이신 하나님의 성전 건축하는 손을 힘 있게 하도록 하셨음이었더라

욥기 12장 23절
민족들을 커지게도 하시고 다시 멸하기도 하시며 민족들을 널리 퍼지게도 하시고 다시 끌려가게도 하시며

시편 22편 28절
나라는 여호와의 것이요 여호와는 모든 나라의 주재심이로다

잠언 21장 1절
왕의 마음이 여호와의 손에 있음이 마치 봇물과 같아서 그가 임의로 인도하시느니라

이사야 23장 7-9절
7. 이것이 옛날에 건설된 너희 희락의 성 곧 그 백성이 자기 발로 먼 지방까지 가서 머물던 성
읍이냐 8. …두로에 대하여 누가 이 일을 정하였
느냐 9. 만군의 여호와께서 그것을 정하신 것이라 모든 누리던 영화를 욕되게 하시며…

이사야 40장 13-17절
14. 그가 누구와 더불어 의논하셨으며 누가 그를 교훈하였으며… 15. 보라 그에게는 열방이 통의 한 방울 물과 같고 저울의 작은 티끌 같으며 섬들은 떠오르는 먼지 같으리니… 17. 그의 앞에는 모든 열방이 아무것도 아니라 그는 그들을 없는 것 같이, 빈 것 같이 여기시느니라
[46장 9-10절을 함께 참조하세요.]

예레미야 46장 1-26절 (특히, 19-20, 24-26절)
하나님께서는 바벨론에 의한 애굽의 멸망을 약속하셨습니다.
[또한 하나님께서 연이은 민족들에 대한 멸망을 약속하셨던 다음의 구절들을 참조하세요: 47장 1-7절. 블레셋; 48장 2, 7-8, 11-13, 42절, 모압; 49장 15절, 에돔; 49장 35-38절, 에돔; 50장 9절, 바빌론.]

에스겔 25장 5절
암몬 족속에게 말씀하시는 하나님:
내가 랍바를 낙타의 우리로 만들며 암몬 족속의 땅을 양 떼가 눕는 곳으로 삼은즉 내가 주 여호와인 줄을 너희가 알리라

에스겔 25장 7, 11, 14, 17절
하나님께서는 민족들에 대한 역사를 계획하셨고, 이로 인해 모든 민족은 하나님을 경외할 것입니다.
[26장 6절, 28장 22-24절, 29장 6, 9, 16절, 30장 8, 19, 25-26절, 33장 29절, 35장 9-13절, 36장 34-36절, 39장 21-29절을 함께 참조하세요.]

에스겔 29장 3, 9절
하나님께서는 특히 하나님을 거부하고, 나일강이 자신들의 것이며 스스로 만들었다고 여기는 애굽의 멸망을 약속하셨습니다.

에스겔 38-39장
북쪽과 동쪽의 민족들이 이스라엘을 약탈하고 멸망시키기 위해 연합할 때, 하나님께서 그들을 지진으로(38장 19-20절), 내분으로(38장 21절), 질병과 폭우로(38장 22절) 멸하실 것입니다. 이를 통해, 하나님께서는 민족들에게 하나님의 능력을 알게 하실 것입니다:
23. 이같이 내가 여러 나라의 눈에 내 위대함과 내 거룩함을 나타내어 나를 알게 하리니 내가 여호와인 줄을 그들이 알리라
[39장 7절을 함께 참조하세요.]

오바댜 1장 3, 4, 8절
에돔에게 말씀하시는 하나님:
3. 너의 마음의 교만이 너를 속였도다 바위 틈에 거주하며 높은 곳에 사는 자여 네가 마음에 이르기를 누가 능히 나를 땅에 끌어내리겠느냐 하

니 4. 네가 독수리처럼 높이 오르며 별 사이에 깃들일지라도 내가 거기에서 너를 끌어내리리라 여호와의 말씀이니라 8. 여호와의 말씀이니라 그 날에 내가 에돔에서 지혜 있는 자를 멸하며 에서의 산에서 지각 있는 자를 멸하지 아니하겠느냐

말라기 1장 4절
에돔은 말하기를 우리가 무너뜨림을 당하였으나 황폐된 곳을 다시 쌓으리라 하거니와 나 만군의 여호와는 이르노라 그들은 쌓을지라도 나는 헐리라 사람들이 그들을 일컬어 악한 지역이라 할 것이요 여호와의 영원한 진노를 받은 백성이라 할 것이며

마태복음 28장 18절
예수께서 나아와 말씀하여 이르시되 하늘과 땅의 모든 권세를 내게 주셨으니

사도행전 5장 39절
가말리엘의 회상:
만일 하나님께로부터 났으면 너희가 그들을 무너뜨릴 수 없겠고 도리어 하나님을 대적하는 자가 될까 하노라 하니

2. 하나님께서는 절대로 놀라지 않으십니다. 일어나는 일들은 하나님의 계획에 부합합니다.

창세기 45장 4-11절
요셉의 말:
7. 하나님이 큰 구원으로 당신들의 생명을 보존하고 당신들의 후손을 세상에 두시려고… 8. 그런즉 나를 이리로 보낸 이는 당신들이 아니요 하나님이시라…
[50장 19-21절을 함께 참조하세요.]

출애굽기 3장 19-21절
하나님께서 모세에게 말씀하셨습니다:
19. 내가 아노니 강한 손으로 치기 전에는 애굽왕이 너희가 가도록 허락하지 아니하다가 20. 내가 내 손을 들어 애굽 중에 여러 가지 이적으로 그 나라를 친 후에야 그가 너희를 보내리라

출애굽기 4장 21-23절
21. 여호와께서 모세에게 이르시되 네가 애굽으로 돌아가거든 내가 네 손에 준 이적을 바로 앞에서 다 행하라 그러나 내가 그의 마음을 완악하게 한즉 그가 백성을 보내 주지 아니하리니
[9장 35절, 10장 1-2, 20, 27절, 14장 4, 8-17절을 함께 참조하세요.]

3. 하나님께서는 민족의 역사를 계획하십니다. 하나님께서는 목적을 두시고 일을 행하십니다.

신명기 7장 7-8절
하나님께서는 이스라엘이 큰 민족이기 때문이 아니라, 하나님의 사랑과 언약 때문에 이스라엘을 택하셨습니다.

신명기 8장 3절
하나님께서는 이스라엘을 주리게도 하시고 먹이기도 하심으로 하나님 말씀으로 살아가는 것이 중요하다는 것을 알게 하셨습니다.

다니엘 7장
다니엘의 꿈이 해석되었습니다; 4개의 큰 나라

가 순서대로 설명됩니다.
[8장 3-12, 20-25절을 함께 참조하세요.]

스바냐 3장 8절
하나님께서는 민족들을 심판하실 것입니다:
나 여호와가 말하노라 그러므로 내가 일어나 벌할 날까지 너희는 나를 기다리라 내가 뜻을 정하고 나의 분노와 모든 진노를 쏟으려고 여러 나라를 소집하며 왕국들을 모으리라 온 땅이 나의 질투의 불에 소멸되리라

스바냐 3장 14-20절
하나님께서는 이스라엘의 회복을 약속하셨습니다:
20. 내가 그 때에 너희를 이끌고… 너희에게 천하 만민 가운데서 명성과 칭찬을 얻게 하리라

스가랴 14장
이스라엘과 싸우기 위해 모이는 모든 나라들(2절); 하나님께서 나타나시고 그의 왕국을 세우심(3, 9절); 왕께 경배하는 모든 나라들(16절)
[대선지서와 소선지서에서 많은 국가적 예언을 함께 참조하세요.]

4. 하나님께서는 통치자의 흥망성쇠를 다스리십니다.

잠언 8장 15-16절
15. 나로 말미암아 왕들이 치리하며 방백들이 공의를 세우며 16. 나로 말미암아 재상과 존귀한 자 곧 모든 의로운 재판관들이 다스리느니라

잠언 20장 28절
왕은 인자와 진리로 스스로 보호하고 그의 왕위도 인자함으로 말미암아 견고하니라

다니엘 2장 20-21절
20. 다니엘이 말하여 이르되 영원부터 영원까지 하나님의 이름을 찬송할 것은 지혜와 능력이 그에게 있음이로다 21. 그는 때와 계절을 바꾸시며 왕들을 폐하시고 왕들을 세우시며…

다니엘 2장 44-45절
느부갓네살왕의 꿈을 해석하는 다니엘:
44. 이 여러 왕들의 시대에 하늘의 하나님이 한 나라를 세우시리니 이것은 영원히 망하지도 아니할 것이요 그 국권이 다른 백성에게로 돌아가지도 아니할 것이요 도리어 이 모든 나라를 쳐서 멸망시키고 영원히 설 것이라 45. …크신 하나님이 장래 일을 왕께 알게 하신 것이라…

다니엘 4장 17절
…지극히 높으신 이가 사람의 나라를 다스리시며 자기의 뜻대로 그것을 누구에게든지 주시며 또 지극히 천한 자를 그 위에 세우시는 줄을 사람들이 알게 하려 함이라 하였느니라

호세아 13장 11절
이스라엘에게 말씀하시는 하나님:
내가 분노하므로 네게 왕을 주고 진노하므로 폐하였노라

로마서 13장 1절
각 사람은 위에 있는 권세들에게 복종하라 권세는 하나님으로부터 나지 않음이 없나니 모든 권세는 다 하나님께서 정하신 바라

예:

사무엘상 9장 16-17절

사울:

17. 사무엘이 사울을 볼 때에 여호와께서 그에게 이르시되 보라 이는 내가 네게 말한 사람이니 이가 내 백성을 다스리리라 하시니라

사무엘상 16장 12절

다윗:

여호와께서 이르시되 이가 그니 일어나 기름을 부으라 하시는지라

열왕기상 14장 7-8절

여로보암:

7. …내가 너를 백성 중에서 들어 내 백성 이스라엘의 주권자가 되게 하고 8. 나라를 다윗의 집에서 찢어내어 네게 주었거늘…

열왕기상 14장 14절

여로보암의 계승자:

여호와께서 이스라엘 위에 한 왕을 일으키신즉 그가 그 날에 여로보암의 집을 끊어 버리리라 언제냐 하니 곧 이제라

[15장 29절에 성취된 것을 참조하세요.]

열왕기상 16장 2-3절

바사에게 말씀하시는 하나님:

2. 내가 너를 티끌에서 들어 내 백성 이스라엘 위에 주권자가 되게 하였거늘… 3. 내가 너 바아사와 네 집을 쓸어버려…

역대상 22장 9-10절

다윗에게 솔로몬에 대해 말씀하시는 하나님:

9. 보라 한 아들이 네게서 나리니 그는 온순한 사람이라… 10. 그가 내 이름을 위하여 성전을 건축할지라 그는 내 아들이 되고 나는 그의 아버지가 되어 그 나라 왕위를 이스라엘 위에 굳게 세워 영원까지 이르게 하리라 하셨나니

(역대하 2장 11, 12절에서 이방 나라 두로 왕은 하나님께서 솔로몬을 왕으로 세우신 것을 인정하였습니다.)

이사야 44장 28절, 45장 1-4절

페르시아의 왕 고레스:

28. 고레스에 대하여는 이르기를 내 목자라 그가 나의 모든 기쁨을 성취하리라 하며 예루살렘에 대하여는 이르기를 중건되리라 하며 성전에 대하여는 네 기초가 놓여지리라 하는 자니라 1. 여호와께서 그의 기름 부음을 받은 고레스에게 이같이 말씀하시되…

다니엘 2장 37-38절

느부갓네살왕의 꿈을 해석하는 다윗:

37. 왕이여 왕은 여러 왕들 중의 왕이시라 하늘의 하나님이 나라와 권세와 능력과 영광을 왕에게 주셨고 38. 사람들과 들짐승과 공중의 새들, 어느 곳에 있는 것을 막론하고 그것들을 왕의 손에 넘기사 다 다스리게 하셨으니 왕은 곧 그 금 머리니이다

5장 18-21절에서 다니엘은 느부갓네살에게 이 꿈에 대해 상기시킵니다.

다니엘 5장 26-31절

바벨론의 벨사살 왕:

벽의 글씨와 이후의 몰락은 하나님의 심판이었습니다.

5. 하나님께서는 통치자들이 하나님의 인도하심을 구할 때 그들을 이끄십니다.

사무엘상 23장 2절
이에 다윗이 여호와께 묻자와 이르되 내가 가서 이 블레셋 사람들을 치리이까 여호와께서 다윗에게 이르시되 가서 블레셋 사람들을 치고 그일라를 구원하라 하시니
[23장 4, 10-12절, 30장 6, 8절, 사무엘하 2장 1절, 5장 10, 12, 19, 23절을 함께 참조하세요.]

열왕기상 5장 2-4절
하나님께서는 다윗이 아닌 그의 아들 솔로몬이 성전을 건축하도록 지시하셨습니다.

열왕기상 12장 22-24절
하나님께서는 르호보암에게 이스라엘과 싸우지 말 것을 지시하셨습니다.

6. 하나님께서는 목적을 성취하시기 위해 이방 나라들도 사용하십니다.

사사기 2장 14-15절
14. 여호와께서 이스라엘에게 진노하사 노략하는 자의 손에 넘겨 주사 그들이 노략을 당하게 하시며 또 주위에 있는 모든 대적의 손에 팔아 넘기시매…
[3장 7-8, 12절을 함께 참조하세요.]

열왕기하 17장 6-18절
이스라엘은 하나님께 범죄함으로 말미암아 앗수르의 포로가 되었습니다.

에스라 5장 3-17절, 6장 1-14, 22절
그 땅의 적들은 귀환한 유대인들이 성전을 짓는 것을 중단시켰습니다. 메데 왕 다리오에게 편지를 보내 바벨론 왕 고레스가 성전 건축을 실제로 명하였는지 기록을 조사해 달라고 요청하였습니다. 6장에는 고레스 왕이 지시한 내용이 기록되어 있는데 왕은 성전 건축을 허락했을 뿐 아니라, 성전 건축과 예배에 필요한 것들을 공급하도록 하였습니다:
22. …이는 여호와께서 그들을 즐겁게 하시고 또 앗수르 왕의 마음을 그들에게로 돌려 이스라엘의 하나님이신 하나님의 성전 건축하는 손을 힘 있게 하도록 하셨음이었더라

에스라 7장 6-26절
바벨론 왕 아닥사스다는 에스라의 예루살렘 원정을 허가하였습니다. 에스라를 위한 왕의 조서는 11-26절에 기록되어 있고 왕이 공급한 것들이 나열됩니다.

느헤미야 2장 4-9절
아닥사스다 왕은 또한 느헤미야가 예루살렘을 재건하도록 허락하였습니다. 왕은 총독들에게 편지를 보내어 느헤미야가 가는 길에 필요한 것들을 제공하도록 하였고 삼림 감독에게 편지를 보내어 궁과 벽을 짓는 데 사용할 재목을 내어주도록 하였습니다.

이사야 44장 28절, 45장 1-4절
하나님께서는 바벨론 왕 고레스를 사용하셔서 그의 앞에서 민족들을 복종케 하실 것을 약속하셨습니다.

예레미야 5장 15-17절

이스라엘에 말씀하시는 하나님:
15. 여호와의 말씀이니라 이스라엘 집이여 보라 내가 한 나라를 먼 곳에서 너희에게로 오게 하리니 곧 강하고 오랜 민족이라 그 나라 말을 네가 알지 못하며 그 말을 네가 깨닫지 못하느니라

예레미야 25장 8-11절
하나님께서는 느부갓네살 왕과 북쪽 모든 종족을 사용하셔서 이스라엘을 멸하시고 70년 동안 이스라엘이 바벨론을 섬기게 될 것을 약속하셨습니다.
[32장 28-30절; 하박국 1장 6절을 함께 참조하세요.]

예레미야 46장 24-26절
하나님께서는 바벨론을 사용하셔서 애굽을 심판하실 것을 약속하셨습니다.
[에스겔 29장 19-20절을 함께 참조하세요.]

7. 하나님께서는 나라뿐 아니라 개인도 다루십니다.

족장들의 많은 예; 또한 모세, 여호수아, 엘리야, 엘리사, 바울, 복음서와 사도행전의 사람들.

요한복음 1장 12절
영접하는 자 곧 그 이름을 믿는 자들에게는 하나님의 자녀가 되는 권세를 주셨으니

요한복음 21장 21-23절
요한에게 일어날 일에 대한 베드로의 관심; 모든 것을 같은 방식으로 다루지 않으신다는 예수님의 확약

에베소서 1장 4-6절
'택하시고, 예정하시고, 자녀 삼으시고, 사랑받는 자' 이런 용어는 개인들을 지칭합니다.

8. 하나님께서는 예정된 심판을 종종 하나님 이름의 영광을 위하여 보류하십니다.

출애굽기 32장 9-14절
금송아지를 경배한 후에(특히 12-13절) 애굽인들이 하나님께서 이스라엘을 죽이시기 위해 애굽에서 데리고 나오셨다고 생각하지 않도록

민수기 14장 11-21절
정탐꾼들이 그 땅의 거인들에 대해 보고하였을 때 백성들이 모세와 아론에게 대항하여 불평한 후에 애굽인들이 하나님의 심판을 듣고 다른 나라에 전파하지 않도록 (12-14, 20절)

이사야 48장 9절
이스라엘에 말씀하시는 하나님:
내 이름을 위하여 내가 노하기를 더디 할 것이며 내 영광을 위하여 내가 참고 너를 멸절하지 아니하리라

에스겔 20장 7-22절
하나님께서는 심판을 유보하시는 몇 가지 예를 나타내십니다. 한 가지 예:
14. 내가 내 이름을 위하여 달리 행하였었나니 내가 그들을 인도하여 내는 것을 본 나라들 앞에서 내 이름을 더럽히지 아니하려 하였음이로라

9. 일반적인 심판의 때 하나님께서는 항상 있지는 않지만 종종 하나님을 신뢰하는 자들을 구원하십니다.

창세기 6장 5-6절, 8장 1절, 9장 1절
하나님께서는 노아를 기억하셨습니다.

창세기 19장 17-24절
하나님께서는 롯과 그의 가족을 살리셨습니다.

민수기 14장 23-24, 35-38절
하나님께서는 모든 다른 자들을 멸하실 때 여호수아와 갈렙의 믿음에 대한 상을 주셨습니다.

말라기 4장 1-3절
미래:
1. 만군의 여호와가 이르노라 보라 용광로 불 같은 날이 이르리니… 2. 내 이름을 경외하는 너희에게는 공의로운 해가 떠올라서 치료하는 광선을 비추리니…

히브리서 11장 31절
하나님께서는 라합을 위해 특별한 공급을 준비하셨습니다.

히브리서 11장 36-40절
많은 믿는 자들은 그들의 신앙으로 인해 핍박과 죽음을 받았습니다.
[베드로후서 2장 5-9절을 함께 참조하세요.]

10. 하나님께서는 그의 종들에게 다른 이들에게는 알려지지 않은 미래의 일들을 자주 계시하셨습니다.

아모스 3장 7절
주 여호와께서는 자기의 비밀을 그 종 선지자들에게 보이지 아니하시고는 결코 행하심이 없으시리라

예:
창세기 18장 17-18절
하나님께서는 소돔에게 임할 멸망에 관해 아브라함에게 말씀하셨습니다.

창세기 41장 25, 38-39절
하나님께서는 요셉에게 애굽과 주변 지역에 임할 7년간의 풍년과 흉년을 보여주셨습니다.

사무엘상 3장 11-14절, 2장 27-36절
하나님께서는 엘리에게 임할 심판에 대해 사무엘에게 말씀하셨습니다.

다니엘 9장 21-27절
하나님께서는 마지막 때에 관한 많은 사실을 다니엘에게 보여주셨습니다.

마태복음 24장 15-26절;
마가복음 13장 14-23절
하나님께서는 환난의 때가 시작되는 분명한 징조로써 적그리스도가 예루살렘 성전에서 통치권을 차지하게 될 것을 말씀하셨습니다.

마태복음 24장 29-51절;
마가복음 13장 24-37절
하나님께서는 환난의 때가 하늘이 격변하며 그리스도께서 권능과 영광으로 오심으로써 끝나게 될 것을 약속하십니다.

마가복음 13장 4-13절
하나님께서는 주님께서 오시기 전에 나타날 사건들에 대하여 자세히 말씀하십니다:
전쟁의 증가, 지진, 기근, 거짓 그리스도, 신자들과 그들의 가족에 대한 핍박, 복음이 만국에 전파됨.

데살로니가전서 4장 16-17절
하나님께서 사도바울을 통해 계시하셨습니다:
16. 주께서 호령과 천사장의 소리와 하나님의 나팔 소리로 친히 하늘로부터 강림하시리니 그리스도 안에서 죽은 자들이 먼저 일어나고 17.
그 후에 우리 살아 남은 자들도 그들과 함께 구름 속으로 끌어 올려 공중에서 주를 영접하게 하시리니 그리하여 우리가 항상 주와 함께 있으리라

> 여러분은 좋은 것들을 당연하게 취했습니다; 이제 좋은 것들을 다시 구해야 합니다. 당신이 갖는 모든 권리에는 이행해야 할 의무가 있습니다. 당신이 품은 모든 소망에는 수행해야 할 과업이 있습니다. 모든 좋은 것을 지키기 위해서는 당신의 편안함과 안락함을 희생해야 할 것입니다. 더 이상은 아무것도 없습니다.
> _ 죠지 워싱턴(George Washington)

III. 국가와 하나님의 관계 (앞에서 언급한 개념에 덧붙여)

1. 하나님께서는 모든 나라와 그 나라 사람들에게 관심이 있으십니다.

창세기 12장 3절
아브람에게 말씀하시는 하나님:
…땅의 모든 족속이 너로 말미암아 복을 얻을 것이라 하신지라

시편 96편 1-10절
1. …온 땅이여 여호와께 노래할지어다… 3. 그
의 영광을 백성들 가운데에, 그의 기이한 행적을 만민 가운데에 선포할지어다… 7. 만국의 족속들아 영광과 권능을 여호와께 돌릴지어다 여호와께 돌릴지어다… 10. 모든 나라 가운데서 이르기를 여호와께서 다스리시니… 13. 그가 임하시되 땅을 심판하러 임하실 것임이라 그가 의로 세계를 심판하시며 그의 진실하심으로 백성을 심판하시리로다

요나 1장 1-2절, 3장 1-10절, 4장 11절
하나님께서는 좌우를 분별하지 못하는 무지한 자들이 십이만여 명이 거주하는 악한 도시 니느웨로 그의 선지자 요나를 보내셨습니다.
[니느웨에 관한 예언이 기록된 나훔 1-3장을 함께 참조하세요.]

마태복음 12장 41-42절
하나님께서는 요나의 전도를 듣고 회개한 니느웨를 칭찬하셨습니다. 또한 남방 여왕이 솔로몬의 지혜를 들으려고 했던 노력을 칭찬하셨습니다.

마태복음 28장 19-20절
19. 그러므로 너희는 가서 모든 민족을 제자로 삼아… 세례를 베풀고 20. 내가 너희에게 분부한 모든 것을 가르쳐 지키게 하라…

마가복음 16장 15절
너희는 온 천하에 다니며 만민에게 복음을 전파하라

누가복음 2장 10절
목자들에게 이야기하는 천사들:
내가 온 백성에게 미칠 큰 기쁨의 좋은 소식을 너희에게 전하노라

요한복음 1장 6-7절
6. 하나님께로부터 보내심을 받은 사람이 있으니 그의 이름은 요한이라 7. 그가 증언하러 왔으니 곧 빛에 대하여 증언하고 모든 사람이 자기로 말미암아 믿게 하려 함이라

요한복음 3장 16절
하나님이 세상을 이처럼 사랑하사 독생자를 주셨으니 이는 그를 믿는 자마다 멸망하지 않고 영생을 얻게 하려 하심이라

사도행전 17장 30-31절
아덴에서 이야기하는 바울:
30. 알지 못하던 시대에는 하나님이 간과하셨거니와 이제는 어디든지 사람에게 다 명하사 회개하라 하셨으니 31. 이는 정하신 사람으로 하여금 천하를 공의로 심판할 날을 작정하시고 이에 그를 죽은 자 가운데서 다시 살리신 것으로 모든 사람에게 믿을 만한 증거를 주셨음이니라 하니라

로마서 16장 26절
복음에 대한 이야기:
이제는 나타내신 바 되었으며 영원하신 하나님의 명을 따라 선지자들의 글로 말미암아 모든 민족이 믿어 순종하게 하시려고 알게 하신 바 그 신비의 계시를 따라 된 것이니…

디모데전서 2장 1-6절
1. 그러므로 내가… 권하노니 모든 사람을 위하여 간구와 기도와… 3. 이것이 우리 구주 하나님 앞에 선하고 받으실 만한 것이니 4. 하나님은 모든 사람이 구원을 받으며 진리를 아는 데에 이르기를 원하시느니라… 6. 그가 모든 사람을 위하여 자기를 대속물로 주셨으니 기약이 이르러 주신 증거니라

요한일서 2장 2절
그는 우리 죄를 위한 화목 제물이니 우리만 위할 뿐 아니요 온 세상의 죄를 위하심이라

2. 모든 국가는 하나님께 책임이 있습니다.

[이번 섹션에서 다루고 있는 책임과 관련한 설명들을 참조하세요.]

이사야 13장 19-22절, 14장 22-27절
하나님께서는 하나님을 대적하는 나라들을 심판하십니다:
19. 열국의 영광이요 갈대아 사람의 자랑하는 노리개가 된 바벨론이 하나님께 멸망 당한 소돔과 고모라 같이 되리니 20. 그 곳에 거주할 자가 없겠고…

[이사야 15-16장, 모압; 17장 1-2절, 시리아와 수도 다마스쿠스; 18장, 에디오피아; 19장, 애굽을 함께 참조하세요.]

에스겔 7장 27절
이스라엘에게 말씀하시는 하나님:

내가 그 행위대로 그들에게 갚고 그 죄악대로 그들을 심판하리니 내가 여호와인 줄을 그들이 알리라

에스겔 14장 12-20절
한 나라가(여기에서는 이스라엘) 하나님께 범죄하고 하나님께서 그 나라를 심판하신다면, 노아, 다니엘 그리고 욥이 함께일지라도 그 심판을 막을 수 없습니다.

다니엘 2장 37-45절, 4장 34-37절, 5장 22-31절
하나님께서는 유대인과 그리스도인뿐만 아니라 모든 나라들이 하나님을 인정하기를 기대하십니다. 하나님께서는 일련의 왕국들에 대한 계획을 바벨론 사람, 느부갓네살 왕에게 계시하셨습니다; 하나님께서는 7년의 심판 후에 느부갓네살을 굴복시키셨습니다; 하나님께서는 벨사살 왕이 자신 자신을 높이고 이스라엘의 성전을 훼손함으로 인하여 멸하셨습니다.

아모스 1-2장
하나님께서는 매우 구체적인 죄들로 인해 특정 나라들을 심판하셨습니다.
1장 3-5절. 시리아, 철 타작기를 사용하여 길르앗을 압박함
1장 6-8절. 가사, 모든 사로잡은 자를 끌어 에돔에 넘김
1장 9-10절. 두로, 모든 사로잡은 자를 에돔에 넘기고 이전 언약을 기억하지 아니함 (열왕기상 5장 1절, 9장 11-14절)
1장 11-12절. 에돔, 칼로 이스라엘을 쫓고 그들의 땅으로 보내기를 거부함 (민수기 20장 14-18절)
1장 13-15절. 암몬, 전쟁 중에 임신한 여인에게 행한 잔인함
2장 1-3절. 모압, 에돔 왕의 뼈를 불살라 재로 만듬
2장 4-5절. 유다, 여호와의 율법을 지키지 아니함; 하나님께 순종하기를 거부함; 우상 숭배
2장 6-16절. 이스라엘, 사람을 돈과 물건으로 팜, 부정함, 하룻밤 동안 약속으로 주어진 옷을 보관 (출애굽기 22장 26절), 나실인의 서약을 무시함, 하나님의 선지자를 억압함.

오바댜 1장 15절
나라들에 대한 황금률:
…네가 행한 대로 너도 받을 것인즉 네가 행한 것이 네 머리로 돌아갈 것이라

3. 모든 나라의 역사는 하나님과 백성들에 대한 각 나라의 태도에 달려있습니다.

창세기 6장 5-8, 13절
노아와 그 시대의 사람들은 하나님을 향한 태도에 따라 다른 대우를 받았습니다.

신명기 23장 3-8절, 25장 17-19절
이스라엘이 약속의 땅을 향해 가는 중에, 모압, 암몬 그리고 아말렉이 나타낸 태도는 그들의 역사와 그들을 향하신 하나님의 뜻에 오랫동안 영향을 미쳤습니다.

신명기 27장 14-26절, 28장 1-68절
하나님께서는 이스라엘의 구체적인 행위에 근거하여 축복과 심판의 조건을 열거하십니다.

사무엘상 7장 3절

사무엘은 이스라엘이 블레셋으로부터 구원을 얻는 것을 하나님을 향한 순종과 연관 짓습니다.

열왕기상 9장 4-9절, 11장 14, 23, 30, 39절
하나님께서는 솔로몬이 순종하면 그의 왕국을 세우실 것을 약속하셨습니다. 후에 솔로몬과 나라에 심판이 임하였고, 하나님께서는 적들을 일으키셨습니다.

잠언 14장 34절
공의는 나라를 영화롭게 하고 죄는 백성을 욕되게 하느니라

예레미야 46-51장
애굽, 블레셋, 모압, 암몬, 에돔, 시리아[다메섹], 그달[아라비아], 엘람, 바벨론, 갈데아, 이스라엘에 임한 심판에 대한 예언.
[에스겔 29장 1-13절; 스바냐 2장 4-11절을 함께 참조하세요.]

에스겔 28장 1-2, 6, 8절
교만으로 인해 두로에 심판이 선포되었습니다.

요엘 3장 1-8, 12, 19절
하나님께서는 마지막 때에 이스라엘을 학대하고 하나님의 성전을 훼손한 나라들에 임할 심판을 약속하셨습니다.

요나 3장 5-10절
니느웨의 회개와 멸망으로부터의 구원. 스바냐 2장 13-15절은 이후에 임한 심판

스가랴 1장 14-15절, 2장 8-9절
하나님께서는 이스라엘을 심판하시기 위해 다른 나라들을 사용하실 것을 약속하셨지만, 그들에게 한계를 정하셨습니다. 하나님께서는 이스라엘을 약탈한 나라들에 대한 심판도 약속하셨습니다.

마태복음 25장 32-46절
그리스도께서는 환난 중에 복음을 전파한 유대인을 대우했던 나라들의 태도에 근거하여 그들에게 임할 심판을 설명하십니다.

4. 하나님을 떠나거나 하나님보다 자신을 높이는 민족은 안전하지 않습니다.

이사야 47장 5-10절
자신은 어떠한 심판도 받지 않는다고 여기는 교만한 나라, 바벨론에 대한 설명입니다. 몇몇 특성을 주목하세요:
5. …여러 왕국의 여주인… 7. …내가 영영히 여주인이 되리라… 8. 그러므로 사치하고 평안히 지내며 마음에 이르기를 나뿐이라 나 외에 다른 이가 없도다 나는 과부로 지내지도 아니하며 자녀를 잃어버리는 일도 모르리라 하는 자여… 10. 네가 네 악을 의지하고 스스로 이르기를 나를 보는 자가 없다 하나니 네 지혜와 네 지식이 너를 유혹하였음이라 네 마음에 이르기를 나뿐이라 나 외에 다른 이가 없다 하였으므로
그 다음에 설명된 심판을 주목하세요.

예레미야 48장 7, 29-30, 42절
모압의 교만은 그의 자고와 오만과 자랑과 거만으로 설명됩니다:
42. 모압이 여호와를 거슬러 자만하였으므로 멸망하고 다시 나라를 이루지 못하리로다

예레미야 49장 4-6절
암몬은 흐르는 골짜기, 재물 그리고 자신의 안정감을 신뢰하였습니다.

예레미야 49장 15-16절
에돔은 안전지대였던 바위에 거주하는 것으로 인해 교만했습니다.

예레미야 50장 35-40절, 51장 13, 36-37절
갈대아와 바벨론은 말, 병거, 여러 민족, 보물, 우상, 풍성한 물의 공급을 신뢰했습니다.

에스겔 29장 3, 9절
하나님께서는 하나님께서 하신 일을 인정하지 않고 나일강을 스스로 만든 것이라 주장하는 애굽에게 심판을 약속하십니다.

호세아 8장 14절
이스라엘은 자기를 지으신 이를 잊어버리고 왕궁들을 세웠으며 유다는 견고한 성읍을 많이 쌓았으나 내가 그 성읍들에 불을 보내어 그 성들을 삼키게 하리라

호세아 13장 16절
사마리아가 그들의 하나님을 배반하였으므로 형벌을 당하여…

오바댜 1장 3-4절
에돔에 대한 말씀:
3. 너의 마음의 교만이 너를 속였도다 바위 틈에 거주하며 높은 곳에 사는 자여 네가 마음에 이르기를 누가 능히 나를 땅에 끌어내리겠느냐 하니 4. 네가 독수리처럼 높이 오르며 별 사이에 깃들일지라도 내가 거기에서 너를 끌어내리리라 여호와의 말씀이니라
[말라기 1장 4절을 함께 참조하세요.]

5. 하나님께서 한 나라를 사용하셔서 다른 나라를 심판하신다고 하여 그 나라가 하나님께 대한 책임에서 해방되는 것은 아닙니다.

이사야 10장 12-15절
하나님께서는 앗수르를 사용하셔서 이스라엘을 심판하신 후, 앗수르의 교만을 벌하실 것을 약속하셨습니다.

이사야 30장 31절
여호와의 목소리에 앗수르가 낙담할 것이며 주께서는 막대기로 치실 것이라

예레미야 25장 11-12절
70년간의 바벨론 포로 생활을 약속하신 후, 하나님께서 말씀하십니다:
12. …칠십 년이 끝나면 내가 바벨론의 왕과 그의 나라와 갈대아인의 땅을 그 죄악으로 말미암아 벌하여 영원히 폐허가 되게 하되

스가랴 1장 12-15절
하나님께서는 이전에 이스라엘에게 진노하심을 나타내셨습니다(2, 4절); 이제는 이스라엘을 억압하는 열방을 향한 진노를 보이십니다:
15. 안일한 여러 나라들 때문에 심히 진노하나니 나는 조금 노하였거늘 그들은 힘을 내어 고난을 더하였음이라

> 미국은 선하기 때문에 위대한 국가입니다. 미국이 선행을 중단한다면 위대함은 멈출 것입니다.
> _ 알렉시 드 토크빌(Alexis de Tocqueville), 1805-1859

6. 하나님께서는 이스라엘을 위한 특별한 장소와 미래를 가지고 계십니다.

출애굽기 31장 13, 16-17절

안식일을 준수하는 것은 하나님과 이스라엘의 특별한 관계를 나타내는 표징이었습니다.

시편 135편 4절

여호와께서 자기를 위하여 야곱 곧 이스라엘을 자기의 특별한 소유로 택하셨음이로다

[신명기 7장 6-8절, 26장 16-19절, 27장 9-10절, 이사야 41장 8-14절을 함께 참조하세요.]

이사야 55장 5절

하나님께서는 이스라엘이 민족들이 몰려오는 중심이 될 것이라고 약속하십니다.

[60장 3-16절, 미가 4장 1-2절을 함께 참조하세요.]

예레미야 23장 3-6절

하나님께서는 이스라엘을 열방으로부터 모으셔서 번성하게 하시고 왕이신 주님을 세우실 것을 약속하십니다.

[이사야 43장 3, 5-7절, 아모스 9장 14-15절, 말라기 3장 1-6절을 함께 참조하세요.]

예레미야 30장 1-11절

하나님께서는 야곱의 환난의 때 그리고 다시 하나님을 섬기게 될 자유를 약속하십니다.

[예레미야 18-22장, 31-33장, 다니엘 9장을 함께 참조하세요.]

예레미야 46장 27-28절

하나님께서는 이스라엘을 다른 나라들과 다르게 대하실 것을 약속하십니다. 다른 나라들은 다 멸하실 것이지만 이스라엘은 멸하지 않으실 것입니다.

[예레미야 50장 19-34절; 에스겔 16장 60-63절, 36장 21-38절, 레위기 26장 44-45절, 이사야 41장 10-14절, 49장 25-26절을 함께 참조하세요.]

히브리서 8장 7-13절

하나님께서는 이스라엘과 새로운 언약을 약속하십니다.

[다음 구절들을 포함하여, 성경의 다른 많은 구절을 함께 참조하세요:
에스겔 20장 39-44절, 25장 2-17절, 26장 2-3절, 28장 24-26절, 36장 8-11절, 요엘 2장 8-27절, 3장 18-21절, 아모스 3장 1-2절, 미가 4장 13절, 5장 2-5절, 7장 15-20절, 학개 2장 7-9절, 스가랴 1장 16-17절, 2장 8-11절, 3장 9-10절, 8장 2-8, 13, 20-23절(참고. 창세기 12장), 10장 5-10절, 12장 8-10절, 13장 1-3절, 14장 1-21절, 말라기 3장 2-6절.]

프로젝트:

이번 섹션에서 언급된 모든 구절을 찾아서 각각 어떤 구체적인 약속과 예측이 이스라엘에게 주어졌는지 메모하세요. 찾은 내용들을 범주화하여 목록을 만들고, 특별하게 이스라엘을 대하셨던 하나님에 대해 요약하고, 각각 관련된 구절들을 정리하세요.

7. 하나님께서는 이스마엘[아랍]의 후손이 큰 민족을 이루게 될 것을 약속하셨습니다.

창세기 16장 10-12절

10. 여호와의 사자가 또 그에게 이르되 내가 네
씨를 크게 번성하여 그 수가 많아 셀 수 없게 하
리라 11. 여호와의 사자가 또 그에게 이르되 네
가 임신하였은즉 아들을 낳으리니 그 이름을 이
스마엘이라 하라 이는 여호와께서 네 고통을 들
으셨음이니라 12. 그가 사람 중에 들나귀 같이
되리니 그의 손이 모든 사람을 치겠고 모든 사
람의 손이 그를 칠지며 그가 모든 형제와 대항
해서 살리라 하니라

창세기 17장 20절

아브라함에게 말씀하시는 하나님:

이스마엘에 대하여는 내가 네 말을 들었나니 내가 그에게 복을 주어 그를 매우 크게 생육하고 번성하게 할지라 그가 열두 두령을 낳으리니 내가 그를 큰 나라가 되게 하려니와

창세기 21장 13, 18절

아브라함에게 말씀하시는 하나님:

13. 그러나 여종의 아들도 네 씨니 내가 그로 한 민족을 이루게 하리라 하신지라

하갈에게 말씀하시는 하나님:

18. 일어나 아이를 일으켜 네 손으로 붙들라 그가 큰 민족을 이루게 하리라 하시니라

8. 하나님을 대적하는 사단은 국가의 역사에 영향을 미쳤습니다.

창세기 3장 14-24절

사단의 시험과 인간의 죄로 인한 결과는 뱀에게 임한 저주, 출산의 고통, 남편에 대한 아내의 복종, 수고해야 소산을 얻을 수 있는 저주받은 땅, 힘든 노동, 죽음, 에덴동산에서의 추방이 포함됩니다.

욥기 1장 7, 12절

사단은 하나님께서 정한 한계 내에서 하나님을 신뢰하는 자들을 공격합니다.

[2장 6-7절을 함께 참조하세요.]

이사야 14장 12-17절

마침내 사단이 지옥에 갇히게 되었을 때, 사단이 끼쳤던 영향들은 주목받을 것입니다; 땅을 진동시킴, 열국을 놀라게 함, 세계를 황무하게 함, 성읍을 파괴함, 사로잡힌 자들을 놓아 보내지 않음. (15-17절)

요한복음 8장 44절

사단은 살인자, 거짓말하는 자이며 자신을 따르는 자들을 자녀로 여깁니다.

에베소서 6장 12절
우리의 씨름은 혈과 육을 상대하는 것이 아니요 통치자들과 권세들과 이 어둠의 세상 주관자들과 하늘에 있는 악의 영들을 상대함이라

9. 궁극적으로 모든 민족은 하나님을 예배할 것입니다.

시편 22편 27-28절
27. 땅의 모든 끝이 여호와를 기억하고 돌아오며 모든 나라의 모든 족속이 주의 앞에 예배하리니 28. 나라는 여호와의 것이요 여호와는 모든 나라의 주재심이로다
[시편 72편 11절, 이사야 45장 23-25절, 66장 23절, 다니엘 7장 13-14절을 함께 참조하세요.]

빌립보서 2장 9-11절
9. 이러므로 하나님이 그를 지극히 높여 모든 이름 위에 뛰어난 이름을 주사 10. 하늘에 있는 자들과 땅에 있는 자들과 땅 아래에 있는 자들로 모든 무릎을 예수의 이름에 꿇게 하시고 11. 모든 입으로 예수 그리스도를 주라 시인하여 하나님 아버지께 영광을 돌리게 하셨느니라

요한계시록 15장 4절
주여 누가 주의 이름을 두려워하지 아니하며 영화롭게 하지 아니하오리이까 오직 주만 거룩하시니이다 주의 의로우신 일이 나타났으매 만국이 와서 주께 경배하리이다 하더라

다가오는 역사의 전환점 Turning Point in History Approaching

오늘날 세계의 중대한 정치적 상황에 더하여 우리는 전혀 새로운 상황, 알려지지 않은 본질이 완전히 다르며 전적으로 비정치적인 상황의 출현을 목격하고 있습니다. 우리는 세계사, 문명의 역사에서 중요한 전환점에 접근하고 있습니다. 이 전환은 다양한 전문가들에 의해 다양한 영역에서 발견할 수 있습니다. 나는 오직 이것을 전체적인 문명의 전환을 낳았던 중세에서 근대로의 이행과 비교할 수 있습니다. 이것은 확립된 개념들이 갑자기 흐릿해지고 정밀한 윤곽을 상실하며 익숙하고 일반적으로 쓰이던 단어들이 의미를 잃고 빈 껍데기가 되어 수 세기 동안 신뢰할 수 있었던 방법들이 더 이상 작동하지 않는 전환점입니다. 이것은 우리가 평생 헌신했던 가치의 체계, 무엇이 가치 있고 그렇지 않은지에 대한 판단, 우리의 삶과 심장을 뛰게 하였던 것들이 흔들리기 시작하고 어쩌면 붕괴할지도 모르는 전환점 같은 것입니다.
그리고 이 두 가지 위기: 오늘날 세계의 정치적 위기와 다가오는 영적 위기가 동시에 일어나고 있습니다. 이 위기와 맞서야 하는 것은 우리 세대입니다.

_ 알렉산드르 솔제니친(Alexander Solzhenitsyn), 1975년 7월 AFLCIL 회의 연설, Christian Studies Center Worldview(1980년 10월호)에서 인용.

지리학

지리학: 성경적 개념

1. 하나님께서는 지구의 윤곽을 주관하십니다.

2. 하나님께서는 그의 창조물 - 우리가 흔히 부르는 자연 - 을 다스리십니다.

3. 천연자원은 하나님께 속해 있습니다.

4. 우리는 청지기로서 땅을 돌봐야 할 책임이 있습니다.

5. 사람의 죄로 인해 땅은 오염되었습니다.

6. 하나님께서는 인간이 한곳에 모여 자신들의 이름을 높이는 것이 아니라, 땅을 가득 채우기를 바라셨습니다.

7. 하나님께서는 사람들을 흩으시기 위해 나라와 언어를 고안하셨습니다.

8. 하나님께서는 종족과 나라들에 땅을 분배하셨고, 경계를 정하셨습니다.

9. 하나님께서는 어디에 살든지 지위가 어떠하든지 모든 사람에게 관심이 있으십니다.

10. 모든 나라들은 연관되어 있습니다.

특별히 식물과 동물과 관련한 추가적인 성경적 가르침은 세 번째 책인 [과학과 수학] 편에서 다루고 있습니다.

지리학: 성경적 배경

1. 하나님께서는 지구의 윤곽을 주관하십니다.

느헤미야 9장 6절
오직 주는 여호와시라 하늘과 하늘들의 하늘과 일월 성신과 땅과 땅 위의 만물과 바다와 그 가운데 모든 것을 지으시고 다 보존하시오니 모든 천군이 주께 경배하나이다

욥기 26장 10절
수면에 경계를 그으시니 빛과 어둠이 함께 끝나는 곳이니라

욥기 28장 9-11절
9. 사람이 굳은 바위에 손을 대고 산을 뿌리까
지 뒤엎으며 10. 반석에 수로를 터서 각종 보물
을 눈으로 발견하고 11. 누수를 막아 스며 나가
지 않게 하고 감추어져 있던 것을 밝은 데로 끌
어내느니라
[시편 46편 8절을 함께 참조하세요.]

이사야 40장 22절
그는 땅 위 궁창에 앉으시나니 땅에 사는 사람들은 메뚜기 같으니라 그가 하늘을 차일 같이 펴셨으며 거주할 천막 같이 치셨고
[42장 5절을 함께 참조하세요.]

2. 하나님께서는 그의 창조물우리가 흔히 부르는 자연을 다스리십니다.

레위기 26장 4-6절
4. 내가 너희에게 철따라 비를 주리니 땅은 그
산물을 내고 밭의 나무는 열매를 맺으리라 5. 너
희의 타작은 포도 딸 때까지 미치며 너희의 포
도 따는 것은 파종할 때까지 미치리니… 6. …내
가 사나운 짐승을 그 땅에서 제할 것이요…

레위기 26장 21-22절
21. 너희가 나를 거슬러… 너희에게 일곱 배나
더 재앙을 내릴 것이라 22. 내가 들짐승을 너희
중에 보내리니 그것들이 너희의 자녀를 움키고
너희 가축을 멸하며 너희의 수효를 줄이리니…

시편 107편 23-31절
25. 여호와께서 명령하신즉 광풍이 일어나 바다
물결을 일으키는도다
[시편 33-38편을 함께 참조하세요.]

> 세계는 인류에게 전하는 하나님의 편지입니다. - 하나님의 생각은 모든 곳에서 우리를 비추고 있습니다.
> _플라톤(Plato), 427-347 B.C.

3. 천연 자원은 하나님께 속해 있습니다.

출애굽기 19장 5절
세계가 다 내게 속하였나니…

레위기 26장 32-35절
32. 그 땅을 황무하게 하리니… 33. …너희의 땅이 황무하며 너희의 성읍이 황폐하리라 34. …땅이 안식을 누릴 것이라 그 때에 땅이 안식을 누리리니 35. …그 땅이 황무할 동안에는 쉬게 되리라

역대상 29장 14, 16절
다윗의 기도:
14. …모든 것이 주께로 말미암았사오니 우리가 주의 손에서 받은 것으로 주께 드렸을 뿐이니이다… 16. 우리 하나님 여호와여 우리가… 성전을 건축하려고 미리 저축한 이 모든 물건이 다 주의 손에서 왔사오니 다 주의 것이니이다

학개 2장 8절
은도 내 것이요 금도 내 것이니라 만군의 여호와의 말이니라

시편 24편 1절
땅과 거기에 충만한 것과 세계와 그 가운데에 사는 자들은 다 여호와의 것이로다

시편 89편 11절
하늘이 주의 것이요 땅도 주의 것이라 세계와 그 중에 충만한 것을 주께서 건설하셨나이다
[시편 89편 12절, 95편 5절, 에스겔 36장 29-36절을 함께 참조하세요.]

에스겔 29장 3, 9-10절
하나님께서는 바로와 애굽이 나일 강을 자신들의 것이라고 이야기한 것에 대하여 꾸짖으십니다:
9. 애굽 땅이 사막과 황무지가 되리니 내가 여호와인 줄을 그들이 알리라 네가 스스로 이르기를 이 강은 내 것이라 내가 만들었다 하도다

4. 우리는 청지기로서 땅을 돌봐야 할 책임이 있습니다.

창세기 2장 15절
여호와 하나님이 그 사람을 이끌어 에덴 동산에 두어 그것을 경작하며 지키게 하시고

출애굽기 23장 11절
인간의 청지기직을 상기시키기 위해 땅은 7년마다 휴경해야 했습니다.
[레위기 25장 4절을 함께 참조하세요.]

시편 8편 6절
주의 손으로 만드신 것을 다스리게 하시고 만물을 그의 발 아래 두셨으니

5. 사람의 죄로 인해 땅은 오염되었습니다.

창세기 3장 17-18절
17. 아담에게 이르시되… 땅은 너로 말미암아 저주를 받고… 18. 땅이 네게 가시덤불과 엉겅퀴를 낼 것이라…
[레위기 18장 24-25절, 민수기 35장 33-34절을 함께 참조하세요.]

시편 106편 37-38절
37. 그들이 그들의 자녀를 악귀들에게 희생제물로 바쳤도다 38. 무죄한 피 곧 그들의 자녀의 피를 흘려 가나안의 우상들에게 제사하므로 그 땅

이 피로 더러워졌도다

이사야 24장 5-6절
5. 땅이 또한 그 주민 아래서 더럽게 되었으니 이는 그들이 율법을 범하며… 6. 그러므로 저주가 땅을 삼켰고…

예레미야 2장 7절
내가 너희를 기름진 땅에 인도하여 그것의 열매와 그것의 아름다운 것을 먹게 하였거늘 너희가 이리로 들어와서는 내 땅을 더럽히고 내 기업을 역겨운 것으로 만들었으며
[예레미야 16장 18절, 미가 2장 10절을 함께 참조하세요.]

6. 하나님께서는 인간이 한 곳에 모여 자신들의 이름을 높이는 것이 아니라, 땅을 가득 채우기를 바라셨습니다.

창세기 1장 28절
…하나님이 그들에게 이르시되 생육하고 번성하여 땅에 충만하라, 땅을 정복하라… 모든 생물을 다스리라 하시니라

창세기 9장 1절
하나님이 노아와 그 아들들에게 복을 주시며 그들에게 이르시되 생육하고 번성하여 땅에 충만하라

창세기 11장 1-9절
하나님께서는 바벨탑 건축과 그 배후의 동기를 심판하셨습니다:
9. …여호와께서 거기서 그들을 온 지면에 흩으셨더라

7. 하나님께서는 사람들을 흩으시기 위해 나라와 언어를 고안하셨습니다.

창세기 10장
여기에 대홍수 후 노아의 자손들 나라들의 분포에 대한 자세한 설명이 있습니다:
5. 이들로부터 여러 나라 백성으로 나뉘어서 각기 언어와 종족과 나라대로 바닷가의 땅에 머물렀더라 20. 이들은 함의 자손이라 각기 족속과 언어와 지방과 나라대로였더라
[창세기 10장 31-32절을 함께 참조하세요.]

창세기 11장 1-9절
1. 온 땅의 언어가 하나요 말이 하나였더라… 4. 또 말하되 자 성읍과 탑을 건설하여 그 탑 꼭대기를 하늘에 닿게 하여 우리 이름을 내고 온 지면에 흩어짐을 면하자 하였더니… 6. 여호와께서 이르시되 이 무리가 한 족속이요 언어도 하나이므로 이같이 시작하였으니 이 후로는 그 하고자 하는 일을 막을 수 없으리로다 7. 자 우리가 내려가서 거기서 그들의 언어를 혼잡하게 하여 그들이 서로 알아듣지 못하게 하자 하시고 8. 여호와께서 거기서 그들을 온 지면에 흩으셨으므로…

8. 하나님께서는 종족과 나라들에 땅을 분배하셨고 경계를 정하셨습니다.

민수기 34장 1-28절
이스라엘 족속 가운데 가나안의 분배:

신명기 2장 5절-3장 2절
하나님께서는 특정한 백성들에게 특정한 땅을 분배하시는 것에 대하여 반복하여 말씀하십니다.

여호수아 1장 2-5절
여호수아에게 말씀하시는 하나님:
2. …내가… 주는 그 땅으로 가라 3. …너희 발바닥으로 밟는 곳은 모두 내가 너희에게 주었노니… 5. 네 평생에 너를 능히 대적할 자가 없으리니…
[여호수아 15장 22절을 함께 참조하세요.]

예레미야 27장 6-8절
하나님께서는 다른 나라에게 정복당함으로써 심판 받은 땅에 대해서도 관심을 두십니다:
6. 이제 내가 이 모든 땅을 내 종 바벨론의 왕 느부갓네살의 손에 주고… 8. 여호와의 말씀이니라 바벨론의 왕 느부갓네살을 섬기지 아니하며 그 목으로 바벨론의 왕의 멍에를 메지 아니하는 백성과 나라는 내가 그들이 멸망하기까지 칼과 기근과 전염병으로 그 민족을 벌하리라

사도행전 17장 26절
인류의 모든 족속을 한 혈통으로 만드사 온 땅에 살게 하시고 그들의 연대를 정하시며 거주의 경계를 한정하셨으니

9. 하나님께서는 어디에 살든지 지위가 어떠하든지 모든 사람에게 관심이 있으십니다.

사도행전 10장 34-35절
34. …하나님은 사람의 외모를 보지 아니하시고 35. 각 나라 중 하나님을 경외하며 의를 행하는 사람은 다 받으시는 줄 깨달았도다

로마서 10장 12-13절
12. 유대인이나 헬라인이나 차별이 없음이라 한 분이신 주께서 모든 사람의 주가 되사 그를 부르는 모든 사람에게 부요하시도다 13. 누구든지 주의 이름을 부르는 자는 구원을 받으리라

야고보서 2장 1-9절
믿는 자들은 부유한 자를 차별하는 것을 주의해야 합니다. 하나님께서는 가난한 자들을 택하셨습니다(5절); 사람들의 신분에 따라 부당하게 대우하는 것은 죄입니다(9절).

다음은 하나님께서 관심을 두시는 것에 대한 몇 가지 예입니다:

요한복음 3장
니고데모, 총독, 바리새인

요한복음 4장
여자, 사마리아인, 부도덕함

요한복음 5장
무력한 남자

마태복음 28장 19절
모든 나라
[사도행전 1장 8절을 함께 참조하세요.]

사도행전 2장 5-11절
각국에서 온 독실한 유대인들

10. 모든 나라는 연관되어 있습니다.

창세기 10장 32절
모든 사람은 노아와 아담의 후손입니다.

사도행전 17장 26절
인류의 모든 족속을 한 혈통으로 만드사 온 땅에 살게 하시고…

고린도전서 15장 39절
육체는 다 같은 육체가 아니니 하나는 사람의 육체요 하나는 짐승의 육체요…

지리(geography)라는 단어는 '땅(the land)'에 대해 쓰거나 '땅을 설명한다(describe the land)'는 의미의 두 그리스 단어에서 파생되었습니다. 그러므로 지리학 분야는 하나님과 관련이 있어야 합니다. 왜냐하면 하나님은 땅, 세상의 창조주이시기 때문입니다(창세기 1장 1절, 요한복음 1장 1절, 히브리서 1장 10절 등). 창조세계는 하나님의 작품이고 하나님을 가리킵니다. 교사는 계속적으로 학생들에게 이 사실을 상기시켜야 합니다. 누군가는 이렇게 요약 합니다: "하나님께서는 모든 창조세계에 하나님의 지문을 남기셨습니다."
_ 바이런 스냅(Byron Snapp), "Teaching Geography in the Christian School." On Teaching (1982년 12월호)

"얼마나 특별하면서도 얼마나 단순한 비의 철학인가. 전지전능하신 분외에 지구에 물을 주기 위해 이처럼 훌륭한 방법을 고안해 낼 수 있을까?"
_ 앤드류 우레(Andrew Ure), 1778-1857.

"벌은 모든 장미에 가시가 있는 것을 발견하지만 꿀을 잔뜩 머금고 돌아오는데 왜 다른 관광객들은 그렇게 해서는 안 되는 것일까요?"
_ 토마스 핼리버튼(Thomas C. Haliburton), 1796-1864.

세상은 훌륭한 책입니다. 집을 벗어나지 않는 사람들은 오직 책의 한 페이지만 읽습니다.
_ 성 어거스틴, 604년 사망.

하늘과 땅은 모두 똑같이 하나님에 대해 말하고, 위대한 자연 세계는 기록된 말씀을 드러내는 또 다른 성경에 불과합니다; 자연과 은혜는 하나입니다. - 은혜는 꽃의 심장이고 자연은 그 주변의 꽃잎입니다.
_ 헨리 워드 비처(Henry Ward Beecher), 1813-1887.

성경은 모든 선한 것의 도덕적 원천이며 인간 사회에서 모든 악한 것에 대한 가장 탁월한 교정자입니다. 인간의 세속적 관심사를 규제하는 최고의 책이자 미래의 행복에 대해 확실한 지침이 될 수 있는 유일한 책입니다.
_ 노아 웹스터(Noah Webster), 1758-1843.

경제

경제: 성경적 개념

I. 돈과 소유에 대한 태도

1. 우리가 가진 좋은 것들은 하나님의 선물입니다.

2. 믿는 자들은 독립적인 소유자가 아니라 하나님의 소유물을 관리하는 청지기입니다.

3. 물질적인 것들이 인생의 목표가 되어서는 안 됩니다.

4. 돈은 하나님의 목적에 따라 사용하기 위해 믿는 자에게 맡겨집니다.

5. 하나님께서는 하나님을 신뢰하는 자들의 물질적인 필요를 공급하십니다.

6. 돈으로 영적인 축복을 살 수 없습니다.

7. 돈에 대한 태도는 한 사람이 지닌 일반적 태도를 드러내는 지표입니다.

8. 진정한 번영은 하나님께 대한 순종과 하나님의 은혜에 달려있습니다.

II. 하나님과 사람들에게 주는 것

1. 십일조는 하나님께 드리는 최소치이며 율법에 따라 실천으로 신약의 승인으로 전수됩니다.

2. 하나님께서는 하나님께 넉넉히 드리는 자들을 축복하십니다.

3. 하나님께 드리는 것은 하나님께서 우리를 번영케 하시는 방식을 따라야 합니다.

4. 하나님께 드리는 것은 자신의 결정에 근거한 개인적인 일이어야 합니다.

5. 하나님께서는 우리가 드리는 것을 투자로 여기십니다; 하나님의 계좌에 기록하십니다.

6. 하나님께 드리는 제물은 정직하고 공정하게 다루어져야 합니다.

7. 주님을 섬기는 전임 사역자들은 자신의 물질도 주님께 드려야 합니다.

8. 하나님께서는 개인과 교회가 도움이 필요한 자들에게 넉넉히 베푸는 것을 기대하십니다.

9. 하나님께서는 백성들의 은사를 통하여 필요한 것들을 공급하십니다.

III. 재정적 문제와 사람의 관계

1. 하나님을 섬기도록 보냄 받은 자들은 물질적 필요를 공급하시는 하나님을 기대할 수 있습니다.

2. 몇몇 경우 하나님께서는 믿는 자들에게 하나님의 일을 하는 동안 스스로 살아가도록 지시하십니다.

3. 때때로 귀중한 것은 죄로 이어질 위험 때문에 파괴되어야 합니다.

4. 믿는 자들은 믿지 아니하는 자들이 돈과 소유를 관리하면서 성경적 기준을 이해하거나 따를 것이라고 기대해서는 안 됩니다.

5. 믿는 자들은 서로에게 특별한 배려를 베풀 수 있습니다.

6. 믿는 자들은 부유함을 근거로 사람을 존중해서는 안 됩니다.

7. 돈을 빌려주고 빌리는 것은 국가 또는 개인의 자유와 관련이 있습니다.

IV. 재산 소유권

1. 재산권은 보호되어야 합니다.

2. 소유주는 자기 재산을 매입, 매도 또는 처분할 권리가 있습니다.

3. 집에서 사생활을 보호할 권리 또는 불법적인 수색으로부터의 자유는 하나님께서 부여하신 권리입니다.

4. 재산 소유권은 한 세대에서 다음 세대로 옮겨집니다.

5. 믿는 자들이 자발적으로 공동 소유권을 갖는 성경의 선례가 있지만, 그것은 정직하게 서로에 대한 사랑으로 행해져야 합니다.

6. 남자뿐 아니라 여자도 소유권을 갖습니다.

7. 돈을 투자하는 사람은 가난한 사람들을 이용함으로써 이익을 얻는 것이 아니라면, 자신의 투자에 대한 이익을 얻을 권리가 있습니다.

V. 돈과 소유와 관련한 문제들

1. 물질적인 것들을 사랑하는 것은 문제를 초래합니다.

2. 부와 번영 자체가 문제로 이어질 수 있습니다.

3. 가난은 하나님께서 우리에게 경고하시는 몇 가지 원인으로 인해 비롯될 수 있습니다.

4. 다른 사람의 빚을 담보하는 사람은 문제를 자초하는 것입니다.

VI. 일과 일에 대한 우리의 태도

1. 일은 사람을 향하신 하나님의 계획입니다.
2. 정직한 일은 개인적인 만족을 낳습니다.

3. 하나님께서는 근면함을 칭찬하시고 보상하십니다.

4. 일하지 않기 위해 핑계를 찾는 사람은 거의 성취하지 못할 것입니다.

5. 사람은 미리 계획해야 하지만, 계획하면서 하나님의 뜻을 숙고해야 합니다.

VII. 사업 원칙

1. 정직하게 사업을 진행해야 합니다.

2. 사업은 적절한 보호 조치를 취해야 합니다.

3. 고용주는 노동자들에게 공평해야 합니다.

4. 피고용인은 고용주에게 주께 하듯 충성되게 섬겨야 합니다.

5. 하나님께서는 창조 사역을 마치신 후 안식하심을 기억하게 하시고 인간과 동물의 필요를 위하여 일하는 주간의 휴식을 계획하셨습니다.

6. 모든 사업의 거래 조건은 쌍방의 요구에 기초해야 합니다.

재물은 삶의 끝이 아니라, 도구입니다.

_ 헨리 워드 비처(Henry W. Beecher), 1813-1887

국가의 부는 위대한 보물, 견고한 성벽, 아름다운 궁전, 무기, 갑옷에 있지 않습니다. 국가의 가장 고귀한 재산이자 국가의 진정한 안전은 현명하고, 명예롭고, 잘 교육받은 시민들에 있습니다.

_ 에피쿠로스(Epicurus), 342-270 B.C.

나는 부를 미덕의 짐(the baggage of virtue)보다 더 좋은 이름으로 부를 수 없습니다. 로마어로는 더 적절하게 장애물(impediment)입니다. 군대에 있는 짐과 같이 미덕에 있어서 부도 마찬가지 입니다. 그것은 아껴두거나 남겨둘 수 없고, 행진을 방해합니다. 그뿐 아니라 그것을 돌보는 것은 때때로 승리를 잃게 하거나 방해합니다. 큰 재산은 분배하는 것 외에는 실제적인 쓸모가 없습니다. 나머지는 자만심에 불과합니다.

_ 프랜시스 베이컨(Francis Bacon), 1561-1626

경제: 성경적 배경

I. 돈과 소유에 대한 태도

1. 우리가 가진 좋은 것들은 하나님의 선물입니다.

예:

신명기 8장 17-18절
부와 힘에 대하여 이스라엘에게 말씀하시는 하나님:
17. 그러나 네가 마음에 이르기를 내 능력과 내 손의 힘으로 내가 이 재물을 얻었다 말할 것이라
18. 네 하나님 여호와를 기억하라 그가 네게 재물 얻을 능력을 주셨음이라…

역대상 29장 11-16절
솔로몬이 즉위하기 전에 다윗의 기도:
11. …천지에 있는 것이 다 주의 것이로소이다 여호와여 주권도 주께 속하였사오니 주는 높으사 만물의 머리이심이니이다
12. 부와 귀가 주께로 말미암고 또 주는 만물의 주재가 되사 손에 권세와 능력이 있사오니 모든 사람을 크게 하심과 강하게 하심이 주의 손에 있나이다…
14. 나와 내 백성이 무엇이기에 이처럼 즐거운 마음으로 드릴 힘이 있었나이까 모든 것이 주께로 말미암았사오니 우리가 주의 손에서 받은 것으로 주께 드렸을 뿐이니이다…
16. …우리가 주의 거룩한 이름을 위하여 성전을 건축하려고 미리 저축한 이 모든 물건이 다 주의 손에서 왔사오니 다 주의 것이니이다

전도서 5장 18-20절
노년에 이야기하는 솔로몬:
19. 또한 어떤 사람에게든지 하나님이 재물과 부요를 그에게 주사 능히 누리게 하시며 제 몫을 받아 수고함으로 즐거워하게 하신 것은 하나님의 선물이라

디모데전서 4장 3-5절
모든 종류의 음식:
3. …음식물은 하나님이 지으신 바니 믿는 자들과 진리를 아는 자들이 감사함으로 받을 것이니라
4. 하나님께서 지으신 모든 것이 선하매 감사함으로 받으면 버릴 것이 없나니

디모데전서 6장 17절
누릴 수 있는 모든 것:
네가 이 세대에서 부한 자들을 명하여 마음을 높이지 말고 정함이 없는 재물에 소망을 두지 말고 오직 우리에게 모든 것을 후히 주사 누리게 하시는 하나님께 두며

야고보서 1장 17절
우리가 소유한 모든 좋은 것들:
온갖 좋은 은사와 온전한 선물이 다 위로부터 빛들의 아버지께로부터 내려오나니…

> 부유함을 가치 있게 여기는 것은 탐욕스러운 것이 아닙니다. 부는 하나님의 선물이며, 하나님의 모든 선물과 같이, 부 그 자체는 선하며, 선하게 사용될 수 있습니다. 그러나 부에 지나치게 가치를 두고, 하나님께서 설계하신 마음을 부로 채우는 것은 탐심입니다.
> _ 허먼 웨이랜드(Herman Wayland), 1830-1893.

2. 믿는 자들은 독립적인 소유자가 아니라 하나님의 소유물을 관리하는 청지기입니다.

레위기 19장 23-25절
하나님께서는 이스라엘이 언제 그 땅의 열매를 먹을 수 있는지에 대하여 지시하셨습니다.

레위기 25장 1-7절
하나님께서 주신 땅은 매 칠 년째 되는 해에 안식해야 했습니다.

레위기 25장 8-31절
그 땅은 하나님의 것이며(23절) 매 오십 년째 되는 해에 안식하고 원소유자에게로 반환되어야 합니다; 모든 거래는 희년까지 계산해야 합니다.

레위기 25장 35-38절
가난한 형제들에게는 이자를 받지 않습니다. 모든 것은 하나님의 것이기 때문입니다.

레위기 25장 39-46절
유대인들은 가난한 형제들을 종으로 부릴 수 없습니다. 유대인들은 모두 하나님의 종이기 때문입니다(42-43절).

레위기 25장 47-55절
이방인에게 팔린 이스라엘 족속은 친척들에 의해 속량 받을 수 있습니다; 그럴 수 없다면 그들은 희년에 자유롭게 되었습니다(55절).

역대상 29장 14-16절
다윗은 성전 건축을 위해 모은 모든 것이 하나님의 것임을 알았습니다.

에스겔 7장 20-21절
하나님께서는 이스라엘이 우상을 만들기 위해 은과 금을 사용한 것을 책망하셨습니다.

학개 2장 8절
은도 내 것이요 금도 내 것이니라 만군의 여호와의 말이니라

마태복음 22장 21절
…그런즉 가이사의 것은 가이사에게, 하나님의 것은 하나님께 바치라 하시니

마태복음 25장 14-29절
소유를 맡은 종의 책임과 하나님의 청지기로써 우리의 책임에 대해 묘사하는 달란트 비유 .

사도행전 2장 44-45절
예루살렘의 믿는 자들은 사랑 안에서 개인의 소유를 포기했습니다.
[4장 32-35절을 함께 참조하세요.]

고린도전서 6장 19-20절
19. 너희 몸은 너희가 하나님께로부터 받은 바

너희 가운데 계신 성령의 전인 줄을 알지 못하느냐 너희는 너희 자신의 것이 아니라 20. 값으로 산 것이 되었으니…

3. 물질적인 것들이 인생의 목표가 되어서는 안 됩니다.

역대하 1장 11-12절

11. 하나님이 솔로몬에게 이르시되 이런 마음이 네게 있어서 부나 재물이나… 구하지 아니하며… 오직 내가 네게 다스리게 한 내 백성을 재판하기 위하여 지혜와 지식을 구하였으니 12. 그러므로 내가 네게 지혜와 지식을 주고 부와 재물과 영광도 주리니 네 전의 왕들도 이런 일이 없었거니와…

욥기 31장 24-28절

욥은 부를 자랑하는 것은 하나님을 부정하는 것임을 알았습니다:

24. 만일 내가 내 소망을 금에다 두고 순금에게 너는 내 의뢰하는 바라 하였다면 25. 만일 재물의 풍부함과 손으로 얻은 것이 많음으로 기뻐하였다면… 27. 내 마음이 슬며시 유혹되어… 28. 그것도 재판에 회부할 죄악이니 내가 그리하였으면 위에 계신 하나님을 속이는 것이리라

잠언 10장 2절

불의의 재물은 무익하여도 공의는 죽음에서 건지느니라

잠언 11장 4절

재물은 진노하시는 날에 무익하나 공의는 죽음에서 건지느니라

잠언 13장 7절

스스로 부한 체하여도 아무 것도 없는 자가 있고 스스로 가난한 체하여도 재물이 많은 자가 있느니라

잠언 15장 16절

가산이 적어도 여호와를 경외하는 것이 크게 부하고 번뇌하는 것보다 나으니라

잠언 22장 1-2절

1. 많은 재물보다 명예를 택할 것이요 은이나 금보다 은총을 더욱 택할 것이니라 2. 가난한 자와 부한 자가 함께 살거니와 그 모두를 지으신 이는 여호와시니라

잠언 23장 4-5절

4. 부자 되기에 애쓰지 말고 네 사사로운 지혜를 버릴지어다 5. 네가 어찌 허무한 것에 주목하겠느냐 정녕히 재물은 스스로 날개를 내어 하늘을 나는 독수리처럼 날아가리라

스바냐 1장 18절

그들의 은과 금이 여호와의 분노의 날에 능히 그들을 건지지 못할 것이며…

마태복음 4장 8-10절

예수님께서는 땅의 모든 왕국과 모든 영광을 주겠다고 시험하는 사단을 거절하셨습니다.

마태복음 6장 19-34절

우리는 물질적인 것에 대하여 믿지 않는 자들처럼 염려하지 않아야 합니다. 먼저 하나님의 뜻을 구하면 하나님께서 우리의 필요를 돌보실 것입니다.

[누가복음 12장 22-34절을 함께 참조하세요.]

마태복음 16장 26절
사람이 만일 온 천하를 얻고도 제 목숨을 잃으면 무엇이 유익하리요 사람이 무엇을 주고 제 목숨과 바꾸겠느냐

누가복음 12장 15절
그들에게 이르시되 삼가 모든 탐심을 물리치라 사람의 생명이 그 소유의 넉넉한 데 있지 아니하니라 하시고

누가복음 12장 16-21절
더 큰 곳간에 대한 비유

디모데전서 3장 3, 8절
감독[목사] 혹은 집사는 부정한 재물을 탐하지 않아야 합니다.

디모데전서 6장 6-8절
6. 그러나 자족하는 마음이 있으면 경건은 큰 이익이 되느니라 7. 우리가 세상에 아무 것도 가지고 온 것이 없으매 또한 아무 것도 가지고 가지 못하리니 8. 우리가 먹을 것과 입을 것이 있은즉 족한 줄로 알 것이니라

히브리서 10장 34절
박해받는 믿는 자들은 하늘에 더 나은 소유가 있음을 알고 자신들의 소유를 빼앗기는 것을 기쁘게 받아들인 것에 대해 칭찬을 받았습니다.

히브리서 13장 5절
돈을 사랑하지 말고 있는 바를 족한 줄로 알라 그가 친히 말씀하시기를 내가 결코 너희를 버리지 아니하고 너희를 떠나지 아니하리라 하셨느니라

4. 돈은 하나님의 목적에 따라 사용하기 위해 믿는 자에게 맡겨집니다.

성경에는 특별히 세 가지의 사용이 강조되고 있는 듯합니다:
(1) 가족을 돌봄 (2) 다른 이들의 필요 (3) 복음의 확산
다음의 구절들을 주목하고 더불어 이번 장에 기록된 많은 다른 구절들을 성찰하세요.

가족

마가복음 7장 9-13절
예수님께서는 바리새인들이 자신들의 전통을 하나님의 명령보다 우선순위에 둔 것을 책망하셨습니다:
10. 모세는 네 부모를 공경하라… 11. 너희는 이르되 사람이 아버지에게나 어머니에게나 말하기를 내가 드려 유익하게 할 것이 고르반 곧 하나님께 드림이 되었다고 하기만 하면 그만이라 하고 12. 자기 아버지나 어머니에게 다시 아무것도 하여 드리기를 허락하지 아니하여 13. 너희가 전한 전통으로 하나님의 말씀을 폐하며…
주님께서는 부모님께 드려야 할 것을 하나님께 드리는 것은 죄라고 말씀하셨습니다.

디모데전서 5장 4, 8, 16절
8. 누구든지 자기 친족 특히 자기 가족을 돌보지 아니하면 믿음을 배반한 자요 불신자보다 더 악한 자니라

다른 사람들

신명기 15장 10-11절

10. 너는 반드시 그에게 줄 것이요, 줄 때에는 아끼는 마음을 품지 말 것이니라 이로 말미암아 네 하나님 여호와께서 네가 하는 모든 일과 네 손이 닿는 모든 일에 네게 복을 주시리라 11. 땅에는 언제든지 가난한 자가 그치지 아니하겠으므로 내가 네게 명령하여 이르노니 너는 반드시 네 땅 안에 네 형제 중 곤란한 자와 궁핍한 자에게 네 손을 펼지니라

에베소서 4장 28절

도둑질하는 자는 다시 도둑질하지 말고 돌이켜 가난한 자에게 구제할 수 있도록 자기 손으로 수고하여 선한 일을 하라

말씀사역

빌립보서 4장 10-19절

바울은 자신의 사역을 위한 빌립보 교회의 도움에 감사를 표현합니다.

하나님의 뜻의 성취

마태복음 6장 19-20, 33절

19. 너희를 위하여 보물을 땅에 쌓아 두지 말라… 20. 오직 너희를 위하여 보물을 하늘에 쌓아… 33. 그런즉 너희는 먼저 그의 나라와 그의 의를 구하라

5. 하나님께서는 하나님을 신뢰하는 자들의 물질적인 필요를 공급하십니다.

역대하 31장 5, 10절

이스라엘이 하나님께 돌아와 십일조와 제물을 드리기 시작하면서 먹을 것이 풍부해졌습니다.

[전도서 3장 13절을 함께 참조하세요.]

에스라 8장 21-23절

하나님께서는 그의 백성들이 그 땅으로 돌아오기 위해 간구하였을 때 적들로부터 보호하시고 안전하게 하셨습니다.

[시편 37편 25절을 함께 참조하세요.]

시편 128편

하나님을 경외하는 자들에게 하나님께서는 음식, 행복, 아내의 다산, 건장한 자녀를 약속하셨습니다.

마태복음 6장 25-34절

33. 그런즉 너희는 먼저 그의 나라와 그의 의를 구하라 그리하면 이 모든 것을 너희에게 더하시리라

[누가복음 12장 22-34절을 함께 참조하세요.]

히브리서 13장 5-6절

5. 돈을 사랑하지 말고 있는 바를 족한 줄로 알라 그가 친히 말씀하시기를 내가 결코 너희를 버리지 아니하고 너희를 떠나지 아니하리라 하셨느니라 6. 그러므로 우리가 담대히 말하되 주는 나를 돕는 이시니 내가 무서워하지 아니하겠노라 사람이 내게 어찌하리요 하노라

6. 돈으로 영적인 축복을 살 수 없습니다.

이사야 55장 1-3절

1. 오호라 너희 모든 목마른 자들아 물로 나아오라 돈 없는 자도 오라 너희는 와서 사 먹되…

에스겔 7장 19절
19. …여호와 내가 진노를 내리는 날에 그들의 은과 금이 능히 그들을 건지지 못하며 능히 그 심령을 족하게 하거나 그 창자를 채우지 못하고…

마태복음 19장 21-24절
23. …내가 진실로 너희에게 이르노니 부자는 천국에 들어가기가 어려우니라

사도행전 8장 18-22절
20. 베드로가 이르되 네가 하나님의 선물을 돈 주고 살 줄로 생각하였으니 네 은과 네가 함께 망할지어다 21. 하나님 앞에서 네 마음이 바르지 못하니… 22. 그러므로… 회개하고…

베드로전서 1장 18-19절
18. …대속함을 받은 것은 은이나 금 같이 없어질 것으로 된 것이 아니요 19. 오직 흠 없고 점 없는 어린 양 같은 그리스도의 보배로운 피로 된 것이니라

7. 돈에 대한 태도는 한 사람이 지닌 일반적 태도를 드러내는 지표입니다.

학개 1장 2-4절
하나님께서는 이스라엘이 자신들의 집은 아름답게 세우고 하나님의 집과 예배를 방치하는 것에 대해 질책하셨습니다.

마태복음 6장 19-21절
19. 너희를 위하여 보물을 땅에 쌓아 두지 말라… 20. 오직 너희를 위하여 보물을 하늘에 쌓아… 21. 네 보물 있는 그 곳에는 네 마음도 있느니라

마태복음 18장 23-35절 (특별히 33절)
많은 빚을 탕감 받았으나 자신에게 빚진 자를 용서하지 않은 종에 관한 이야기

누가복음 12장 33-34절
33. 너희 소유를 팔아 구제하여 낡아지지 아니하는 배낭을 만들라 곧 하늘에 둔 바 다함이 없는 보물이니 거기는 도둑도 가까이 하는 일이 없고 좀도 먹는 일이 없느니라 34. 너희 보물 있는 곳에는 너희 마음도 있으리라

누가복음 16장 10-11절
10. 지극히 작은 것에 충성된 자는 큰 것에도 충성되고 지극히 작은 것에 불의한 자는 큰 것에도 불의하니라 11. 너희가 만일 불의한 재물에도 충성하지 아니하면 누가 참된 것으로 너희에게 맡기겠느냐
[12절을 함께 참조하세요.]

고린도후서 8장 3-5절
마게도냐의 교회들에 대해 이야기하는 바울:
3. …그들이… 힘에 지나도록 자원하여 4. 이 은혜와 성도 섬기는 일에 참여함에 대하여 우리에게 간절히 구하니 5. 우리가 바라던 것뿐 아니라 그들이 먼저 자신을 주께 드리고 또 하나님의 뜻을 따라 우리에게 주었도다

8. 진정한 번영은 하나님께 대한 순종과 하나님의 은혜에 달려있습니다.

창세기 39장 2-5절
2. 여호와께서 요셉과 함께 하시므로 그가 형통한 자가 되어… 3. 그의 주인이 여호와께서 그와 함께 하심을 보며 또 여호와께서 그의 범사에 형통하게 하심을 보았더라 4. 요셉이 그의 주인에게 은혜를 입어 섬기매 그가 요셉을 가정 총무로 삼고 자기의 소유를 다 그의 손에 위탁하니 5. …여호와께서 요셉을 위하여 그 애굽 사람의 집에 복을 내리시므로
[21-23절을 함께 참조하세요.]

신명기 28장 1-13절
1. …내가 오늘 네게 명령하는 그의 모든 명령을 지켜 행하면 네 하나님 여호와께서 너를 세계 모든 민족 위에 뛰어나게 하실 것이라 2. …이 모든 복이 네게 임하며 네게 이르리니
[3-13절은 약속된 축복을 설명합니다. 20장 1-2, 9-10, 15-16절을 함께 참조하세요.]

여호수아 1장 8절
이 율법책을 네 입에서 떠나지 말게 하며 주야로 그것을 묵상하여 그 안에 기록된 대로 다 지켜 행하라 그리하면 네 길이 평탄하게 될 것이며 네가 형통하리라

시편 1편 1-3절
1. 복 있는 사람은 악인들의 꾀를 따르지 아니하며… 2. 오직 여호와의 율법을 즐거워하여 그의 율법을 주야로 묵상하는도다 3. 그는 시냇가에 심은 나무가 철을 따라 열매를 맺으며 그 잎사귀가 마르지 아니함 같으니 그가 하는 모든 일이 다 형통하리로다

시편 73편
여기에서 아삽은 악인이 갑자기 황폐해지는 것을 보기 전까지 자신이 얼마나 그들의 형통함을 질투하였는지 이야기합니다(2-22절); 그 다음에, 아삽은 의인의 축복 - 진정한 번영을 보았습니다(23-28절).
[시편 37편 32-40절을 함께 참조하세요.]

빌립보서 4장 19절
하나님께서는 빌립보 교회가 하나님의 일을 위해 넉넉하게 드렸으므로 그들의 모든 필요를 공급하실 것을 사도바울을 통하여 약속하십니다.

II. 하나님과 사람들에게 주는 것

1. 십일조는 하나님께 드리는 최소치이며 율법에 따라 실천으로 신약의 승인으로 전수됩니다.

창세기 14장 20절
율법이 주어지기 전에 아브라함은 전쟁에서 얻은 모든 것의 십일조를 드렸습니다. 아브라함은 하나님을 대표하는 자인 멜기세덱에게 십일조를 주었습니다.

창세기 28장 22절
야곱 또한 벧엘에서 하나님께 십분의 일을 드릴 것을 약속했습니다.

레위기 27장 30-34절
30. 그리고 그 땅의 십분의 일 곧 그 땅의 곡식이나 나무의 열매는 그 십분의 일은 여호와의 것이니 여호와의 성물이라

민수기 18장 24-29절

24. 이스라엘 자손이 여호와께 거제로 드리는 십일조를 레위인에게 기업으로 주었으므로 내가 그들에 대하여 말하기를 이스라엘 자손 중에 기업이 없을 것이라 하였노라… 26. 너는 레위인에게 말하여… 내가 이스라엘 자손에게 받아 너희에게 기업으로 준 십일조를 너희가 그들에게서 받을 때에 그 십일조의 십일조를 거제로 여호와께 드릴 것이라

[신명기 12장 6-7절, 말라기 3장 8-10절을 함께 참조하세요.]

역대하 31장 5-14절

히스기야가 다시 유월절을 준수하기 시작했을 때, 다른 개혁들과 함께 백성들에게 십일조와 제물을 가져올 것을 명령했습니다. 백성들은 풍성히 드렸습니다:

5. 왕의 명령이 내리자 곧 이스라엘 자손이 곡식과 포도주와 기름과 꿀과 밭의 모든 소산의 첫 열매들을 풍성히 드렸고 또 모든 것의 십일조를 많이 가져왔으며

마태복음 23장 23절

예수님은 바리새인들이 외식하는 자들로써 십일조는 드리지만 율법에서 더 중요한 행위를 버렸음을 책망하십니다:

23. …너희가… 십일조는 드리되 율법의 더 중한 바 정의와 긍휼과 믿음은 버렸도다 그러나 이것도 행하고 저것도 버리지 말아야 할지니라

히브리서 7장 4-10절

아브라함이 멜기세덱에게 주었던 십일조에 관한 논의. 더 크고 존경받는 사람에 대한 인정으로서 십일조의 중요성이 나타납니다.

2. 하나님께서는 하나님께 넉넉히 드리는 자들을 축복하십니다.

잠언 3장 9-10절

9. 네 재물과 네 소산물의 처음 익은 열매로 여호와를 공경하라 10. 그리하면 네 창고가 가득히 차고 네 포도즙 틀에 새 포도즙이 넘치리라

잠언 11장 24-25절

24. 흩어 구제하여도 더욱 부하게 되는 일이 있나니 과도히 아껴도 가난하게 될 뿐이니라 25. 구제를 좋아하는 자는 풍족하여질 것이요 남을 윤택하게 하는 자는 자기도 윤택하여지리라

말라기 3장 8-10절

10. …너희의 온전한 십일조를 창고에 들여… 그것으로 나를 시험하여 내가 하늘 문을 열고 너희에게 복을 쌓을 곳이 없도록 붓지 아니하나 보라

마태복음 6장 31-34절

33. 그런즉 너희는 먼저 그의 나라와 그의 의를 구하라 그리하면 이 모든 것을 너희에게 더하시리라

[신명기 28장 11-12절, 30장 9-10절을 함께 참조하세요.]

마태복음 26장 7-13절

주님께 풍성하게 드리는 것은 낭비하는 것이 아닙니다. 값비싼 향유는 주님을 사랑하는 자의 경배였습니다.

마가복음 10장 29-30절

29. …나와 복음을 위하여 집이나 형제나 자매

나 어머니나 아버지나 자식이나 전토를 버린 자는 30. 현세에 있어 집과 형제와 자매와 어머니와 자식과 전토를 백 배나 받되…

마가복음 12장 41-44절
예수님께서는 자신이 가진 모든 것을 드린 과부를 칭찬하셨습니다.
[누가복음 21장 3-4절을 함께 참조하세요.]

누가복음 6장 38절
주라 그리하면 너희에게 줄 것이니… 너희가 헤아리는 그 헤아림으로 너희도 헤아림을 도로 받을 것이니라

고린도후서 9장 6-12절
풍성하게 심은 자는 또한 풍성하게 거둘 것입니다.
7. …하나님은 즐겨 내는 자를 사랑하시느니라

빌립보서 4장 14-19절
15. …주고 받는 내 일에 참여한 교회가 너희 외에 아무도 없었느니라 16. …너희가 한 번뿐 아니라 두 번이나 나의 쓸 것을 보내었도다… 19. 나의 하나님이… 너희 모든 쓸 것을 채우시리라

3. 하나님께 드리는 것은 하나님께서 우리를 번영케 하시는 방식을 따라야 합니다.

신명기 16장 17절
각 사람이 네 하나님 여호와께서 주신 복을 따라 그 힘대로 드릴지니라

에스라 2장 68-69절
68. 어떤 족장들이 예루살렘에 있는 여호와의 성전 터에 이르러 하나님의 전을 그 곳에 다시 건축하려고 예물을 기쁘게 드리되 69. 힘 자라는 대로 공사하는 금고에 들이니…

말라기 3장 8절
사람이 어찌 하나님의 것을 도둑질하겠느냐 그러나 너희는 나의 것을 도둑질하고도 말하기를 우리가 어떻게 주의 것을 도둑질하였나이까 하는도다 이는 곧 십일조와 봉헌물이라

마가복음 12장 41-44절
가난한 과부가 드린 헌금의 중요성은 그녀의 태도와 총자산에 대한 비율에 따른 것이지 금액 자체에 따른 것이 아니었습니다.

고린도전서 16장 2절
매주 첫날에 너희 각 사람이 수입에 따라 모아 두어서 내가 갈 때에 연보를 하지 않게 하라

고린도후서 8장 12절
할 마음만 있으면 있는 대로 받으실 터이요 없는 것은 받지 아니하시리라

> 나는 선행으로 인하여 파산을 당한 하나님의 자녀를 결코 알지 못합니다. 우리가 지키는 것은 잃을 수 있으나, 그리스도께 드린 것은 결코 잃지 않습니다.
> _ 시어도어 쿠일러(Theodore L. Cuyler), 1822-1909.

4. 하나님께 드리는 것은 자신의 결정에 근거한 개인적인 일이어야 합니다.

출애굽기 25장 1-2절

2. 이스라엘 자손에게 명령하여 내게 예물을 가져오라 하고 기쁜 마음으로 내는 자가 내게 바치는 모든 것을 너희는 받을지니라

[35장 5절을 함께 참조하세요.]

출애굽기 35장 21-29절

21. 마음이 감동된 모든 자와 자원하는 모든 자가 와서 회막을 짓기 위하여 그 속에서 쓸 모든 것을 위하여 거룩한 옷을 위하여 예물을 가져다가 여호와께 드렸으니

에스라 2장 68-69절

68. 어떤 족장들이… 예물을 기쁘게 드리되 69.
힘 자라는 대로…

마태복음 6장 1-4절

1. 사람에게 보이려고 그들 앞에서 너희 의를 행하지 않도록 주의하라… 3. 너는 구제할 때에 오른손이 하는 것을 왼손이 모르게 하여 4. 네 구제함을 은밀하게 하라…

사도행전 5장 1-5절

베드로는 아나니아에게 그가 땅을 판 후 그 돈은 그의 소유였음을 상기시킵니다. 그는 그 돈의 전부나 일부를 드릴 필요는 없었으나 그가 드리는 것은 자원하여 그리고 정직하게 행해야 했습니다.

고린도후서 9장 7절

각각 그 마음에 정한 대로 할 것이요 인색함으로나 억지로 하지 말지니 하나님은 즐겨 내는 자를 사랑하시느니라

5. 하나님께서는 우리가 드리는 것을 투자로 여기십니다; 하나님의 계좌에 기록하십니다.

마태복음 6장 20-21절

20. 오직 너희를 위하여 보물을 하늘에 쌓아 두라 거기는 좀이나 동록이 해하지 못하며 도둑이 구멍을 뚫지도 못하고 도둑질도 못하느니라 21.
네 보물 있는 그 곳에는 네 마음도 있느니라

마태복음 19장 27-30절

하나님께서는 땅에서 희생하는 자들에게 상급을 약속하십니다:

29. 또 내 이름을 위하여 집이나 형제나 자매나 부모나 자식이나 전토를 버린 자마다 여러 배를 받고 또 영생을 상속하리라

빌립보서 4장 17절

빌립보 교인들의 선물에 대한 바울의 감사:

내가 선물을 구함이 아니요 오직 너희에게 유익하도록 풍성한 열매를 구함이라

6. 하나님께 드리는 제물은 정직하고 공정하게 다루어져야 합니다.

출애굽기 22장 29, 30절

제물은 더디게 드리지 말고 바로 드려야 합니다.

신명기 23장 18절

헌금은 정직하게 얻은 것으로 드려야 합니다.
[사무엘하 24장 24절을 함께 참조하세요.]

고린도후서 8장 18-22절
드려진 헌금이 올바르게 관리되도록 적절한 예방 조치를 취해야 합니다.
[고린도전서 16장 2-3절을 함께 참조하세요.]

7. 주님을 섬기는 전임 사역자들은 자신의 물질도 주님께 드려야 합니다.

민수기 18장 26-32절
레위인들은 그들이 받은 십일조의 십일조를 가장 최고의 것으로 하나님께 드렸습니다.

> 돈의 일부는 우리의 것이고 나머지 부분은 하나님의 것이 아닙니다. 모든 것은 하나님의 것입니다; 하나님께서 모든 것을 만드셨고, 모든 것을 주셨고 단지 하나님의 일을 위해 우리에게 맡기셨습니다. 하인은 주인과 자신의 지갑 두 개를 가지지만 우리는 오직 하나를 갖습니다.
> _ 아돌프 모노드(Adolphe Monod)

8. 하나님께서는 개인과 교회가 도움이 필요한 자들에게 넉넉히 베푸는 것을 기대하십니다.

신명기 15장 7-11절
7. …가난한 형제가 너와 함께 거주하거든… 8. 반드시 네 손을 그에게 펴서… 10. 너는 반드시 그에게 줄 것이요… 이로 말미암아 네 하나님 여호와께서… 네게 복을 주시리라
[레위기 19장 9-10, 33-34절, 23장 22절, 25장 35-38절을 함께 참조하세요.]

시편 41편 1절
가난한 자를 보살피는 자에게 복이 있음이여 재앙의 날에 여호와께서 그를 건지시리로다
[잠언 28장 27절을 함께 참조하세요.]

잠언 19장 17절
가난한 자를 불쌍히 여기는 것은 여호와께 꾸어 드리는 것이니 그의 선행을 그에게 갚아 주시리라
[22장 9절을 함께 참조하세요.]

마태복음 5장 42절
네게 구하는 자에게 주며 네게 꾸고자 하는 자에게 거절하지 말라

마태복음 25장 40절
…내 형제 중에 지극히 작은 자 하나에게 한 것이 곧 내게 한 것이니라 하시고

사도행전 20장 35절
…수고하여 약한 사람들을 돕고 또 주 예수께서 친히 말씀하신 바 주는 것이 받는 것보다 복이 있다 하심을 기억하여야 할지니라

고린도후서 8장 1-5절
자신들을 먼저 주님께 드린 후, 가난 중에 자신들의 능력 이상을 드렸던 마게도냐 교회에 대한 예.
[12-15절을 함께 참조하세요.]

에베소서 4장 28절
…가난한 자에게 구제할 수 있도록 자기 손으로 수고하여 선한 일을 하라

일하는 이유에 대한 다소 놀라운 이유.

디모데전서 6장 17-19절
17. 네가 이 세대에서 부한 자들을 명하여… 18. 선을 행하고 선한 사업을 많이 하고 나누어 주기를 좋아하며 너그러운 자가 되게 하라
(히브리서 13장 16절)

요한일서 3장 17절
누가 이 세상의 재물을 가지고 형제의 궁핍함을 보고도 도와 줄 마음을 닫으면 하나님의 사랑이 어찌 그 속에 거하겠느냐

관용이 없는 부요함은 가치가 없습니다. 부를 통해 다른 이들을 축복하는 사람에게만 부유함은 축복입니다.
_ 헨리 필딩(Henry Fielding), 1707-1754.

우리의 적은 것으로 하나님을 섬기는 것은 더 많은 것을 얻는 방법입니다; 그리고 우리는 하나님께서 영광을 받으시거나 사람이 축복받는 것이 낭비되는 것이라고 생각해서는 안됩니다.
_ 존 홀(John Hall), 1829-1898

9. 하나님께서는 백성들의 은사를 통하여 필요한 것들을 공급하십니다.

출애굽기 25장 1-9절
백성들은 성막을 짓기 위하여 물질적인 것들을 가져오도록 지시받았습니다. 35장 21-29절에서 백성들은 자진해서 드렸고 36절 5-7절에서는 필요한 것 보다 더 많이 드렸습니다.

민수기 7장 1-8절
인구 계수를 맡은 열두 지휘관들은 주님께 예물로써 수레 여섯 대와 소 열두 마리를 가져왔습니다. 이것은 성막과 뜰에서 수송을 위해 하나님께서 공급하신 방법이었습니다. 널판, 받침, 띠, 포장 등

신명기 18장 1-5절
1. 레위 사람 제사장과 레위의 온 지파는 이스라엘 중에 분깃도 없고 기업도 없을지니 그들은 여호와의 화제물과 그 기업을 먹을 것이라
다른 말로 다른 사람들이 드린 제물은 이러한 필요를 공급하였습니다.

에스라 1장 4-6절, 2장 68-69절
특정한 필요가 있을 때 자발적으로 예물을 드리는 방법은 심지어 이방 왕인 고레스에 의해서도 인정되었습니다. 성전을 짓기 위해 예루살렘에 돌아오는 유대인들에 대해서 고레스 왕은 다음과 같이 선언했습니다:
4. 그 남아 있는 백성이 어느 곳에 머물러 살든지 그 곳 사람들이 마땅히 은과 금과 그 밖의 물건과 짐승으로 도와주고 그 외에도 예루살렘에 세울 하나님의 성전을 위하여 예물을 기쁘게 드릴지니라 하였더라

고린도후서 8장 13-14절
13. 이는 다른 사람들은 평안하게 하고 너희는 곤고하게 하려는 것이 아니요 균등하게 하려 함이니 14. 이제 너희의 넉넉한 것으로 그들의 부족한 것을 보충함은 후에 그들의 넉넉한 것으로 너희의 부족한 것을 보충하여 균등하게 하려 함이라

야고보서 2장 15-16절
15. 만일 형제나 자매가 헐벗고 일용할 양식이 없는데 16. 너희 중에 누구든지 그에게 이르되 평안히 가라… 하며 그 몸에 쓸 것을 주지 아니하면 무슨 유익이 있으리요

III. 재정적 문제와 사람의 관계

1. 하나님을 섬기도록 보냄 받은 자들은 물질적 필요를 공급하시는 하나님을 기대할 수 있습니다.

레위기 2장 3, 10절
성막에서 드리는 특정 제물의 상당 부분은 아론과 그의 자손들이나 제사장에게 주어졌습니다.

민수기 18장 21, 24, 31절
레위인들은 이스라엘의 십일조를 받았습니다. 그들은 또한 성읍과 초장을 받았습니다.
[35장 1-8절 그리고 신명기 14장 27절을 함께 참조하세요.]

마태복음 10장 7-12절
예수님께서는 열두 제자들에게 필요한 것들은 그들이 가는 곳에서 공급받을 것을 기대하시며 제자들을 아무 가진 것 없이 보내셨습니다.

누가복음 10장 1-11절
예수님께서는 칠십 인이 그들이 가는 곳에서 도움을 받을 것을 기대하시며 지갑이나 여분의 옷 없이 보내셨습니다.

고린도전서 9장 6-16절
바울은 다른 사람들로부터 도움을 받는 것이 합당하다는 것을 나타냅니다. - 군인, 농부, 소를 기르는 자, 성전에서 일하는 이들. 14절에서 절정에 이릅니다:
14. 이와 같이 주께서도 복음 전하는 자들이 복음으로 말미암아 살리라 명하셨느니라

2. 몇몇 경우 하나님께서는 믿는 자에게 하나님의 일을 하는 동안 스스로 살아가도록 지시하십니다.

사도행전 20장 33-34절
바울:
33. 내가 아무의 은이나 금이나 의복을 탐하지 아니하였고 34. 여러분이 아는 바와 같이 이 손으로 나와 내 동행들이 쓰는 것을 충당하여
[35절을 함께 참조하세요.]

고린도전서 9장 14-15절
14. 이와 같이 주께서도 복음 전하는 자들이 복음으로 말미암아 살리라 명하셨느니라 15. 그러나 내가 이것을 하나도 쓰지 아니하였고 또 이 말을 쓰는 것은 내게 이같이 하여 달라는 것이 아니라…
[고린도후서 11장 7-12절을 함께 참조하세요.]

데살로니가전서 2장 9절
형제들아 우리의 수고와 애쓴 것을 너희가 기억하리니 너희 아무에게도 폐를 끼치지 아니하려고 밤낮으로 일하면서 너희에게 하나님의 복음을 전하였노라

3. 때때로 귀중한 것은 죄로 이어질 위험 때문에 파괴되어야 합니다.

신명기 7장 25절

이스라엘이 마을들을 함락시키면서 그들은 조각한 신상들을 완전히 제하고 은과 금도 취하지 말아야 했습니다:

너는 그들이 조각한 신상들을 불사르고 그것에 입힌 은이나 금을 탐내지 말며 취하지 말라 네가 그것으로 말미암아 올무에 걸릴까 하노니

신명기 20장 16-18절

16. 오직 네 하나님 여호와께서 네게 기업으로 주시는 이 민족들의 성읍에서는 호흡 있는 자를 하나도 살리지 말지니 17. …네가 진멸하되 네 하나님 여호와께서 네게 명령하신 대로 하라 18. 이는 그들이 그 신들에게 행하는 모든 가증한 일을 너희에게 가르쳐 본받게 하여 너희가 너희의 하나님 여호와께 범죄하게 할까 함이니라

마태복음 18장 8-9절

예수님께서는 같은 원리를 반복하셨습니다:

8. 만일 네 손이나 네 발이 너를 범죄하게 하거든 찍어 내버리라 장애인이나 다리 저는 자로 영생에 들어가는 것이 두 손과 두 발을 가지고 영원한 불에 던져지는 것보다 나으니라

4. 믿는 자들은 믿지 아니하는 자들이 돈과 소유를 관리하면서 성경적 기준을 이해하거나 따를 것이라고 기대해서는 안 됩니다.

창세기 14장 22-24절

아브라함은 소돔 왕이 내가 아브람으로 치부하게 하였다 할까 하여 왕이 공급하는 물품을 취하는 것을 거절하였으나, 그와 함께하는 자들은 그들의 분깃을 취하도록 하였습니다. (13, 24절)

창세기 23장 7-16절

헷 족속 에브론은 아브라함에게 값없이 가족 매장지로써 막벨라 굴을 주고자 하였으나 아브라함은 값을 지급하였습니다.

5. 믿는 자들은 서로에게 특별한 배려를 베풀 수 있습니다.

신명기 15장 1-3절

하나님께서는 안식년에 관한 율법을 주시면서 이스라엘이 형제 유대인과 이방인에게 빌려준 돈에 대하여 다르게 처리할 것을 말씀하십니다:

2. …그의 이웃에게 꾸어준 모든 채주는 그것을 면제하고 그의 이웃에게나 그 형제에게 독촉하지 말지니 이는 여호와를 위하여 면제를 선포하였음이라 3. 이방인에게는 네가 독촉하려니와 네 형제에게 꾸어준 것은 네 손에서 면제하라

신명기 23장 19-20절

19. 네가 형제에게 꾸어주거든 이자를 받지 말지니 곧 돈의 이자, 식물의 이자, 이자를 낼 만한 모든 것의 이자를 받지 말 것이라 20. 타국인에게 네가 꾸어주면 이자를 받아도 되거니와 네 형제에게 꾸어주거든 이자를 받지 말라 그리하면 네 하나님 여호와께서… 복을 내리시리라

갈라디아서 6장 10절

그러므로 우리는 기회 있는 대로 모든 이에게

착한 일을 하되 더욱 믿음의 가정들에게 할지니라

6. 믿는 자들은 부유함을 근거로 사람을 존중해서는 안 됩니다.

야고보서 2장 1-9절
재산의 분량에 따라 존중을 나타내는 것에 대한 하나님의 책망이 9절에 요약됩니다:
9. 만일 너희가 사람을 차별하여 대하면 죄를 짓는 것이니 율법이 너희를 범법자로 정죄하리라

더불어 부유한 자들을 편애하지 않는 다른 논리적인 이유가 있습니다:
(1) 그렇게 함으로써, 스스로 다른 사람의 생각을 판단합니다. (2-4절); (2) 하나님께서는 가난한 자들에게 특별한 관심을 두시며, 믿음 안에서 부요케 하십니다 (5-6절); (3) 가난한 자들보다 부유한 자들은 하나님을 비방하고 믿는 자들을 억압합니다 (6-7절); (4) 하나님의 말씀은, 부유한 자나 가난한 자나, 자신의 이웃을 사랑하는 것으로 요약됩니다. (8-9절).

7. 돈을 빌려주고 빌리는 것은 국가 또는 개인의 자유와 관련이 있습니다.

신명기 15장 6절
네 하나님 여호와께서 네게 허락하신 대로 네게 복을 주시리니 네가 여러 나라에 꾸어 줄지라도 너는 꾸지 아니하겠고 네가 여러 나라를 통치할지라도 너는 통치를 당하지 아니하리라
[28장 12-13절을 함께 참조하세요.]

잠언 22장 7절
부자는 가난한 자를 주관하고 빚진 자는 채주의 종이 되느니라

IV. 재산 소유권

1. 재산권은 보호되어야 합니다.

출애굽기 20장 15, 17절
15. 도둑질하지 말라… 17. 네 이웃의 집을 탐내지 말라…
[레위기 19장 11, 13절, 잠언 28장 24절을 함께 참조하세요.]

출애굽기 21장 33-36절
다른 사람의 손실을 초래한 과실은 반드시 보상해야 합니다; 그것은 또한 죄로 여겨졌습니다.
[22장 5-15절, 레위기 6장 1-7절을 함께 참조하세요.]

출애굽기 22장 1-15절
도둑질하거나 동물을 방치하여 재산상 손해를 입히거나 자신에게 맡겨진 돈이나 물품에 대해 적절한 보호를 하지 않고 동물을 맡겨 죽게 하는 행위들은 보상해야 합니다.

레위기 24장 18, 21절
짐승을 죽인 자는 반드시 소유주에게 보상해야 합니다.

신명기 22장 1-3절
유실물이나 길 잃은 동물들은 반환되어야 합니다.

신명기 23장 24-25절
이웃의 포도나 이삭을 먹는 것은 허용되지만 수확하고 집에 가져가지는 않아야 합니다.

여호수아 13-19장
이스라엘의 각 족속은 하나님께서 모세에게 분배하도록 명령하신 대로 자신들의 땅을 소유하였습니다.
[여호수아 14장 5절, 에스겔 47장 13-14절을 함께 참조하세요.]

열왕기상 21장 17-19절
하나님께서는 아합 왕이 나봇의 포도원을 취하기 위해 그를 죽인 것을 책망하시기 위해 엘리야를 보내셨습니다.

잠언 22장 28절
소유의 경계를 지정하는 표시는 옮겨질 수 없습니다.
[23장 10-11절, 신명기 19장 14절을 함께 참조하세요.]

에스겔 46장 18절
하나님께서는 군주가 재산을 빼앗아 자신의 아들에게 기업으로 주는 것을 금하십니다.

에스겔 47장 22-23절
하나님께서는 유대인뿐 아니라 이방인에 대한 관심을 분명하게 나타내십니다. 여기에서는 땅의 분배에 관하여 지시하시고 구체적으로 명령하십니다:
22. 너희는 그 타국인을… 그들도 이스라엘 지파 중에서 너희와 함께 기업을 얻게 하되 23. 타국인이 머물러 사는 그 지파에서 그 기업을 줄지니라

2. 소유주는 자신의 재산을 매입, 매도 또는 처분할 권리가 있습니다.

잠언 31장 16, 24절
밭을 사고, 포도원을 가꾸고, 베로 옷을 지어 팔고, 띠를 만들어 상인들에게 맡기는 여인은 현숙하다고 불립니다.

마태복음 20장 1-16절
노동 시간이 달랐으나 같은 삯을 지급 받은 사람에 관한 비유:
15. 내 것을 가지고 내 뜻대로 할 것이 아니냐…

사도행전 5장 3-4절
베드로는 아나니아에게 그의 소유를 판 것에 대하여 상기시킵니다:
4. 땅이 그대로 있을 때에는 네 땅이 아니며 판 후에도 네 마음대로 할 수가 없더냐…

3. 집에서 사생활을 보호할 권리 또는 불법적인 수색으로부터의 자유는 하나님께서 부여하신 권리입니다.

신명기 24장 10-11절
이웃에게 돈을 빌려주는 자는 전당물을 취할 때 그의 집에 들어갈 권리가 없습니다. 돈을 빌리는 자가 전당물을 가져오기를 기다려야 합니다.

> 재산은 인간에게 소중합니다... 왜냐하면 인간이 가장 소중하게 여기는 모든 것의 방어벽이기 때문이고, 무엇보다 그들이 사랑하는 이들을 보호하기 때문입니다.
> _ 윌리엄 섬너(William G. Sumner), 1840-1910.

4. 재산 소유권은 한 세대에서 다음 세대로 옮겨집니다.

민수기 27장 8-11절
율법 아래 이스라엘 자손들은 사람이 죽었을 때, 그의 재산은 아들, 딸 혹은 친족들에게 주어졌습니다.

민수기 36장
각 지파의 기업은 그 지파의 재산으로 보존되었습니다; 이 규례는 중요해서 자신의 지파 밖에서 결혼할 자유는 박탈당해야만 했습니다.

신명기 21장 15-17절
장자의 소유권은 두 번째 아내에게서 얻은 아들로부터 보호되어야 했습니다.

에스겔 46장 16-18절
장래에도 재산은 이스라엘 군주의 가족들에게 유지되어야 합니다.

5. 믿는 자들이 자발적으로 공동 소유권을 갖는 성경의 선례가 있지만 그것은 정직하게 서로에 대한 사랑으로 행해져야 합니다.

사도행전 2장 44-45절
44. 믿는 사람이 다 함께 있어 모든 물건을 서로 통용하고 45. 또 재산과 소유를 팔아 각 사람의 필요를 따라 나눠 주며
[4장 32-37절을 함께 참조하세요.]

사도행전 5장 1-11절
아나니아와 삽비라의 부정직함과 그들을 향한 하나님의 심판

6. 남자뿐 아니라 여자도 소유권을 갖습니다.

민수기 27장 1-9절;
욥기 42장 15절과 비교
하나님께서는 슬로브핫의 딸들이 기업을 요구하였을 때 그들에게 아들이 없으므로 허락하셨습니다.
[민수기 36장 5-12절, 여호수아 17장 3, 4절을 함께 참조하세요.]

잠언 31장 16, 18, 24절
현숙한 여인은 밭을 살펴보고 사며 자신의 물품이 좋은 것을 알며 베옷을 만들어 팝니다.

사도행전 5장 7-10절
아나니아뿐 아니라 삽비라도 그들의 재산에 대한 책임이 있었으며 부정직함으로 인해 심판받았습니다.

7. 돈을 투자하는 사람은 가난한 사람들을 이용함으로써 이익을 얻는 것이 아니라면 자신의 투자에 대한 이익을 얻을 권리가 있습니다.

출애굽기 22장 25절
네가 만일 너와 함께 한 내 백성 중에서 가난한 자에게 돈을 꾸어 주면 너는 그에게 채권자 같이 하지 말며 이자를 받지 말 것이며

신명기 24장 6절
사람이 맷돌이나 그 위짝을 전당 잡지 말지니

이는 그 생명을 전당 잡음이니라
맷돌은 음식을 준비하는 데 필수적이었습니다.

잠언 28장 8절
중한 변리로 자기 재산을 늘이는 것은 가난한 사람을 불쌍히 여기는 자를 위해 그 재산을 저축하는 것이니라

마태복음 25장 15-30절
달란트 비유. 이익을 얻기 위해 돈을 투자하지 않은 자에 대한 비난이 27-28절에 나타납니다:
27. 그러면 네가 마땅히 내 돈을 취리하는 자들에게나 맡겼다가 내가 돌아와서 내 원금과 이자를 받게 하였을 것이니라 하고 28. 그에게서 그 한 달란트를 빼앗아 열 달란트 가진 자에게 주라… 30. 이 무익한 종을 바깥 어두운 데로 내쫓으라
이것은 주님께서 이익의 정당성을 승인하시거나 적어도 인정하고 계심을 나타냅니다.

누가복음 19장 11-25절
열 므나에 대한 비유:
23. 그러면 어찌하여 내 돈을 은행에 맡기지 아니하였느냐 그리하였으면 내가 와서 그 이자와 함께 그 돈을 찾았으리라 하고
[마가복음 12장 1-9절을 함께 참조하세요.]

V. 돈과 소유와 관련한 문제들

1. 물질적인 것들을 사랑하는 것은 문제를 초래합니다.

잠언 15장 27절
가정에서의 문제:
이익을 탐하는 자는 자기 집을 해롭게 하나…

잠언 22장 16절
가난:
이익을 얻으려고 가난한 자를 학대하는 자와 부자에게 주는 자는 가난하여질 뿐이니라

잠언 28장 20-22절
죄, 가난:
20. …속히 부하고자 하는 자는 형벌을 면하지 못하리라… 22. 악한 눈이 있는 자는 재물을 얻기에만 급하고 빈궁이 자기에게로 임할 줄은 알지 못하느니라

전도서 5장 10-16절
만족하지 못함:
10. 은을 사랑하는 자는 은으로 만족하지 못하고 풍요를 사랑하는 자는 소득으로 만족하지 아니하나니 이것도 헛되도다 11. 재산이 많아지면 먹는 자들도 많아지나니 그 소유주들은 눈으로 보는 것 외에 무엇이 유익하랴… 13. 내가 해 아래에서 큰 폐단 되는 일이 있는 것을 보았나니 곧 소유주가 재물을 자기에게 해가 되도록 소유하는 것이라
솔로몬 왕은 분명하게 부에 대한 욕망의 결과를 잘 알고 있었습니다.

이사야 56장 9-12절
하나님께서 설명하시는 이스라엘의 모습. 이기심, 현실 문제에 대해 무지함, 술 취함:
9. …모든 짐승들아 와서 먹으라 10. 이스라엘의 파수꾼들은 맹인이요 다 무지하며 벙어리 개들

이라 짖지 못하며 다 꿈꾸는 자들이요 누워 있는 자들이요 잠자기를 좋아하는 자들이니 11. 이 개들은 탐욕이 심하여 족한 줄을 알지 못하는 자들이요 그들은 몰지각한 목자들이라 다 제 길로 돌아가며 사람마다 자기 이익만 추구하며 12. …우리가 독주를 잔뜩 마시자…

[에스겔 22장 12-13, 25-29절을 함께 참조하세요.]

마태복음 13장 22절

말씀이 막힘, 결실하지 못함: 가시떨기에 뿌려졌다는 것은 말씀을 들으나 세상의 염려와 재물의 유혹에 말씀이 막혀 결실하지 못하는 자요

마태복음 19장 21-24절;
마가복음 10장 21-25절

영원한 삶을 박탈당함:

21. 예수께서 이르시되… 네 소유를 팔아 가난한 자들에게 주라 그리하면 하늘에서 보화가 네게 있으리라… 22. 그 청년이 재물이 많으므로 이 말씀을 듣고 근심하며 가니라

누가복음 12장 13-14절

공허한 삶, 근심:

더 크고 좋은 곳간을 세우지만 하나님을 따르지 못한 부자에 대한 비유

디모데전서 6장 9-10절

유혹, 욕망, 모든 종류의 악:

9. 부하려 하는 자들은 시험과 올무와 여러 가지 어리석고 해로운 욕심에 떨어지나니 곧 사람으로 파멸과 멸망에 빠지게 하는 것이라 10. 돈을 사랑함이 일만 악의 뿌리가 되나니…

야고보서 4장 1-3절

욕망, 전쟁, 다툼:

1. 너희 중에 싸움이 어디로부터 다툼이 어디로부터 나느냐 너희 지체 중에서 싸우는 정욕으로부터 나는 것이 아니냐

[야고보서 5장 1-6절, 요한일서 2장 15-16절을 함께 참조하세요.]

2. 부와 번영 자체가 문제로 이어질 수 있습니다.

신명기 8장 11-18절

하나님께서는 이스라엘이 그 땅에 들어가기 전에 경고하십니다:

11. …여호와를 잊어버리지 않도록 삼갈지어다
12. 네가 먹어서 배부르고 아름다운 집을 짓고
거주하게 되며 13. 또 네 소와 양이 번성하며 네
은금이 증식되며 네 소유가 다 풍부하게 될 때
에 14. 네 마음이 교만하여 네 하나님 여호와를
잊어버릴까 염려하노라 여호와는 너를 애굽 땅
종 되었던 집에서 이끌어 내시고 15. 너를 인도
하여… 16. …네게 먹이셨나니… 17. 그러나 네
가 마음에 이르기를 내 능력과 내 손의 힘으로
내가 이 재물을 얻었다 말할 것이라

잠언 19장 6절

거짓된 친구:

너그러운 사람에게는 은혜를 구하는 자가 많고 선물 주기를 좋아하는 자에게는 사람마다 친구가 되느니라

전도서 5장 10-16절

다양한 문제:

하나님께서는 큰 부를 누렸던 솔로몬을 사용하셔서 부가 초래하는 문제에 대하여 경고하십니다. 탐욕, 걱정, 불면증, 상실, 죽음 후에 영속되

지 못함.
[잠언 20장 21절을 함께 참조하세요.]

디모데전서 6장 17-19절
자만, 부를 신뢰함, 사재기:
세상에서 부유한 자들에게 특별한 위함이 있다는 경고

3. 가난은 하나님께서 우리에게 경고하시는 몇 가지 원인으로 인해 비롯될 수 있습니다.

잠언 11장 24절
사재기:
…과도히 아껴도 가난하게 될 뿐이니라

잠언 13장 18절
가르침을 거절함:
훈계를 저버리는 자에게는 궁핍과 수욕이 이르거니와 경계를 받는 자는 존영을 받느니라

잠언 14장 23절
말을 지나치게 많이 함:
…입술의 말은 궁핍을 이룰 뿐이니라

잠언 20장 13절
게으름:
너는 잠자기를 좋아하지 말라 네가 빈궁하게 될까 두려우니라 네 눈을 뜨라 그리하면 양식이 족하리라

잠언 22장 16절
부자들을 위해 가난한 자들을 이용함:
이익을 얻으려고 가난한 자를 학대하는 자와 부자에게 주는 자는 가난하여질 뿐이니라

잠언 23장 20-21절
술취함, 과식, 늦잠:
20. 술을 즐겨 하는 자들과 고기를 탐하는 자들과도 더불어 사귀지 말라
21. 술 취하고 음식을 탐하는 자는 가난하여질 것이요 잠 자기를 즐겨 하는 자는 해어진 옷을 입을 것임이니라

잠언 28장 19-22절
나쁜 친구들, 부유해지기 위해 서두르는 것:
19. …방탕을 따르는 자는 궁핍함이 많으리라
20. …속히 부하고자 하는 자는…
22. …빈궁이 자기에게로 임할 줄은 알지 못하느니라

예레미야 17장 11절
잘못된 방법으로 부를 취함:
불의로 치부하는 자는… 그의 중년에 그것이 떠나겠고 마침내 어리석은 자가 되리라

이사야 65장 12-13절
하나님 말씀을 듣고 순종하기를 거절함:
12. …내가 불러도 너희가 대답하지 아니하며 내가 말하여도 듣지 아니하고 나의 눈에 악을 행하였으며 내가 즐겨하지 아니하는 일을 택하였음이니라
13. 이러므로 주 여호와께서 이와 같이 말씀하시니라 보라 나의 종들은 먹을 것이로되 너희는 주릴 것이니라… 마실 것이로되 너희는 갈할 것이니라… 기뻐할 것이로되 너희는 수치를 당할 것이니라

4. 다른 사람의 빚을 담보하는 사람은 문제를 자초하는 것입니다.

잠언 6장 1-5절
1. 내 아들아 네가 만일 이웃을 위하여 담보하며 타인을 위하여 보증하였으면 2. 네 입의 말로 네가 얽혔으며 네 입의 말로 인하여 잡히게 되었느니라
이어지는 구절은 잠들기 전에 즉각 보증에서 손을 뗄 것을 권고합니다.

잠언 11장 15절
타인을 위하여 보증이 되는 자는 손해를 당하여도 보증이 되기를 싫어하는 자는 평안하니라

잠언 17장 18절
지혜 없는 자는 남의 손을 잡고 그의 이웃 앞에서 보증이 되느니라

잠언 22장 26-27절
26. 너는 사람과 더불어 손을 잡지 말며 남의 빚에 보증을 서지 말라 27. 만일 갚을 것이 네게 없으면 네 누운 침상도 빼앗길 것이라 네가 어찌 그리하겠느냐

VI. 일과 일에 대한 우리의 태도

1. 일은 사람을 향하신 하나님의 계획입니다.

창세기 1장 26, 28절
26. 하나님이 이르시되 우리의 형상을 따라… 우리가 사람을 만들고 그들로… 모든 것을 다스리게 하자 하시고… 28. …땅을 정복하라… 모든 생물을 다스리라 하시니라

창세기 2장 15절
여호와 하나님이 그 사람을 이끌어 에덴 동산에 두어 그것을 경작하며 지키게 하시고

창세기 3장 19절
타락 후:
네가 흙으로 돌아갈 때까지 얼굴에 땀을 흘려야 먹을 것을 먹으리니…

출애굽기 20장 9절
엿새 동안은 힘써 네 모든 일을 행할 것이나
[23장 12절, 신명기 5장 13절을 함께 참조하세요.]

잠언 14장 23절
모든 수고에는 이익이 있어도 입술의 말은 궁핍을 이룰 뿐이니라

잠언 28장 19절
자기의 토지를 경작하는 자는 먹을 것이 많으려니와…

잠언 31장 10-27절
현숙한 여인은 게을리 얻은 양식을 먹지 않는(27절) 바쁜 여인으로 설명됩니다.

사도행전 20장 34-35절
바울은 직접 일을 하였고 이렇게 가르쳤습니다:
35. 범사에 여러분에게 모본을 보여준 바와 같이 수고하여 약한 사람들을 돕고…

에베소서 4장 28절
도둑질하는 자는 다시 도둑질하지 말고 돌이켜 가난한 자에게 구제할 수 있도록 자기 손으로 수고하여 선한 일을 하라

데살로니가후서 3장 10-13절
10. 우리가… 너희에게 명하기를 누구든지 일하기 싫어하거든 먹지도 말게 하라 하였더니 11. 우리가 들은즉… 도무지 일하지 아니하고 일을 만들기만 하는 자들이 있다 하니 12. 이런 자들에게 우리가 명하고… 권하기를 조용히 일하여 자기 양식을 먹으라 하노라

> 오늘날 필요한 두 가지가 있습니다. 첫째는 부자들은 가난한 자들이 어떻게 살아가는 지를 발견하는 것이고 둘째는 가난한 자들은 부자들이 어떻게 일하는지를 아는 것입니다.
> _ 에드워드 앳킨슨(Edward Atkinson), 1827-1905.

2. 정직한 일은 개인적인 만족을 낳습니다.

시편 128편 2절
행복:
네가 네 손이 수고한 대로 먹을 것이라 네가 복되고 형통하리로다
[잠언 31장 25절을 함께 참조하세요.]

잠언 12장 11절:
만족한 음식:
자기의 토지를 경작하는 자는 먹을 것이 많거니와…

잠언 31장 21절
겨울에 따듯하고 안전함:
자기 집 사람들은 다 홍색 옷을 입었으므로 눈이 와도 그는 자기 집 사람들을 위하여 염려하지 아니하며

잠언 31장 28-31절
가족과 주님께로부터 칭찬을 받음:
28. 그의 자식들은 일어나 감사하며 그의 남편은 칭찬하기를… 30. …오직 여호와를 경외하는 여자는 칭찬을 받을 것이라 31. 그 손의 열매가 그에게로 돌아갈 것이요 그 행한 일로 말미암아 성문에서 칭찬을 받으리라

전도서 5장 12절
달콤한 수면:
노동자는 먹는 것이 많든지 적든지 잠을 달게 자거니와…

에베소서 4장 28절
도움이 필요한 자들에게 줄 수 있는 능력:
도둑질하는 자는 다시 도둑질하지 말고 돌이켜 가난한 자에게 구제할 수 있도록 자기 손으로 수고하여 선한 일을 하라

데살로니가전서 4장 11-12절
부족함이 없음:
11. 또 너희에게 명한 것 같이 조용히 자기 일을 하고 너희 손으로 일하기를 힘쓰라 12. 이는 외인에 대하여 단정히 행하고 또한 아무 궁핍함이 없게 하려 함이라

3. 하나님께서는 근면함을 칭찬하시고 보상하십니다.

잠언 10장 4-5절
4. …손이 부지런한 자는 부하게 되느니라 5. 여름에 거두는 자는 지혜로운 아들이나 추수 때에 자는 자는 부끄러움을 끼치는 아들이니라

[잠언 12장 11절을 함께 참조하세요.]

잠언 13장 4절
게으른 자는 마음으로 원하여도 얻지 못하나 부지런한 자의 마음은 풍족함을 얻느니라
[잠언 13장 11절을 함께 참조하세요.]

잠언 20장 13절
너는 잠자기를 좋아하지 말라 네가 빈궁하게 될까 두려우니라 네 눈을 뜨라 그리하면 양식이 족하리라
[잠언 27장 23절, 28장 19절을 함께 참조하세요.]

잠언 31장 27절
현숙한 여인은 칭잔을 받습니다. 왜냐하면 자기의 집안 일을 보살피고 게을리 얻은 양식을 먹지 아니하기 때문입니다.

전도서 9장 10절
네 손이 일을 얻는 대로 힘을 다하여 할지어다 네가 장차 들어갈 스올에는 일도 없고…

에스겔 34장 2-6절
이스라엘의 목자들은 가축을 위한 책임을 다하지 못하는 것에 대하여 질책을 받았습니다.

로마서 12장 11절
부지런하여 게으르지 말고 열심을 품고 주를 섬기라
[에베소서 4장 28절, 데살로니가후서 3장 8-12절, 디모데후서 2장 15절을 함께 참조하세요.]

4. 일하지 않기 위해 핑계를 찾는 사람은 거의 성취하지 못할 것입니다.

잠언 26장 13-16절
13. 게으른 자는 길에 사자가 있다 거리에 사자가 있다 하느니라 14. 문짝이 돌쩌귀를 따라서 도는 것 같이 게으른 자는 침상에서 도느니라

잠언 27장 1절
너는 내일 일을 자랑하지 말라 하루 동안에 무슨 일이 일어날는지 네가 알 수 없음이니라

전도서 11장 4절
풍세를 살펴보는 자는 파종하지 못할 것이요 구름만 바라보는 자는 거두지 못하리라

하나님께서는 하나님의 일을 위해 사람이 필요하실 때, 결코 게으르고 나태한 자들에게 가지 않으셨습니다. 모세는 호렙산에서 가축을 돌보며 바빴습니다; 기드온은 타작마당에서 밀을 탈곡하고 있었습니다; 사울은 아버지의 나귀를 찾고 있었습니다; 엘리사는 소가 이끄는 쟁기질을 하고 있었습니다; 느헤미야는 왕의 술 관원이었습니다; 아모스는 가축을 키우고 있었습니다; 베드로와 안드레는 그물을 던지고 있었습니다; 야고보와 요한은 그물을 깁고 있었습니다; 마태는 관세를 징수하고 있었습니다; 사울은 예수의 친구들을 핍박하고 있었습니다.
_ 작자 미상

5. 사람은 미리 계획해야 하지만 계획하면서 하나님의 뜻을 숙고해야 합니다.

잠언 6장 6-11절
여름에 겨울을 준비하는 개미에 대한 예

잠언 30장 25-28절
개미, 사반, 메뚜기, 도마뱀에 대한 예

잠언 31장 16, 21, 27절
현숙한 여인은 땅을 살펴보고 구입하며, 포도원을 일굽니다. 겨울을 대비해 가족들에게 옷을 입힙니다.

마태복음 25장 1-13절
지혜로운 처녀와 어리석은 처녀의 비유

누가복음 14장 28-32절
망대를 세우기 전에 먼저 계획하고 비용을 계산하는 사람; 전쟁에 임하기 전에 전투를 계획하는 왕

야고보서 4장 13-15절
믿는 자들은 하나님의 뜻을 생각하지 않고 계획하는 것에 대해 경고받습니다.

VII. 사업 원칙

1. 정직하게 사업을 진행해야 합니다.

레위기 19장 35-37절
35. 너희는 재판할 때나 길이나 무게나 양을 잴 때 불의를 행하지 말고 36. 공평한 저울과 공평한 추와 공평한 에바와 공평한 힌을 사용하라 나는… 너희의 하나님 여호와이니라 37. 너희는 내 모든 규례와 내 모든 법도를 지켜 행하라 나는 여호와이니라
[신명기 25장 13-16절, 에스겔 45장 10절을 함께 참조하세요.]

잠언 11장 1절
속이는 저울은 여호와께서 미워하시나 공평한 추는 그가 기뻐하시느니라
[잠언 16장 11절, 20장 23절을 함께 참조하세요.]

에스겔 18장 5-9절
사람에 대한 하나님의 설명에서, 많은 자세한 사항들이 언급됩니다:
7. 사람을 학대하지 아니하며 빚진 자의 저당물을 돌려 주며… 8. …이자를 받지 아니하며… 사람과 사람 사이에 진실하게 판단하며
[이같은 죄를 범한 이스라엘을 향하신 하나님의 정죄에 대해서는 에스겔 22장 12-13절을 참조하세요.]

아모스 8장 4-7절
하나님께서는 다시 이스라엘의 죄를 일일이 열거하십니다. 부정직한 사업 행위와 태도:
지나치게 팔려고 애씀, 불충분한 조치, 부정확한 균형, 바가지를 씌움, 빚진 사람들을 노예로 삼음, 가치 없는 것을 가치 있는 것으로 팜.

사도행전 5장 1-11절
아나니아와 삽비라는 재산을 판 금액을 거짓 진술하였기 때문에 주님의 심판을 받았습니다.

로마서 12장 17절, 13장 13절
17. …모든 사람 앞에서 선한 일을 도모하라…
13. 낮에와 같이 단정히 행하고…

고린도후서 13장 7절
우리가 하나님께서 너희로 악을 조금도 행하지 않게 하시기를 구하노니… 너희는 선을 행하게 하고자 함이라

2. 사업은 적절한 보호 조치를 취해야 합니다.

창세기 23장 10-20절
막벨라 굴을 구입한 아브라함:
(1) 그는 전액을 냈습니다; (2) 거래는 주의 깊게 목격되었고 정확하게 이루어졌습니다; (3) 포함된 재산이 소상히 설명되었습니다.

에스라 1장 7-11절
바벨론에서 예루살렘으로 다시 옮겨지는 성전 그릇들은 수송하기 전에 수량을 확인하고 기록하였습니다.

에스라 8장 24-30, 33-34절
재물들이 열두 제사장에게 분배될 때 무게를 측정하였고 재물이 성전에 도착했을 때도 다시 측정하였습니다.

사도행전 15장 19-31절
예루살렘 총회 후 안디옥 교회에 정확한 보고를 전달하기 위해 몇몇 사람들을 보내어 편지를 전하고 말로도 전하였습니다:
27. 그리하여 유다와 실라를 보내니 그들도 이 일을 말로 전하리라

바울과 바나바도 함께였습니다.

고린도전서 16장 1-4절
여기에서 사도 바울은 고린도 교회에게 예루살렘 교회를 돕기 위해 돈을 보내는 것에 관하여 가르칩니다. 교회가 인정한 자들이 그 예물을 전달해야 함을 구체적으로 나타냅니다:
3. …너희가 인정한 사람에게 편지를 주어 너희의 은혜를 예루살렘으로 가지고 가게 하리니

3. 고용주는 노동자들에게 공평해야 합니다.

출애굽기 21장 20-27절
고용인에 의해 초래된 피고용인의 상처는 반드시 배상해야 합니다.

레위기 19장 13절
일꾼의 삯은 반드시 예정대로 즉시 지불해야 합니다.
[신명기 24장 15절, 예레미야 22장 13절, 말라기 3장 5절, 야고보서 5장 1, 4절을 함께 참조하세요.]

레위기 25장 43절
피고용인에 대한 태도는 엄하게 대하거나 억압해서는 안 됩니다.
[신명기 24장 14절을 함께 참조하세요.]

마태복음 20장 1-16절
고용주는 자기 뜻에 따라 약속된 삯 이상을 지급할 권리가 있습니다. (포도원 일꾼들의 비유)

누가복음 10장 7절
…일꾼이 그 삯을 받는 것이 마땅하니라…

[마태복음 10장 10절, 디모데전서 5장 18절을 함께 참조하세요.]

에베소서 6장 5-9절
고용주는 자신 또한 사람을 절대 차별하지 않으시는 주인이 하늘에 계신다는 것을 기억해야 합니다.
[골로새서 4장 1절을 함께 참조하세요.]

4. 피고용인은 고용주에게 주께 하듯 충성되게 섬겨야 합니다.

마태복음 25장 45-51절
그리스도께서 재림하실 때 신실한 자들의 행동에 대해 말씀하시며 예수님께서는 그들의 모습을 주인이 멀리 떠나있을지라도 충성되이 행한 종들로 비유하십니다.

에베소서 6장 5-8절
5. 종들아 두려워하고 떨며 성실한 마음으로… 순종하기를 그리스도께 하듯 하라 6. 눈가림만 하여 사람을 기쁘게 하는 자처럼 하지 말고 그리스도의 종들처럼 마음으로 하나님의 뜻을 행하고

디모데전서 6장 1절
…종들은 자기 상전들을 범사에 마땅히 공경할 자로 알지니 이는 하나님의 이름과 교훈으로 비방을 받지 않게 하려 함이라
[디모데전서 6장 2절을 함께 참조하세요.]

디도서 2장 9-10절
9. 종들은 자기 상전들에게 범사에 순종하여 기쁘게 하고 거슬러 말하지 말며 10. 훔치지 말고 오히려 모든 참된 신실성을 나타내게 하라 이는 범사에 우리 구주 하나님의 교훈을 빛나게 하려 함이라

5. 하나님께서는 창조 사역을 마치신 후 안식하심을 기억하게 하시고 인간과 동물의 필요를 위하여 일하는 주간의 휴식을 계획하셨습니다.

창세기 2장 3절
하나님이 그 일곱째 날을 복되게 하사 거룩하게 하셨으니 이는 하나님이… 모든 일을 마치시고 그 날에 안식하셨음이니라

출애굽기 20장 9-11절
9. 엿새 동안은 힘써 네 모든 일을 행할 것이나 10. 일곱째 날은 네 하나님 여호와의 안식일인즉… 아무 일도 하지 말라 11. 이는 엿새 동안에 나 여호와가 하늘과 땅과… 모든 것을 만들고 일곱째 날에 쉬었음이라…

출애굽기 23장 12절
너는 엿새 동안에 네 일을 하고 일곱째 날에는 쉬라 네 소와 나귀가 쉴 것이며 네 여종의 자식과 나그네가 숨을 돌리리라
[신명기 5장 12-14절을 함께 참조하세요.]

출애굽기 34장 21절
너는 엿새 동안 일하고 일곱째 날에는 쉴지니 밭 갈 때에나 거둘 때에도 쉴지며
가장 바쁜 시간일지라도.

출애굽기 31장 12, 17절

안식일 준수는 율법에 설명되었지만, 이스라엘과 하나님 사이의 특별한 표징이었습니다.
[신명기 5장 15절, 에스겔 20장 12절을 함께 참조하세요.]

마가복음 2장 27절, 3장 4절
예수님께서는 하나님께서 안식일을 제정하셨으나 이것이 단순히 사람들의 필요와 상관없는 독단적인 요구가 아니라는 것을 분명히 말씀하셨습니다:
27. …안식일이 사람을 위하여 있는 것이요 사람이 안식일을 위하여 있는 것이 아니니…
4. …안식일에 선을 행하는 것과 악을 행하는 것, 생명을 구하는 것과 죽이는 것 어느 것이 옳으냐 하시니
[마태복음 12장 1-14절, 누가복음 6장 1-11절을 함께 참조하세요.]

누가복음 14장 1-6절
비슷한 상황에서 예수님께서 대답하셨습니다:
5. …너희 중에 누가 그 아들이나 소가 우물에 빠졌으면 안식일에라도 곧 끌어내지 않겠느냐 하시니

> 안식일은 일하는 사람에게 주시는 하나님의 특별한 선물입니다. 안식일의 주된 목적 중의 하나는 생명을 연장하며 능률적인 업무 태도를 유지하는 것입니다… 매주 안식일은 인간의 존재를 위한 저축 은행입니다.
> _ 윌리엄 블레이키(William G. Blaikie)

6. 모든 사업의 거래 조건은 쌍방의 요구에 기초해야 합니다.

출애굽기 22장 25절
이스라엘은 가난한 채무자들에게 만약 그들이 유대인이라면 빌려준 돈에 대한 이자를 청구하지 않았습니다.

출애굽기 22장 26-27절
돈을 빌려준 사람은 전당 잡은 옷을 해가 지기 전에 돌려보내야 했습니다. 돈을 빌린 자가 밤중에 춥게 지내지 않도록 하기 위함입니다.
[신명기 24장 12-16절을 함께 참조하세요.]

레위기 25장 14-17절
율법에 따르면 서로 간에 매매하면서 억압하지 않아야 했습니다.

신명기 24장 6절
돈을 빌려준 자는 맷돌을 전당 잡아서는 안 됩니다. 맷돌이 없이는 식사를 위해 곡식을 빻을 수 없기 때문입니다.

신명기 24장 10절
돈을 빌려준 자는 전당물을 취하기 위해 돈을 빌린 자의 집에 들어가면 안 됩니다. 돈을 빌린 자가 전당물을 가지고 오도록 기다려야 합니다.

신명기 24장 17절
사람들은 외국인, 고아 혹은 과부로부터 이익을 취하지 말도록 명령받았습니다. 특히, 그들은 과부가 다른 어떤 내놓을 것이 없을지라도 과부의 옷을 취하는 것은 금지되었습니다.

마태복음 18장 23-24절
예수님께서는 그의 제자들이 서로를 용서해야 함을 나타내시는 방법으로써 빚을 탕감받은 자의 예를 사용하셨습니다. 용서함을 받았으나 다른 이를 용서하지 않는 자를 예수님께서는 책망하십니다.

가난은 매우 끔찍하며 때때로 우리 안에 있는 영혼을 죽입니다. 하지만 북풍은 사람들을 맹렬히 공격하게 하고, 부드럽고 감미로운 남풍은 그들을 진정시킵니다.
_ 위다(Ouida), 1839-1908 (필명: Louise De la Ramie)

누구에게나 친구인 사람은 종종 누구와도 친구가 아닙니다; 아니면, 단순하게 그는 낯선 사람을 돕기 위해 가족을 강탈하고, 이로 인해 거지와 형제가 됩니다.
_ 찰스 스펄전(Charles H. Spurgeon), 1834-1892

돈은 빌려서도 빌려줘서도 안 됩니다. 종종 돈을 빌려주면 돈도 친구도 잃습니다. 돈을 빌리면 절약심이 무뎌집니다.
_ 윌리엄 셰익스피어(William Shakespeare), 1564-1616

어떤 인종도 시를 쓰는 것만큼이나 밭을 경작하는 것이 존엄하다는 것을 알기 전까지는 번영할 수 없습니다.
_ 부커 워싱턴(Booker T. Washington), 1859-1915.

일은 위대한 축복입니다. 악이 세상에 들어온 후, 일은 처벌이 아닌 해독제로 주어졌습니다.
_ 아서 하디(Arthur S. Hardy), 1847-1930.

경박해지는 것은 여러 방법이 있으나 지적으로 위대해지는 것은 오직 한 가지 방법이 있습니다. 그것은 정직한 노동입니다.
_ 시드니 스미스(Sidney Smith), 1771-1845.

빚을 지는 것은 얽힌 그물에 들어가는 것입니다.
_ 벤자민 프랭클린(Benjamin Franklin), 1706-1790.

돈을 소유하는 것은 매우 좋은 일입니다; 돈은 가장 가치 있는 하인일 수 있습니다. 하지만 돈에 사로잡히는 것은 가장 비열하고 악한 악마에게 홀리는 것입니다.
_ 트라이언 에드워즈(Tryon Edwards), 1809-1894, Jonathan Edwards의 증손자.

정부

정부: 성경적 개념

I. 정부의 기초

1. 하나님께서는 나라와 통치자들을 다스리시는 최고의 주권자이십니다.

2. 하나님께서는 죄악된 인간을 다스리시기 위한 수단으로써 인간 정부를 세우셨습니다.

3. 권세는 하나님께서 정하십니다.

4. 정부는 선이 아닌 악을 제지하는 기능을 합니다.

5. 좋은 정부와 정치적 안정의 기초는 개인의 성실과 건강한 가정생활에 있습니다.

6. 비록 적을지라도 믿는 자들의 행위는 정부의 방향을 변화시킬 수 있습니다.

II. 국가, 정부 그리고 하나님

1. 하나님께서는 나라들에 그들의 행위에 대한 책임을 물으십니다.

2. 사람들이 하나님의 통치를 거부하였을 때 하나님께서는 그들의 뜻대로 살아가도록 두십니다.

3. 거룩한 도시 혹은 나라가 하나님으로부터 돌아섰을 때 그들의 죄는 이방인들의 죄보다 더 심각했고, 더 큰 비난을 받았습니다.

4. 하나님께서는 종종 목적을 성취하시기 위하여 전쟁을 사용하셨습니다.

5. 때로 하나님께서는 전투 가운데 특별한 도움을 주시며 지시를 내리시고 반드시 승리케 하시며 다른 이들이 하나님을 인정하도록 하십니다.

III. 시민으로서 믿는 자들의 책임

1. 정부나 정부 관리자들은 그들의 직위에 대해 존경받아야 합니다.

2. 하나님께서는 임명하신 지도자들에 대한 순종을 기대하십니다. 반란과 폭동을 비난하십니다.

3. 다음의 두 경우가 상충할 때 하나님께 대한 순종이 사람에 대한 순종보다 우선됩니다.

4. 국가에 대한 사랑과 복지에 관해 관심을 두는 것은 마땅하며 모범example과 권고를 통해 장려됩니다.

5. 믿는 자들은 정부의 지원을 위해 자신의 몫

을 낼 책임이 있습니다.

6. 믿는 자들은 평화롭게 살아가기 위하여 지도자를 위해 기도해야 합니다.

하나님 혹은 정부?

1. 산파들은 모든 히브리 소년들을 죽이라는 바로 왕의 명령을 거절하였습니다. 그 결과 모세는 보호받았고 히브리 민족의 구원자가 되었습니다.

2. 라합은 여리고를 정탐하러 온 자들을 보이라는 왕의 명령을 거부하였습니다. 그 결과 그녀와 가족은 구원을 얻었습니다.

3. 다니엘은 왕의 고기를 먹고 와인을 마시라는 명령을 거부하였고 하나님께서는 그를 크게 축복하셨습니다.

4. 세 명의 히브리 소년들은 금 신상을 경배하라는 왕의 명령을 거부하였고 풀부물에 던져졌습니다.

5. 다니엘은 30일 동안 기도를 금지한 왕의 명령을 거부하였고 사자 굴에 던져졌습니다.

6. 사도들은 복음을 전하는 것을 금지하는 법을 거부하였고, 이에 따라 핍박받고, 억압받고, 감옥에 갇히고, 죽임을 당했습니다. 이 모든 사람이 율법을 지키는 것이 더 나았을까요?
_ 푸프랭크 게이도시(Frank Gaydosh)로부터 인용

우리의 헌법은 오직 도덕적이고 종교적인 사람들을 위해 제정되었습니다. 다른 정부에게는 전적으로 불충분합니다.
_ 제임스 매디슨(James Madison) 대통령, The Firm Foundation for a New Beginning(Playmouth Rock Foundation)에서 인용

독실하고 연합된 사람들의 목적이 성경에 제시되었습니다.
모세는 자기 백성들이 노예에서 벗어나 약속의 땅으로 향하게 했습니다. 그들의 목적은 세 가지였습니다:
(1) 자유롭게 살기 위해 (2) 젖과 꿀이 흐르는 땅에서 일하기 위해 (3) 하나님 말씀을 순종하기 위해 - 그들의 나라 내에서 그리고 다른 나라와의 관계에서….

"이 약속의 땅에 대한 성경의 이야기는 미국의 창시자에게 영감을 주었습니다. 그것은 계속해서 우리에게 영감을 주며 우리는 그것을 분명하고 확실하게 모든 세대에게 물려주어야 하는 특권이 있습니다."
_ 드와이트 아이젠하워(Dwight D. Eisenhowe)r 대통령

정부: 성경적 배경

I. 정부의 기초

1. 하나님께서는 나라와 통치자들을 다스리시는 최고의 주권자이십니다.

[1장 [역사]에서 특히 II.(하나님과 역사의 관계)를 참조하세요.]

2. 하나님께서는 죄악된 인간을 다스리시기 위한 수단으로써 인간 정부를 세우셨습니다.

창세기 9장 5-6절

5. 내가 반드시 너희의 피 곧 너희의 생명의 피를 찾으리니 짐승이면 그 짐승에게서 사람이나 사람의 형제면 그에게서 그의 생명을 찾으리라
6. 다른 사람의 피를 흘리면 그 사람의 피도 흘릴 것이니 이는 하나님이 자기 형상대로 사람을 지으셨음이니라

[사형과 인간 정부의 관계에 대해 더 자세하게 설명하고 있는 Scofield reference Bible의 각주를 참조하세요.]

[정부를 하나님의 사역자로 언급하고 있는 로마서 13장 3-4절을 참조하세요.]

3. 권세는 하나님께서 정하십니다.

로마서 13장 1-2, 4절

1. …모든 권세는 다 하나님께서 정하신 바라 2.
그러므로 권세를 거스르는 자는 하나님의 명을
거스름이니… 4. 그는 하나님의 사역자가 되어
네게 선을 베푸는 자니라… 악을 행하는 자에게 진노하심을 따라 보응하는 자니라

> "가족과 마찬가지로 사회도 그렇습니다. 질서 있고, 잘 교육되고, 잘 관리된다면 가족과 사회는 국가의 위대함과 번영, 시민의 질서와 공공의 행복으로 나아가는 근원입니다."
> _ 윌리엄 다이어(William M. Thayer), 1820-1898.

4. 정부는 선이 아닌 악을 제지하는 기능을 합니다.

로마서 13장 3-4절

3. 다스리는 자들은 선한 일에 대하여 두려움이 되지 않고 악한 일에 대하여 되나니 네가 권세를 두려워하지 아니하려느냐 선을 행하라 그리하면 그에게 칭찬을 받으리라 4. 그는 하나님의
사역자가 되어 네게 선을 베푸는 자니라 그러나 네가 악을 행하거든 두려워하라 그가 공연히 칼을 가지지 아니하였으니 곧 하나님의 사역자가 되어 악을 행하는 자에게 진노하심을 따라 보응하는 자니라

디모데전서 2장 1-2절

1. 그러므로 내가 첫째로 권하노니… 간구와 기도와 도고와 감사를 하되 2. 임금들과 높은 지위에 있는 모든 사람을 위하여 하라 이는 우리가 모든 경건과 단정함으로 고요하고 평안한 생활을 하려 함이라

베드로전서 2장 13-14절
13. 인간의 모든 제도를 주를 위하여 순종하되 혹은 위에 있는 왕이나 14. 혹은 그가 악행하는 자를 징벌하고 선행하는 자를 포상하기 위하여 보낸 총독에게 하라

5. 좋은 정부와 정치적 안정의 기초는 개인의 성실과 건강한 가정생활에 있습니다.

출애굽기 20장 12절
네 부모를 공경하라 그리하면 네 하나님 여호와가 네게 준 땅에서 네 생명이 길리라

신명기 21장 18-21절
이스라엘에서 부모님께 순종하지 않는 반항적인 아들은 도시의 장로들에게 돌을 맞았습니다: 21. …이같이 네가 너희 중에서 악을 제하라 그리하면 온 이스라엘이 듣고 두려워하리라

잠언 11장 10-11절
10. 의인이 형통하면 성읍이 즐거워하고 악인이 패망하면 기뻐 외치느니라 11. 성읍은 정직한 자의 축복으로 인하여 진흥하고 악한 자의 입으로 말미암아 무너지느니라

잠언 14장 34절
공의는 나라를 영화롭게 하고 죄는 백성을 욕되게 하느니라

디모데전서 3장 4-5, 12절
여기에서 감독 혹은 장로에게 부여된 자격은 자기 집을 잘 다스리는 자입니다. 어찌 하나님의 교회를 돌보리요? 의심할 여지없이 지도자로써 같은 원칙은 시민 정부에도 적용될 수 있습니다.

6. 비록 적을지라도 믿는 자들의 행위는 정부의 방향을 변화시킬 수 있습니다.

창세기 39-50장
보디발의 집에 종으로 팔려 갈 때도, 후에 부당하게 감옥에 갇혔을 때도 주님께서 요셉과 함께 하심을 반복적으로 말씀하십니다. 하나님의 때에 요셉은 꿈을 해석하기 위해 궁전으로 갔고, 여기서도 요셉은 하나님께 공로를 돌렸습니다(41장 16, 25, 28, 32절). 바로는 책임을 담당하는 지혜로운 자로 요셉을 선택하였으며, 요셉은 애굽과 주변 지역을 구원하였습니다.

에스더 1-10장
이방 민족 아하수에르 왕의 왕국이 인도로부터 에디오피아에 이르기까지 127 지방으로 확장되었던 때, 유대인 에스더는 왕비가 되었습니다. 그녀의 삼촌 모르드개는 왕의 생명을 구했습니다. 하나님을 신뢰하며, 옳은 일을 하기 위해서 생명도 아끼지 않는 그들을 하나님께서 사용하셔서 유대인들을 멸절하고자 했던 왕의 법령을 뒤바꾸셨습니다. 마침내 모르드개는 수상의 지위에 오르는 상급을 얻었습니다.

다니엘 2장 46-49절

다니엘은 느부갓네살 왕의 잃어버린 꿈을 기억해내고 해석하였으며 이는 하나님께서 하신 일임을 인정하였습니다. 그 결과 왕은 하나님의 주되심을 선포하였고 다니엘의 지위를 높이고, 그의 친구들에게 지도자의 지위를 주었습니다.

다니엘 3장 28-30절 4장 1-3절
사드락, 메삭, 아벳느고는 느부갓네살 신상에 절하는 것을 거부하였고 풀무불을 견뎠습니다. 왕은 자신의 입장을 바꾸어 누구든지 그들에게 악한 말을 하는 것을 금하였고 여호와를 주님으로 선포하면서 그들을 높였습니다.
[4장 18-27, 34-37절을 함께 참조하세요.]

다니엘 6장 10, 25-28절
다니엘은 하나님께 기도하는 것을 금하는 다리오 왕의 칙령을 거부하였습니다. 하나님께서는 사자에게서 다니엘을 구하셨습니다. 다리오 왕은 다니엘의 하나님을 경배받으시기 합당한 영원한 하나님으로 선포했습니다.

> 모든 종교적인 행동의 토대는 순종이 되도록 하십시오; 왜 순종을 명령하는지 조사하지 말고, 순종은 이미 명령되었으므로, 순종이 무엇인지 주시하십시오. 진정한 순종은 미루는 것도 아니고 질문도 아닙니다.
> _프랜시스 퀄스(Francis Quarles), 1592-1644

II. 국가, 정부 그리고 하나님

1. 하나님께서는 나라에 그들의 행위에 대한 책임을 물으십니다.

[역사를 다루었던 1장에서 언급된 것들을 참조하세요.]

예를 들어 하나님께서는 각 나라들의 구체적인 죄에 대하여 심판하셨습니다.

예레미야 46장:
애굽의 교만

예레미야 48장 1-8절:
자신의 업적과 보물을 의지하는 모압

예레미야 49장 1-6절:
자신의 자원을 자랑하는 암몬

예레미야 49장 7-22절:
바위틈의 피난처를 의지하는 에돔

예레미야 51장 1-27절:
이스라엘의 몰락을 고소해하는 바벨론과 갈대아

2. 사람들이 하나님의 통치를 거부하였을 때 하나님께서는 그들의 뜻대로 살아가도록 두십니다.

민수기 22장 4-20절
발람이 하나님의 말씀을 받아들이기를 거부하였을 때, 하나님께서는 그가 고집한 대로 행하도록 지시하셨습니다.

사무엘상 8장 4-9, 19-22절
이스라엘이 다른 나라들과 같이 왕을 갖기를 요구하였을 때 하나님께서 사무엘에게 말씀하셨습니다:
22. …그들의 말을 들어 왕을 세우라 하시니…

시편 81편 11-12절
11. 내 백성이 내 소리를 듣지 아니하며 이스라
엘이 나를 원하지 아니하였도다 12. 그러므로
내가 그의 마음을 완악한 대로 버려 두어 그의
임의대로 행하게 하였도다

에스겔 20장 39절
주 여호와께서 이같이 말씀하셨느니라 이스라엘 족속아 너희가 내 말을 듣지 아니하려거든 가서 각각 그 우상을 섬기라…

로마서 1장 21-28절
21. 하나님을 알되 하나님을 영화롭게도 아니하
며 감사하지도 아니하고… 24. 그러므로 하나님
께서 그들을 마음의 정욕대로 더러움에 내버려
두사… 25. 이는 그들이 하나님의 진리를 거짓
것으로 바꾸어 피조물을 조물주보다 더 경배하
고 섬김이라… 26. 이 때문에 하나님께서 그들
을 부끄러운 욕심에 내버려 두셨으니… 28. 또
한 그들이 마음에 하나님 두기를 싫어하매 하나
님께서 그들을 그 상실한 마음대로 내버려 두사
합당하지 못한 일을 하게 하셨으니

3. 거룩한 도시 혹은 나라가 하나님으로부터 돌아섰을 때 그들의 죄는 이방인들의 죄보다 더 심각했고, 더 큰 비난을 받았습니다.

에스겔 16장 48-54절
하나님께서는 이스라엘을 소돔과 사마리아와 비교하십니다.
51. 사마리아는 네 죄의 절반도 범하지 아니하였느니라 네가 그들보다 가증한 일을 심히 행하였으므로…

마태복음 10장 15절
말씀하시는 예수님:
…심판 날에 소돔과 고모라 땅이 그 성보다 견디기 쉬우리라

마태복음 11장 20-24절
20. 예수께서 권능을 가장 많이 행하신 고을들이 회개하지 아니하므로 그 때에 책망하시되
예수님께서는 고라신, 벳새다, 가버나움을 책망하십니다. 만약, 그들이 보았던 것을 두로와 시돈, 소돔과 고모라가 보고 들었다면 회개하고 구원을 얻었을 것임을 말씀하십니다.

누가복음 12장 48절
일반적인 원리:
…무릇 많이 받은 자에게는 많이 요구할 것이요 많이 맡은 자에게는 많이 달라 할 것이니라

4. 하나님께서는 종종 목적을 성취하시기 위하여 전쟁을 사용하셨습니다.

a. 하나님께서는 이스라엘에 다른 나라와의 전투에 임할 것을 명령하십니다. 가나안 정복으로부터 몇 가지 예:

민수기 31장 1-20절

하나님께서는 이스라엘이 발람의 죄로 인한 복수를 위해 미디안과의 전쟁을 명령하십니다(2-4, 14-16절).

민수기 33장 50-56절

하나님께서는 이스라엘이 가나안에서 다음과 같이 행할 것을 지시하십니다:

52. 그 땅의 원주민을 너희 앞에서 다 몰아내고… 우상을 다 깨뜨리며 산당을 다 헐고 53. 그 땅을 점령하여 거기 거주하라…

신명기 2장 24-36절

하나님께서는 이스라엘이 아모리 족속과 전쟁하고 그들의 땅을 취할 것을 명령하십니다(17, 24절).

b. 하나님께서는 이스라엘을 회개시키시기 위해 이스라엘의 적들을 일으키셨습니다.

예:

사사기 3장 8-9절

8. 여호와께서 이스라엘에게 진노하사 그들을 메소보다미아 왕 구산 리사다임의 손에 파셨으므로… 9. 이스라엘 자손이 여호와께 부르짖으매 여호와께서 이스라엘 자손을 위하여 한 구원자를 세워 그들을 구원하게 하시니… 옷니엘이라

사사기 3장 12절

…이스라엘 자손이 여호와의 목전에 악을 행하므로 여호와께서 모압 왕 에글론을 강성하게 하사 그들을 대적하게 하시매

[4장 1-3, 23절, 6장 1, 6-7절, 10장 6-7, 10절, 13장 1절을 함께 참조하세요.]

고린도후서 33장 9-13절

9. 유다와 예루살렘 주민이 므낫세의 꾀임을 받고 악을 행한 것이 여호와께서 이스라엘 자손 앞에서 멸하신 모든 나라보다 더욱 심하였더라 10. 여호와께서…이르셨으나 그들이 듣지 아니하므로 11. 여호와께서 앗수르 왕의 군대 지휘관들이 와서 치게 하시매 그들이 므낫세를 사로잡고 쇠사슬로 결박하여 바벨론으로 끌고 간지라 12. 그가 환난을 당하여 그의 하나님 여호와께 간구하고…

c. 하나님께서는 이스라엘을 학대하고 하나님을 인정하기를 거부한 나라들에 전쟁과 멸망을 예언하셨습니다. 이러한 일들이 발생하였습니다.

[예를 들어, 에스겔 25, 29-30장과 구약 예언서들을 함께 참조하세요.]

5. 때로 하나님께서는 전투 가운데 특별한 도움을 주시며 지시를 내리시고 반드시 승리케 하시며 다른 이들이 하나님을 인정하도록 하십니다.

여호수아 1장 1-6절

하나님께서는 이스라엘에게 땅을 약속하셨습니다.

여호수아 2장 9-11절

라합은 최근 이스라엘이 이룬 승리들 뿐 아니라 이스라엘을 향하신 하나님의 약속을 인정했습니다.

[5장 1절을 함께 참조하세요.]

여호수아 6장 2, 20-21절

하나님께서는 이스라엘에게 여리고 성을 약속하셨고 승리를 주셨습니다.

여호수아 8장 1-2, 8, 28절
하나님께서는 이스라엘에게 아이성 전투의 승리를 약속하시고 이루셨습니다.

여호수아 9장 24-25절
기브온 주민들은 하나님의 계획을 인정하였습니다.

여호수아 10장 8절
하나님께서는 아모리 족속의 다섯 왕의 동맹에 대항하여 승리를 약속하셨습니다; 하나님께서는 커다란 우박을 보내셔서 그들을 패배시키셨습니다.
[10-11, 42절, 11장 8, 19-20, 23절을 함께 참조하세요.]

여호수아 21장 43-44절
43. 여호와께서 이스라엘의 조상들에게 맹세하사 주리라 하신 온 땅을 이와 같이 이스라엘에게 다 주셨으므로… 44. …그들의 모든 원수들 중에 그들과 맞선 자가 하나도 없었으니 이는 여호와께서 그들의 모든 원수들을 그들의 손에 넘겨 주셨음이니라

여호수아 23장 9-10절
여호수아의 간증:
9. 이는 여호와께서 강대한 나라들을 너희의 앞에서 쫓아내셨으므로 오늘까지 너희에게 맞선 자가 하나도 없었느니라 10. …너희의 하나님 여호와 그가 너희에게 말씀하신 것 같이 너희를 위하여 싸우심이라

사사기 1장 19-36절
많은 경우 이스라엘은 하나님께서 지시하신 대로 거주민들을 완벽히 말살하지 않았습니다. 이에 대하여 하나님께서는 이스라엘을 꾸짖으셨습니다.
[2장 1-5, 20-23절을 함께 참조하세요.]

사무엘상 30장
아모리 족속이 시글락을 불사른 후 다윗은 그들을 공격해야 하는지 주님께 물었습니다. 다윗은 순종했고 승리하였으며 하나님께서 하신 일임을 인정하였습니다.
[1, 8, 10, 22-25절을 참조하세요.]

III. 시민으로서 믿는 자들의 책임

1. 정부나 정부 관리자들은 그들의 직위에 대해 존경받아야 합니다.

출애굽기 22장 28절
너는 재판장을 모독하지 말며 백성의 지도자를 저주하지 말지니라

잠언 25장 6-7절
6. 왕 앞에서 스스로 높은 체하지 말며 대인들의 자리에 서지 말라 7. 이는 사람이 네게 이리로 올라오라고 말하는 것이 네 눈에 보이는 귀인 앞에서 저리로 내려가라고 말하는 것보다 나음이니라

로마서 13장 1-7절
1. 각 사람은 위에 있는 권세들에게 복종하라 권세는 하나님으로부터 나지 않음이 없나니 모든 권세는 다 하나님께서 정하신 바라 2. 그러므로

권세를 거스르는 자는 하나님의 명을 거스름이니… 4. 그는 하나님의 사역자가 되어 네게 선을 베푸는 자니라… 5. 그러므로 복종하지 아니할 수 없으니… 양심을 따라 할 것이라 6. 너희가 조세를 바치는 것도 이로 말미암음이라… 7. 모든 자에게 줄 것을 주되… 두려워할 자를 두려워하며 존경할 자를 존경하라

디도서 3장 1-2절
1. 너는 그들로 하여금 통치자들과 권세 잡은 자들에게 복종하며 순종하며 모든 선한 일 행하기를 준비하게 하며 2. 아무도 비방하지 말며 다투지 말며 관용하며 범사에 온유함을 모든 사람에게 나타낼 것을 기억하게 하라

베드로전서 2장 12-20절
이것은 주님을 위해 순종하라는 가르침입니다. 이를 통해 믿지 않는 자들이 올바른 태도와 행동을 볼 수 있고 잠잠할 수 있습니다. 믿는 자들은 그리스도 안에서의 자유를 인정하되 그 자유를 악을 가리는 데 사용하지 말아야 합니다.

사무엘상 24장 6, 7절, 26장 8-11절
다윗을 죽이기 위해 사울이 행했던 모든 일에도 불구하고 다윗은 하나님께서 사울을 세우셨음을 인정하였습니다; 이에, 다윗은 사울의 생명을 취할 기회가 있었지만, 거부하였습니다.

사무엘상 31장 8-13절
블레셋 사람들이 사울 왕의 시체를 훼손하였을 때, 길르앗 야베스 주민들은 사울의 시체를 취하여 불사르고 죽음을 슬퍼하였습니다.

사무엘하 1장 14-16절
다윗은 그에게 이르러 사울을 죽인 것을 자랑하는 아말렉 사람을 책망하였습니다:
14. 다윗이 그에게 이르되 네가 어찌하여 손을 들어 여호와의 기름 부음 받은 자 죽이기를 두려워하지 아니하였느냐 하고

사무엘하 4장 5-12절
다윗은 사울의 아들 이스보셋을 죽이고 머리를 가져간 레갑과 바아나를 칭찬하지 않았으며, 그들을 처형하도록 하였습니다.

마태복음 17장 24-27절, 22장 15-22절;
마가복음 12장 13-17절;
누가복음 20장 20-26절
납세에 관한 질문에 대하여 예수님께서는 우리가 그들이 실족하지 않게 하기 위하여(27절) 세를 지불해야 함을 가르치십니다. 또한 예수님께서는 구체적으로 어떤 것은 가이사라에게 속하였고, 어떤 것은 하나님께 속하였음을 나타내십니다.

사도행전 23장 2-5절
여기서 사도바울은 관직에 대한 인정을 표현합니다. 바울은 대제사장의 지위를 인정하면서 이렇게 말하였습니다:
5. …형제들아 나는 그가 대제사장인 줄 알지 못하였노라 기록하였으되 너의 백성의 관리를 비방하지 말라 하였느니라 하더라

2. 하나님께서는 임명하신 지도자들에 대한 순종을 기대하십니다. 반란과 폭동을 비난하십니다.

출애굽기 32장

금송아지 사건과 하나님의 심판

민수기 11장 1-3절
원망에 대한 심판:
하나님께서 불을 보내셨습니다.
[시편 78편 18-31절 또한 참조하세요.]

민수기 12장 10절
모세에 대해 불평하는 것을 주도한 미리암에게 임한 심판

민수기 14장 1-4, 20-35절
그 땅에 들어가는 것에 반대함으로 인한 40년의 방랑; 반항을 주도하였던 열 명의 정탐꾼들에게 갑작스레 임한 재앙과 죽음
[36-38절을 함께 참조하세요.]

민수기 16장 1-35절
하나님께서는 모세와 아론에 반대하였던 고라, 다단, 아비람과 그들의 가족을 삼키기 위해 땅을 여셨습니다. 그들을 따랐던 250인을 멸하시기 위해 불을 보내셨습니다 (35절).

민수기 16장 41-50절
하나님께서는 모세와 아론을 고발하였던 14,700명을 재앙으로 멸하셨습니다.

민수기 21장 4-9절
광야 길과 만나에 대한 원망으로 인해 하나님께서는 불뱀을 보내셨습니다.
[시편 106편 15절을 함께 참조하세요.]

민수기 27장 12-14절
오랫동안 모세가 나타내었던 신실함에도 불구하고, 하나님께서는 그를 심판하셨습니다.
14. 이는 신 광야에서… 너희가 내 명령을 거역하고 그 물 가에서 내 거룩함을 그들의 목전에 나타내지 아니하였음이니라…

신명기 17장 12절
제사장이나 재판장에게 듣기를 거부하는 자들은 죽임을 당했습니다.
이스라엘 중에서 이런 악을 제하여 버리기 위하여

신명기 21장 18-21절
패역한 아들은 그의 부모로부터 성읍 장로들에게 넘겨져서 돌로 쳐 죽임을 당했습니다.

에스라 7장 26절
아닥사스다 왕은 하나님과 왕에게 순종하지 않는 자들은 즉시 심판받아야 하는 명령을 내렸습니다. 에스라는 하나님의 일하심을 인정하는 왕의 법령으로 인해 하나님을 찬양했습니다(27, 28절).

로마서 13장 1-7절
반항이 아닌 복종에 대한 강조

유다서 1장 6, 7절
반역한 천사들은 심판의 날까지 결박되어 갇히게 되었습니다; 소돔과 고모라는 하나님께 순종하기를 거절함으로 인해 멸망되었습니다.

유다서 1장 4, 8-10절
유다는 경건한 가르침을 거부하는 자들, 권위를 업신여기며 영광을 비방하는 자들에게 경고합니다.

3. 다음의 두 경우가 상충할 때 하나님께 대한 순종이 사람에 대한 순종 보다 우선됩니다

사도행전 4장 18-20절
예루살렘 공회의 사람들은 베드로와 요한에게 지시하였습니다:
18. …도무지 예수의 이름으로 말하지도 말고
가르치지도 말라 하니 19. 베드로와 요한이 대
답하여 이르되 하나님 앞에서 너희의 말을 듣는 것이 하나님의 말씀을 듣는 것보다 옳은가 판단
하라 20. 우리는 보고 들은 것을 말하지 아니할 수 없다 하니

사도행전 5장 28-33절
다시 한 번 베드로와 다른 사도들은 말씀을 전파하는 것에 대하여 질책을 받았습니다. 그들의 대답:
29. …사람보다 하나님께 순종하는 것이 마땅하니라

4. 국가에 대한 사랑과 복지에 대해 관심을 갖는 것은 마땅하며 모범example과 권고를 통해 장려됩니다.

역대상 19장 10-13절
암몬과 시리아의 동맹 전투에서, 다윗의 지휘관, 요압은 전략을 세우고 다음과 같이 말하였습니다:
13. 너는 힘을 내라 우리가 우리 백성과 우리 하나님의 성읍들을 위하여 힘을 내자 여호와께서 선히 여기시는 대로 행하시기를 원하노라 하고

에스라 1장 5절
하나님께서 바사 왕 고레스의 마음을 감동시키심으로 이스라엘 백성이 예루살렘으로 돌아가 성전을 건축하도록 하였을 때 예루살렘으로 돌아가려는 자들이 다 일어났습니다.
예배가 다시 드려졌을 때(3장 10-13절) 유월절을 다시 지키게 되었을 때(6장 19-22절) 큰 기쁨이 있었습니다.

느헤미야 1장 2-11절, 2장 1-20절
느헤미야는 예루살렘에 남아 있는 자들로부터 보고를 들은 후 그의 감정과 기도를 서술합니다. 하나님께서는 그의 기도를 들으셨고 왕의 마음을 돌이키셨습니다.

시편 137편 1-6절
여기에는 이스라엘이 바벨론에 사로잡혀 있을 때, 조국을 향한 갈망이 묘사되어 있습니다:
5. 예루살렘아 내가 너를 잊을진대 내 오른손이
그의 재주를 잊을지로다 6. 내가 예루살렘을 기
억하지 아니하거나 내가 가장 즐거워하는 것보다 더 즐거워하지 아니할진대 내 혀가 내 입천장에 붙을지로다

더불어 사사기 5장의 드보라의 노래를 함께 생각해보세요. 또한 다음 섹션에서 믿는 자들에게 나라와 지도자를 위해 기도하도록 가르치는 구절들을 함께 살펴보세요. 기도는 걱정에 대한 가장 진실한 표현 중의 하나입니다.

5. 믿는 자들은 정부의 지원을 위해 자신의 몫을 낼 책임이 있습니다.

출애굽기 38장 25-28절

성막 건축을 위해 사용된 많은 금속은 백성들이 기쁨으로 드린 예물이었지만 모든 사람은 또한 필요한 재료들에 대하여 구체적인 양이 부과되었습니다. 여기 구약성경의 선례가 있습니다.

느헤미야 10장 32절
느헤미야의 관활 아래 재건축이 완성된 후 일정한 세금을 걷어 성전을 위하여 사용하였습니다:
32. 우리가 또 스스로 규례를 정하기를 해마다 각기 세겔의 삼분의 일을 수납하여 하나님의 전을 위하여 쓰게 하되

열왕기상 9장 15절
솔로몬의 관할하에 주님의 집, 왕의 궁전, 예루살렘 성벽, 여러 도시들을 세우기 위해 세금이 징수되었습니다.

마태복음 17장 24-27절
세금 징수관이 베드로에게 그의 선생은 공물을 내는지 물었을 때 베드로는 그렇다고 대답하였으나 공물을 내는 것의 의미를 이해하지 못했습니다. 예수님께서는 세금을 내는 것이 오해를 사지 않기 위함임을 알려주셨습니다.

마태복음 22장 17-21절;
마가복음 12장 13-17절;
누가복음 20장 21-26절
바리새인들은 예수님을 올무에 걸리게 하고자 다음과 같이 질문하였습니다:
17. 그러면 당신의 생각에는 어떠한지 우리에게 이르소서 가이사에게 세금을 바치는 것이 옳으니이까 옳지 아니하니이까 하니.
예수님께서는 그들의 악한 의도를 아셨지만 가이사의 형상이 있는 동전을 사용하셔서 가이사의 것은 가이사에게 드려야 하는 것을 말씀하십니다. 또한 어떤 것은 하나님의 것이며 정부에 속하지 않다는 사실을 나타내시며 세밀하게 제한을 두셨습니다.

로마서 13장 6-8절
6. 너희가 조세를 바치는 것도 이로 말미암음이라 그들이 하나님의 일꾼이 되어… 7. 모든 자에게 줄 것을 주되… 8. 피차 사랑의 빚 외에는 아무에게든지 아무 빚도 지지 말라…

6. 믿는 자들은 평화롭게 살아가기 위하여 지도자를 위해 기도해야 합니다.

예레미야 29장 7절
이스라엘이 바벨론에 사로잡혀 있을 때 예레미야의 지시:
너희는 내가 사로잡혀 가게 한 그 성읍의 평안을 구하고 그를 위하여 여호와께 기도하라 이는 그 성읍이 평안함으로 너희도 평안할 것임이라

디모데전서 2장 1-3절
1. 그러므로 내가 첫째로 권하노니 모든 사람을 위하여 간구와 기도와 도고와 감사를 하되 2. 임금들과 높은 지위에 있는 모든 사람을 위하여 하라 이는 우리가 모든 경건과 단정함으로 고요하고 평안한 생활을 하려 함이라 3. 이것이 우리 구주 하나님 앞에 선하고 받으실 만한 것이니

의회는 자선을 베풀 권리가 없습니다. 개인은 원하는 만큼 돈을 기부할 수 있지만 그런 목적으로 공적 자금을 사용할 권리는 없습니다. 국민은 헌법에 따라 특정한 일을 할 수 있는 권한을 위임하였습니다. 이를 위해 돈을 모으고 지불하는 것은 허가되지만 그 외에 다른 것은 없습니다. 이것을 넘어서는 모든 것들은 강탈이며 헌법 위반입니다.

_ 호레이쇼 번스(Horatio Bunce), The Life of Colonel David Crockett에서 발췌(CLA Defender, Edward S. Ellis 편집, 1884년, 4권 9호)

사람을 좋은 기독교인으로 만드는 것이 무엇이든지 그것은 또한 사람을 좋은 시민이 되게 합니다.

_ 다니엘 웹스터(Daniel Webster), 1782-1852.

현대 정치는 실제로 인간의 투쟁이 아니라 무력의 투쟁입니다.

_ 헨리 아담스(Henry B. Adams), 1838-1918.

지도력 행정

지도력/행정: 성경적 개념

I. 지도자와 지도력

1. 훌륭한 지도력은 모든 사람의 행복을 위해 매우 중요합니다.

2. 지도자는 자격에 따라 선택되어야 합니다.

3. 지도자는 개인 생활에 있어서 다른 사람들에게 기대되는 것보다 더 높은 책임이 부여됩니다.

4. 지도자는 반드시 하나님의 자녀들의 연합을 위해 관심을 기울여야 합니다.

5. 지도자는 반드시 책임과 약속을 수행하면서 신실해야 합니다.

6. 경건한 지도자는 하나님의 영광을 자신의 영광보다 우선시합니다.

7. 진정한 지도력은 섬김을 받는 것이 아니라 섬기는 것입니다.

8. 하나님께서는 승리를 도우시고 이루시는 분이십니다.

9. 유능한 지도자는 자신의 임기가 완료되었을 때 질서 있게 지도력이 이양되도록 주의를 기울입니다.

10. 타락한 시대에도 하나님을 신실하게 섬기며 살아갈 수 있습니다.

11. 일관성이 없는 지도자는 추종자들을 혼란스럽게 하며 존경심을 잃습니다.

II. 행정의 원리

1. 일을 효과적으로 하기 위해서는 책임이 분배되어야 합니다.

2. 개인의 은사에는 수반되는 책임이 있습니다; 각 사람은 특정한 분야에 집중해야 합니다.

3. 책임의 위임에는 행동할 권한에 대한 위임도 포함되어야 합니다(정해진 범위 내에서).

4. 직무에 대한 설명은 분명하게 기술되어야 합니다.

5. 연합하고 서로에게 감사의 마음을 갖는 것은 그룹의 안정을 위해 필수적입니다.

6. 편파성의 위험을 줄이기 위해서는 그룹의 다양한 부문들을 공정하게 나타내야 합니다.

7. 중대한 변화에 앞서 적절한 준비를 해야 합니다.

8. 프로젝트는 질서 있게 완료되어야 합니다.

9. 부조리, 인간의 실수, 죄에 대한 준비가 이루어져야 합니다.

10. 제비뽑기로 하는 것은 성경적 선례를 가지고 있으며 하나님의 주권을 인정하여 행한다면 하나님의 뜻을 드러낼 수 있습니다.

11. 의사결정과 판단은 일관되어야 하며 성격, 선입견, 소문에 근거해서는 안 됩니다.

12. 공직자에게 주는 선물은 정의를 해칠 수 있으므로 받아들이지 않아야 합니다.

13. 프로젝트에서 얻은 이익은 함께 참여한 자들에게 분배되어야 합니다.

14. 책임과 결정에 있어서 종교와 민간이 분리된 것은 신정체제에서도 오랜 역사를 지니고 있습니다.

15. 행정 정책 및 절차에는 모든 종류의 불의를 방지해야 합니다.

당신이 하나님을 위해 위대한 일을 할 수 있을 때까지 기다린다는 생각을 하지 마십시오: 작은 일을 행하십시오. 그러면 주님께서 더 높게 오르게 하실 것입니다. 11 년 전, 나는 주일학교 어린이들을 가르치고 있었고 오직 이들만을… 9년 전 나는 여기저기 작은 보잘 것 없는 곳에서 설교하고 있었습니다. 주로 걸어서 이동했고 가끔 차를 이용했습니다.

이제 나는 전적으로 확신합니다. 만약 내가 잘 알려지지 않은 작은 모임들에서 설교하지 않았다면 많은 지역에서 수천 명의 사람들에게 설교하는 특권도 갖지 않았어야 합니다. 만약 누군가 하나님의 집의 청지기가 되고자 한다면 먼저 부엌에서 설거지꾼으로서 섬기기를 준비하고 기꺼이 냄비들을 씻고 구두를 닦아야 합니다. 우리 주님께서 말씀하신 규칙을 기억하십시오 '누구든지 자기를 높이는 자는 낮아지고 누구든지 자기를 낮추는 자는 높아지리라'

_ 스펄전(C. H. Spurgeon), Christian Education Trends(1983년 2월 10일)에서 인용

지도력/행정: 성경적 배경

I. 지도자와 지도력

1. 훌륭한 지도력은 모든 사람의 행복을 위해 매우 중요합니다.

a. 지도자는 전체 그룹의 본보기가 되어야 합니다. 그는 사람들을 죄 또는 의[righteousness]로 인도합니다.

잠언 28장 2절
나라는… 명철과 지식 있는 사람으로 말미암아 장구하게 되느니라

잠언 29장 4절
왕은 정의로 나라를 견고하게 하나 뇌물을 억지로 내게 하는 자는 나라를 멸망시키느니라

잠언 29장 8, 12, 14절
8. 거만한 자는 성읍을 요란하게 하여도 슬기로운 자는 노를 그치게 하느니라… 12. 관원이 거짓말을 들으면 그의 하인들은 다 악하게 되느니라… 14. 왕이 가난한 자를 성실히 신원하면 그의 왕위가 영원히 견고하리라

이사야 9장 16절
백성을 인도하는 자가 그들을 미혹하니 인도를 받는 자들이 멸망을 당하는도다

예레미야 23장 21-22절
21. 이 선지자들은 내가 보내지 아니하였어도 달음질하며 내가 그들에게 이르지 아니하였어도 예언하였은즉 22. 그들이 만일 나의 회의에 참여하였더라면 내 백성에게 내 말을 들려서 그들을 악한 길과 악한 행위에서 돌이키게 하였으리라

[예레미야 23장 11-15절, 에스겔 44장 10-16절을 함께 참조하세요.]

b. 강력한 지도자가 물러난 후 좋은 리더십이 부재할 때 사람들은 종종 이전에 세웠던 규범들로부터 돌아서게 됩니다.

출애굽기 32장
모세는 죽지 않았고 하나님의 명령에 따라 떠나 있었습니다. 모세의 지도력이 없어지자 아론과 백성은 금송아지를 만들어 경배했습니다.

사사기 2장 16-19절
연속되는 사사들에 대한 일반적인 진술:
18. 여호와께서 그들을 위하여 사사들을 세우실 때에는 그 사사와 함께 하셨고 그 사사가 사는 날 동안에는 여호와께서 그들을 대적의 손에서 구원하셨으니… 19. 그 사사가 죽은 후에는… 그들의 행위와 패역한 길을 그치지 아니하였으므로

사사기 8장 33-35절
33. 기드온이 이미 죽으매 이스라엘 자손이 돌

아서서 바알들을 따라가 음행하였으며 또 바알브릿을 자기들의 신으로 삼고 34. …자기들을 건져내신 여호와 자기들의 하나님을 기억하지 아니하며 35. …기드온이 이스라엘에 베푼 모든 은혜를 따라 그의 집을 후대하지도 아니하였더라

2. 지도자는 자격에 따라 선택되어야 합니다.

창세기 41장 33절
위기에 처한 바로 왕에게 전하는 요셉의 조언:
이제 바로께서는 명철하고 지혜 있는 사람을 택하여 애굽 땅을 다스리게 하시고

출애굽기 18장 21-22절
이드로가 모세에게:
21. 너는 또 온 백성 가운데서 능력 있는 사람들 곧 하나님을 두려워하며 진실하며 불의한 이익을 미워하는 자를 살펴서 백성 위에 세워… 22. 그들이 때를 따라 백성을 재판하게 하라
(이것은 신명기 1장 13-15절에서 다시 반복됩니다.)

신명기 17장 14-15절
미래에 이스라엘이 왕을 갖기를 원하는 갈망을 예측하시는 하나님:
15. 반드시 네 하나님 여호와께서 택하신 자를 네 위에 왕으로 세울 것이며 네 위에 왕을 세우려면 네 형제 중에서 한 사람을 할 것이요 네 형제 아닌 타국인을 네 위에 세우지 말 것이며

사도행전 6장 3절
예루살렘 교회에 필요가 있을 때 열두 제자의 권면:
형제들아 너희 가운데서 성령과 지혜가 충만하여 칭찬 받는 사람 일곱을 택하라 우리가 이 일을 그들에게 맡기고

디모데전서 3장 1-7절
목사 또는 감독의 자격:
2. …책망할 것이 없으며 한 아내의 남편이 되며 절제하며 신중하며 단정하며 나그네를 대접하며 가르치기를 잘하며 3. 술을 즐기지 아니하며 구타하지 아니하며 오직 관용하며 다투지 아니하며 돈을 사랑하지 아니하며 4. 자기 집을 잘 다스려 자녀들로 모든 공손함으로 복종하게 하는 자라야 할지며… 6. 새로 입교한 자도 말지니… 7. 또한 외인에게서도 선한 증거를 얻은 자라야 할지니
[디도서 1장 5-9절을 함께 참조하세요.]

디모데전서 3장 8-13절
집사의 자격:
정중하고, 일구이언을 하지 않고, 술에 인박히지 않고, 돈을 탐내지 않고, 정직한 양심을 지니고, 믿음이 성숙하며 모범이 되는 아내의 남편이 되며 자녀를 잘 다스림

3. 지도자는 개인 생활에 있어서 다른 사람들에게 기대되는 것보다 더 높은 책임이 부여됩니다.

레위기 4장 22-26절
지도자가 비록 알지 못한 채 죄를 지었더라도 그 역시 하나님께 제물을 드리고 죄를 용서받아야 했습니다.

레위기 10장 1-3절

나답과 아비후:
하나님께 부여받은 지위를 가지고 있다고 해서 하나님께 순종해야 할 의무가 면제되지 않았습니다.

레위기 16장 6, 11절
아론은 먼저 자신의 죄에 대하여 희생제물을 드려야 했고 다음으로 백성의 죄에 대하여 제물을 드렸습니다.

신명기 17장 16-20절
하나님께서는 훗날 이스라엘의 왕이 될 자에 대해 특별한 요구를 하셨습니다:
- 그는 병마를 사려고 애굽으로 백성을 보내면 안 되었습니다.
- 그는 하나님으로부터 돌아서지 않도록 여러 명의 아내를 두거나 많은 부를 취하면 안 되었습니다.
- 그는 평생에 율법을 묵상하고 지키며 교만하지 않도록 율법서의 복사본을 만들어야 했습니다. 이로써 그는 생명을 연장하고 자신과 자손들의 통치를 연장할 수 있었습니다.

여호수아 1장 7-8절
모세의 죽음 후 여호수아에게 말씀하시는 하나님:
7. 오직 강하고 극히 담대하여 나의 종 모세가 네게 명령한 그 율법을 다 지켜 행하고 우로나 좌로나 치우치지 말라 그리하면 어디로 가든지 형통하리니 8. 이 율법책을 네 입에서 떠나지 말게 하며 주야로 그것을 묵상하여 그 안에 기록된 대로 다 지켜 행하라 그리하면 네 길이 평탄하게 될 것이며 네가 형통하리라

사무엘하 12장 13-14절
다윗은 하나님의 마음에 합한 자로 여겨졌으나, 밧세바로 인한 죄를 지었을 때 하나님께서는 그를 용서하셨을 뿐 아니라 벌하셨습니다.
이유:
14. 이 일로 말미암아 여호와의 원수가 크게 비방할 거리를 얻게 하였으니…
[역대상 21장 1-17절을 함께 참조하세요.]

잠언 31장 4-5절
4. 르무엘아 포도주를 마시는 것이 왕들에게 마땅하지 아니하고 왕들에게 마땅하지 아니하며 독주를 찾는 것이 주권자들에게 마땅하지 않도다 5. 술을 마시다가 법을 잊어버리고 모든 곤고한 자들의 송사를 굽게 할까 두려우니라

전도서 10장 16-17절
16. 왕은 어리고 대신들은 아침부터 잔치하는 나라여 네게 화가 있도다 17. 왕은 귀족들의 아들이요 대신들은 취하지 아니하고 기력을 보하려고 정한 때에 먹는 나라여 네게 복이 있도다

아모스 3장 10절
자기 궁궐에서 포학과 겁탈을 쌓는 자들이 바른 일 행할 줄을 모르느니라 여호와의 말씀이니라

에스겔 44장 17-21절
옷, 머리, 강한 술, 결혼 관계, 부정, 소유, 음식과 같은 영역에서 레위인들은 엄격한 규정과 더 높은 기준이 요구되었습니다.

말라기 2장 1-10절
하나님께서는 제사장들이 하나님의 말씀을 듣고 마음에 둘 것을 기대하셨습니다; 하나님께

충성되지 않은 제사장들은 심판받았습니다.

마태복음 23장
군중들과 제자들에게 말씀하시면서 예수님께서는 바리새인들이 율법 중에 가르치는 것은 주목하되 그들의 삶은 본받지 말 것을 권고하십니다. 예수님께는 특히 다음과 같은 지도자를 책망하십니다:
- 그들이 행하지 않는 것을 가르침, 1-4절
- 영광과 지위를 찾는 자, 5-15절
- 가식, 14-15절
- 하나님을 섬기는 데 있어서 잘못된 것들에 중점을 둠, 16-24절
- 겉모습에 주목함, 25-28절
- 자신들은 조상의 죄를 짓지 않았다고 가정함, 29-35절

4. 지도자는 반드시 하나님의 자녀들의 연합을 위해 관심을 기울여야 합니다.

민수기 32장 1, 5-7, 20-27절
모세는 르우벤과 갓 족속이 요단강 동편에 정착하기를 원했을 때 이스라엘의 결속을 우려하였습니다. 모세는 그들 또한 가나안을 정복하는데 참여하도록 요청했습니다.

로마서 12장 4-13절
자신들을 각자의 역할을 지니면서 하나의 몸을 이루는 구성원으로 여기는 로마의 신자들에 대한 바울의 관심:
4. 우리가 한 몸에 많은 지체를 가졌으나 모든 지체가 같은 기능을 가진 것이 아니니 5. 이와 같이 우리 많은 사람이 그리스도 안에서 한 몸이 되어 서로 지체가 되었느니라 6. 우리에게 주신 은혜대로 받은 은사가 각각 다르니 혹 예언이면 믿음의 분수대로 7. 혹 섬기는 일이면 섬기는 일로, 혹 가르치는 자면 가르치는 일로 8. 혹 위로하는 자면 위로하는 일로 구제하는 자는 성실함으로 다스리는 자는 부지런함으로 긍휼을 베푸는 자는 즐거움으로 할 것이니라

고린도전서 12장 4-31절
영적 은사에 대한 바울의 논의는 은사, 행정, 구성원의 다양성과 함께 한 주님, 한 하나님, 한 몸에 특별히 관심을 쏟습니다.
14-24절에서 바울은 다른 기능을 지닌 구성원의 필요성 및 모두가 비슷해야 한다거나 혹은 같지 않기 때문에 나뉘어야 한다는 주장의 불합리성을 나타내기 위하여 인간 몸을 예로 듭니다:
12. 몸은 하나인데 많은 지체가 있고 몸의 지체가 많으나 한 몸임과 같이 그리스도도 그러하니라 13. 우리가 유대인이나 헬라인이나 종이나 자유인이나 다 한 성령으로 세례를 받아 한 몸이 되었고 또 다 한 성령을 마시게 하셨느니라 14. 몸은 한 지체뿐만 아니요 여럿이니… 24. 우리의 아름다운 지체는 그럴 필요가 없느니라 오직 하나님이 몸을 고르게 하여 부족한 지체에게 귀중함을 더하사

에베소서 4장 1-16절
1. 그러므로 주 안에서 갇힌 내가 너희를 권하노니 너희가 부르심을 받은 일에 합당하게 행하여… 3. 평안의 매는 줄로 성령이 하나 되게 하신 것을 힘써 지키라
4-6절에서 믿는 자들이 공통으로 갖는 많은 것들에 주목하십시오.

11절은 그리스도께서 성도를 온전케 하시기 위하여성숙케 하시기 위하여 교회에 주신 지도자들을 열거합니다.
13-16절에서 연합에 관한 관심을 나타내는 표현을 찾아보십시오.

데살로니가전서 3장 6-12절, 4장 11-15절,
데살로니가후서 1장 3-4절
이 구절들에서 사도가 데살로니가 교회의 신자들을 향한 감사를 어떻게 표현하고, 서로가 사랑하고 감사하도록 어떻게 격려하는지 주목하십시오.

5. 지도자는 반드시 책임과 약속을 수행하면서 신실해야 합니다.

예레미야 23장 1, 11-15절
하나님께서는 예언자들과 제사장들에게 책임을 부여하십니다:
1. 여호와의 말씀이니라 내 목장의 양 떼를 멸하며 흩어지게 하는 목자에게 화 있으리라
[11-15절에서 하나님께서는 이러한 지도자들의 실패에 대하여 설명하십니다. 에스겔 34장 1-10절을 함께 참조하세요.]

에스겔 17장 13-19절
하나님께서는 언약을 깨뜨린 것에 대하여 책망하십니다. 특히 18-19절을 주목하십시오.

에스겔 33장 1-6절
하나님께서는 감독자에게 책임을 물으십니다:
6. 그러나 칼이 임함을 파수꾼이 보고도 나팔을 불지 아니하여 백성에게 경고하지 아니하므로 그 중의 한 사람이 그 임하는 칼에 제거 당하면 그는 자기 죄악으로 말미암아 제거되려니와 그 죄는 내가 파수꾼의 손에서 찾으리라

에스겔 33장 7-9절
하나님께서는 예언자들에게 책임을 물으십니다:
7. 인자야 내가 너를 이스라엘 족속의 파수꾼으로 삼음이 이와 같으니라 그런즉 너는 내 입의 말을 듣고 나를 대신하여 그들에게 경고할지어다
8. 가령 내가 악인에게 이르기를 악인아 너는 반드시 죽으리라 하였다 하자 네가 그 악인에게 말로 경고하여 그의 길에서 떠나게 하지 아니하면 그 악인은 자기 죄악으로 말미암아 죽으려니와 내가 그의 피를 네 손에서 찾으리라

말라기 1장 6-9, 12-14절, 2장 1-9절, 3장 14-15절
하나님께서는 부정한 희생제물을 드리며 하나님께 드리는 예배를 가볍게 여기고 악한 일을 행하는 자들을 높이는 이스라엘의 제사장들을 책망하십니다.

로마서 12장 8절
하나님께서는 신약성경의 지도자들에게 책임을 물으십니다. 바울은 지도자의 은사를 적절하게 사용할 책임에 대해 이야기 합니다:
8. …다스리는 자는 부지런함으로…

디도서 1장 13절, 2장 1, 15절
디도에게 목회자의 책임에 대하여 이야기하는 바울:
13. …그러므로 네가 그들을 엄히 꾸짖으라 이는 그들로 하여금 믿음을 온전하게 하고

히브리서 13장 17절
너희를 인도하는 자들에게 순종하고 복종하라 그들은 너희 영혼을 위하여 경성하기를 자신들이 청산할 자인 것 같이 하느니라…
영적 지도자들에게 순종해야하는 하나의 이유는 그들에게 부여된 책임이 있기 때문이라는 것을 주목하십시오.

예:

창세기 39장
요셉은 본디오의 집과 감옥에서 심지어 종으로써 그리고 죄수로서도 책임이 있었습니다.

사무엘상 13장 9, 11-14절
선지자 사무엘은 사울 왕이 기다려야 했을 때 번제를 드린 것에 대하여 충직하게 꾸짖었습니다.

사무엘상 15장 1-3, 7-26절
다시 사무엘은 사울 왕을 대면하여 이번에는 하나님께서 왕국을 그에게서 취하실 것이라는 심판을 전했습니다.

역대상 21장 1-4절
요압은 백성을 계수하라는 제안이 다윗 왕의 명령이었음에도 반대를 표명합니다.

6. 경건한 지도자는 하나님의 영광을 자신의 영광보다 우선시합니다.

창세기 41장 16, 25, 32절
요셉은 바로 왕에게 하나님께서 하실 일들에 관하여 나타내시는 분은 하나님이심을 반복하여 이야기합니다:
16. 요셉이 바로에게 대답하여 이르되 내가 아니라 하나님께서 바로에게 편안한 대답을 하시리이다… 25. 요셉이 바로에게 아뢰되 바로의 꿈은 하나라 하나님이 그가 하실 일을 바로에게 보이심이니이다… 32. 바로께서 꿈을 두 번 겹쳐 꾸신 것은 하나님이 이 일을 정하셨음이라 하나님이 속히 행하시리니
[31, 39절을 함께 참조하세요.]

창세기 45장 4-8절, 50장 15-21절
요셉이 자신을 그의 형제들에게 나타내었을 때 그는 주님께서 행하신 일임을 인정하였고 복수하거나 자신의 위대함을 드러내는데 관심이 없었습니다.

출애굽기 32장 9-14절
하나님께서 이스라엘의 금송아지 사건으로 인하여 그들을 진멸하시고 모세를 큰 나라가 되게 하실 것을 말씀하실 때 오히려 모세는 하나님의 명성을 위해 간청했습니다.

민수기 14정 11-19절
이스라엘이 열 명의 정탐꾼을 따르기로 한 후 하나님께서는 다시 이스라엘을 진멸하시고 모세로부터 새로운 나라가 시작될 것을 말씀하실 때 모세는 열방 중에 하나님의 영광을 위하여 간청했습니다.

다니엘 2장 28-30절
다니엘은 왕의 꿈을 해석한 공로를 자신이 취하는 것을 거절했습니다:
28. 오직 은밀한 것을 나타내실 이는 하늘에 계신 하나님이시라 그가 느부갓네살 왕에게 후일

에 될 일을 알게 하셨나이다… 30. 내게 이 은밀한 것을 나타내심은 내 지혜가 모든 사람보다 낫기 때문이 아니라

7. 진정한 지도력은 섬김을 받는 것이 아니라 섬기는 것입니다.

믿지 않는 자들이 갖추는 지도력에 대한 개념과는 반대로 다음 구절들에서 나타나듯이 기독교적 개념은 섬김과 봉사입니다.

마태복음 20장 20-28절
25. 예수께서 제자들을 불러다가 이르시되 이방인의 집권자들이 그들을 임의로 주관하고 그 고관들이 그들에게 권세를 부리는 줄을 너희가 알거니와 26. 너희 중에는 그렇지 않아야 하나니 너희 중에 누구든지 크고자 하는 자는 너희를 섬기는 자가 되고 27. 너희 중에 누구든지 으뜸이 되고자 하는 자는 너희의 종이 되어야 하리라 28. 인자가 온 것은 섬김을 받으려 함이 아니라 도리어 섬기려 하고 자기 목숨을 많은 사람의 대속물로 주려 함이니라
[마가복음 10장 35-45절, 누가복음 22장 24-30절을 함께 참조하세요.]

마태복음 23장 1-12절
8. 그러나 너희는 랍비라 칭함을 받지 말라 너희 선생은 하나요 너희는 다 형제니라… 10. 또한 지도자라 칭함을 받지 말라 너희의 지도자는 한 분이시니 곧 그리스도시니라 11. 너희 중에 큰 자는 너희를 섬기는 자가 되어야 하리라 12. 누구든지 자기를 높이는 자는 낮아지고 누구든지 자기를 낮추는 자는 높아지리라

베드로전서 5장 2-3절
장로 혹은 목회자들은 권면을 받습니다:
2. 너희 중에 있는 하나님의 양 무리를 치되 억지로 하지 말고 하나님의 뜻을 따라 자원함으로 하며 더러운 이득을 위하여 하지 말고 기꺼이 하며 3. 맡은 자들에게 주장하는 자세를 하지 말고 양 무리의 본이 되라

8. 하나님께서는 승리를 도우시고 이루시는 분이십니다.

창세기 39-41절
반복적으로:
여호와께서 요셉과 함께 하심이라 혹은 이와 동등한 구절

사무엘하 7장 8-17절
하나님께서는 나단 선지자를 다윗에게 보내셔서 하나님께서 어떻게 그와 함께하셨고 그의 집을 세우셨는지 전하도록 지시하십니다.

사무엘하 7장 18-29절
하나님 말씀에 대한 다윗의 응답은 하나님께서 행하신 모든 일을 인정하고 예배하는 것이었습니다.

사무엘하 8장 6, 14절
6. …다윗이 어디로 가든지 여호와께서 이기게 하셨더라

사무엘하 8장 11절
하나님께서 승리를 주셨을 때 왕은 예물을 드렸습니다.

다윗 왕이 그것도 여호와께 드리되 그가 정복한 모든 나라에서 얻은 은금…

시편 75편 5-7절
5. 너희 뿔을 높이 들지 말며 교만한 목으로 말하지 말지어다 6. 무릇 높이는 일이 동쪽에서나 서쪽에서 말미암지 아니하며 남쪽에서도 말미암지 아니하고 7. 오직 재판장이신 하나님이 이를 낮추시고 저를 높이시느니라

다니엘 1장 17절
하나님이 이 네 소년에게 학문을 주시고 모든 서적을 깨닫게 하시고 지혜를 주셨으니 다니엘은 또 모든 환상과 꿈을 깨달아 알더라
[고린도전서 4장 7절을 함께 참조하세요.]

마태복음 20장 20-28절;
마가복음 10장 35-40절
예수님께서는 야고보와 요한이 영광스러운 지위를 요구할 때 다음과 같이 말씀하셨습니다:
23. …내 좌우편에 앉는 것은 내가 주는 것이 아니라 내 아버지께서 누구를 위하여 예비하셨든지 그들이 얻을 것이니라

진정한 정치력은 국가를(또는 조직) 현재의 모습에서 되어야 하는 모습으로 바꾸는 기술입니다.
_ 윌리엄 앨저(William R. Alger), 1822-1905

순종할 수 없는 자는 명령할 수 없습니다.
_ 가난한 리처드(Poor Richard), 1774.

9. 유능한 지도자는 자신의 임기가 완료되었을 때, 질서 있게 지도력이 이양되도록 주의를 기울입니다.

민수기 27장 15-23절
하나님께서 모세에게 그의 지도력이 끝났음을 말씀하셨을 때 모세는 그의 후계자에 대해 대단히 관심을 두었습니다:
15. 모세가 여호와께 여짜와 이르되 16. 여호와 모든 육체의 생명의 하나님이시여 원하건대 한 사람을 이 회중 위에 세워서 17. 그로 그들 앞에 출입하며 그들을 인도하여 출입하게 하사 여호와의 회중이 목자 없는 양과 같이 되지 않게 하옵소서

민수기 27장 18-23절
하나님께서도 모세의 후계자에 관하여 관심을 두시며 모세에게 여호수아가 백성으로부터 지도자로서 인정받을 수 있도록 지시하십니다. 하나님께서 말씀하십니다.
- 여호수아를 데려옴: 지도자로 부름을 받은 자
- 여호수아에게 안수함: 모세의 승인
- 여호수아를 백성 앞에 세움: 여호수아의 책임과 지위를 백성들에게 알게 함
- 여호수아에게 모세의 영광을 전함: 이로써 백성들이 여호수아를 인정하고 순종할 것
- 여호수아는 제사장 엘르아살 앞에 서고, 제사장은 그를 위해 하나님께 물음: 하나님께서 그에게 가르침을 주실 것이며, 백성들은 이를 알게 될 것임

신명기 34장 9절
여호수아는 모세와 함께 일했으며 모세가 죽은 후 그의 후계자로서 인정받았습니다.

…이스라엘 자손이 여호와께서 모세에게 명령하신 대로 여호수아의 말을 순종하였더라

여호수아 1장 16-18절
백성들은 여호수아에게 응답했습니다:
17. 우리는 범사에 모세에게 순종한 것 같이 당신에게 순종하려니와 오직 당신의 하나님 여호와께서 모세와 함께 계시던 것 같이 당신과 함께 계시기를 원하나이다 18. 누구든지 당신의 명령을 거역하며 당신의 말씀을 순종하지 아니하는 자는 죽임을 당하리니 오직 강하고 담대하소서

10. 타락한 시대에도 하나님을 신실하게 섬기며 살아갈 수 있습니다.

창세기 6장 1-22절
8. 그러나 노아는 여호와께 은혜를 입었더라 9. …노아는 의인이요 당대에 완전한 자라 그는 하나님과 동행하였으며… 22. 노아가 그와 같이 하여 하나님이 자기에게 명하신 대로 다 준행하였더라
[7장 5절, 8장 1, 20-22절, 9장 1절 등을 함께 참조하세요. 또한 요셉과 다니엘을 숙고해 보세요.]

히브리서 11장 4-38절
각각 다른 시대에 믿음 안에서 하나님을 섬겼던 책임을 부여받은 사람들의 목록. 예언서에도 많은 다른 사람이 있습니다.

11. 일관성이 없는 지도자는 추종자들을 혼란스럽게 하며 존경심을 잃습니다.

사무엘하 18-19장
압살롬은 그의 아버지인 다윗 왕에게 불충하였습니다. 그는 스스로 백성들의 환심을 사고 다윗을 죽이려 했습니다(15장 1-12절, 17장 1-4절). 이러한 사실들에도 불구하고, 다윗은 그를 너그러이 대하기를 원했습니다(18장 5절). 그 결과 다윗의 지도자들과 백성들은 혼란을 겪었습니다. 이러한 사실은 19장 5-9절에서 다윗을 책망한 요압의 모습을 통해 드러납니다:
5. 요압이 집에 들어가서 왕께 말씀 드리되 왕께서 오늘 왕의 생명과 왕의 자녀의 생명과 처첩과 비빈들의 생명을 구원한 모든 부하들의 얼굴을 부끄럽게 하시니 6. 이는 왕께서 미워하는 자는 사랑하시며 사랑하는 자는 미워하시고 오늘 지휘관들과 부하들을 멸시하심을 나타내심이라 오늘 내가 깨달으니 만일 압살롬이 살고 오늘 우리가 다 죽었더면 왕이 마땅히 여기실 뻔하였나이다

말라기 2장 17절
악과 선을 혼동하는 지도자는 하나님의 비난을 받습니다:
너희가 말로 여호와를 괴롭게 하고도 이르기를 우리가 어떻게 여호와를 괴롭혀 드렸나이까 하는도다 이는 너희가 말하기를 모든 악을 행하는 자는 여호와의 눈에 좋게 보이며 그에게 기쁨이 된다 하며 또 말하기를 정의의 하나님이 어디 계시냐 함이니라

마태복음 23장 1-7, 13-33절
예수님께서는 바리새인과 서기관들의 위선과 교만을 비난하십니다. 예수님께서는 종종 사람들에게 그들의 규례에는 순종하지만 그들의 삶은 따르지 말 것을 말씀하십니다.

II. 행정의 원리

1. 일을 효과적으로 하기 위해서는 책임이 분배되어야 합니다.

출애굽기 18장 13-27절
모세가 백성들의 모든 어려운 문제들을 해결하려하고 하나님의 율법을 가르치며 모든 상담을 맡고 있는 것을 이드로가 보았을 때 이드로의 권고:
21. 너는 또 온 백성 가운데서 능력 있는 사람들을… 세워… 22. 그들이 때를 따라 백성을 재판하게 하라… 그리하면 그들이 너와 함께 담당할 것인즉 일이 네게 쉬우리라 23. …네가 이 일을 감당하고 이 모든 백성도 자기 곳으로 평안히 가리라

민수기 1장 1-19절
싸움에 나갈 만한 모든 자를 계수할 때, 하나님께서는 모세에게 각 지파마다 지도자 한 명씩 함께 하도록 하였습니다. 하나님께서는 이들을 중요하게 여기셔서 이름을 밝히셨습니다(5-16절).

민수기 4장 1-33절
성막을 싸고 이동하는 책임이 아론의 자손들 가운데 분배되었고 구체적인 책무가 부여되었습니다. (15-16, 19, 27-28, 33절에서 요약됩니다.)

민수기 11장 11-17절
모세가 자신의 무거운 책임에 대하여 하나님께 불평할 때 하나님께서는 그에게 백성에게 존경받는 70인을 선택하도록 지시하시고 그들에게 하나님의 영을 임하게 하시며 모세의 책임을 나누게 하실 것임을 말씀하셨습니다.
[22-24절을 함께 참조하세요.]

민수기 34장 16-29절
하나님께서는 모세에게 기업을 나눌 구체적인 사람들을 택하도록 하셨고, 그들의 이름은 기록되었습니다.

느헤미야 3장 1-32절
이스라엘 성벽은 유대인의 각 그룹이 한 부분씩 맡아 지음으로써 재건축되었습니다; 이로써 적들은 성벽의 완공은 하나님께서 이루신 것임을 보았습니다.

마태복음 9장 36-38절
36. 무리를 보시고 불쌍히 여기시니 이는 그들이 목자 없는 양과 같이 고생하며 기진함이라 37. 이에 제자들에게 이르시되 추수할 것은 많되 일꾼이 적으니 38. 그러므로 추수하는 주인에게 청하여 추수할 일꾼들을 보내 주소서 하라 하시니라

마태복음 10장 1-6절
1. 예수께서 그의 열두 제자를 부르사 더러운 귀신을 쫓아내며 모든 병과 모든 약한 것을 고치는 권능을 주시니라 2. 열두 사도의 이름은 이러하니… 5. 예수께서 이 열둘을 내보내시며 명하여 이르시되…

마태복음 14장 19절
예수님께서 오천 명을 먹이셨을 때 하늘을 우러러 축사하시고 떡을 떼어 제자들에게 주시매 제자들이 무리에게 주니

[예수님께서 사천 명을 먹이신 15장 32-39절을 함께 참조하세요.]

마태복음 28장 18-20절
지상 대명령 - 한 사람에게 부여된 업무가 아닙니다.

사도행전 6장 1-8절
1. 그 때에 제자가 더 많아졌는데 헬라파 유대인들이 자기의 과부들이 매일의 구제에 빠지므로 히브리파 사람을 원망하니 2. 열두 사도가 모든 제자를 불러 이르되 우리가 하나님의 말씀을 제쳐 놓고 접대를 일삼는 것이 마땅하지 아니하니 3. 형제들아 너희 가운데서 성령과 지혜가 충만하여 칭찬 받는 사람 일곱을 택하라 우리가 이 일을 그들에게 맡기고 4. 우리는 오로지 기도하는 일과 말씀 사역에 힘쓰리라 하니 5. 온 무리가 이 말을 기뻐하여 믿음과 성령이 충만한 사람 스데반과 …택하여

2. 개인의 은사에는 수반되는 책임 있습니다; 각 사람은 특정한 분야에 집중해야 합니다.

로마서 12장 6-8절
6. 우리에게 주신 은혜대로 받은 은사가 각각 다르니 혹 예언이면 믿음의 분수대로 7. 혹 섬기는 일이면 섬기는 일로 혹 가르치는 자면 가르치는 일로 8. 혹 위로하는 자면 위로하는 일로 구제하는 자는 성실함으로 다스리는 자는 부지런함으로 긍휼을 베푸는 자는 즐거움으로 할 것이니라

고린도전서 12장 4-30절
8. 어떤 사람에게는 성령으로 말미암아 지혜의 말씀을, 어떤 사람에게는 같은 성령을 따라 지식의 말씀을 9. 다른 사람에게는… 믿음을… 병 고치는 은사를 10. 어떤 사람에게는 능력 행함을, 어떤 사람에게는 예언함을, 어떤 사람에게는 영들 분별함을, 다른 사람에게는 각종 방언 말함을, 어떤 사람에게는 방언들 통역함을 주시나니 11. 이 모든 일은 같은 한 성령이 행하사 그의 뜻대로 각 사람에게 나누어 주시는 것이니라… 29. 다 사도이겠느냐 다 선지자이겠느냐 다 교사이겠느냐 다 능력을 행하는 자이겠느냐 30. 다 병 고치는 은사를 가진 자이겠느냐 다 방언을 말하는 자이겠느냐 다 통역하는 자이겠느냐

3. 책임의 위임에는 행동할 권한에 대한 위임도 포함되어야 합니다(정해진 범위 내에서).

마태복음 10장 1-42절;
마가복음 6장 7-13절;
누가복음 9장 1-6절
예수님께서 열두 제자를 보내셨을 때 병든 자를 고치며 죽은 자를 살리며 나병환자를 깨끗하게 하며 귀신을 쫓아내는…(8절) 능력을 주셨습니다. 또한 그들이 핍박을 받을 때 그들을 대신하여 성령께서 일하시며(18-20절) 그들이 진정으로 예수님을 대신한다는 약속을 주셨습니다.
40. 너희를 영접하는 자는 나를 영접하는 것이요…

누가복음 10장 1-12절
또한 예수님께서 칠십 인을 보내셨을 때도 이처럼 행하셨습니다.

4. 직무에 대한 설명은 분명하게 기술되어야 합니다.

민수기 4장 1-33절
하나님께서는 이스라엘이 이곳저곳으로 이동하면서 성막을 철거하고 운반할 때 고핫 족속, 게르손 족속, 므라리 족속의 구체적인 책임을 상세히 설명하셨습니다. 또한 하지 않아야 할 일들과 오직 아론과 그의 자손들이 행해야 하는 일들을 가르치셨습니다(15-20절).

신명기 1장 15-18절
모세는 광야에서 태어난 이스라엘의 새로운 세대에게 하나님께서 어떻게 그들을 인도하셨는지 이야기하면서 하나님께서 하신 일을 반복하여 전합니다(출애굽기 18장 13-27절):
15. 내가 너희 지파의 수령으로 지혜가 있고 인정 받는 자들을 취하여 너희의 수령을 삼되 곧 각 지파를 따라 천부장과 백부장과 오십부장과 십부장과 조장을 삼고 16. 내가 그 때에 너희의 재판장들에게 명하여… 공정히 판결할 것이며… 17. 재판은 하나님께 속한 것인즉 너희는 재판할 때에 외모를 보지 말고 귀천을 차별 없이 듣고 사람의 낯을 두려워하지 말 것이며 스스로 결단하기 어려운 일이 있거든 내게로 돌리라 내가 들으리라 하였고

마태복음 10장 5-14, 17-23, 28절;
누가복음 10장 2-12절
열두 제자와 칠십 인을 보내시는 이러한 구절에서 예수님께서는 그들이 행하기를 원하시는 것들을 구체적으로 말씀하십니다.

사도행전 6장 1-8절
이 구절에서 사도와 집사의 의무에는 분명한 차이가 있습니다.

5. 연합하고 서로에게 감사의 마음을 갖는 것은 그룹의 안정을 위해 필수적입니다.

마가복음 3장 22-26절
서기관들이 예수님을 사단의 능력으로 귀신을 쫓아낸다고 고발하였을 때 예수님께서는 그들의 비난이 부당함을 지적하시며 이렇게 말씀하셨습니다:
24. 또 만일 나라가 스스로 분쟁하면 그 나라가 설 수 없고 25. 만일 집이 스스로 분쟁하면 그 집이 설 수 없고

로마서 12장 5-16절
각각 다른 은사와 책임을 지닌 지체를 가진 한 몸에 대한 묘사가 주어집니다. 바울은 거짓 없는 사랑(9절); 우애, 형제 사랑, 서로 존경(10절), 공감과 이해(11-15절); 한마음을 이룸(16절)에 대해 권고합니다.

고린도전서 3장 3-10절
몇몇 심각한 문제들로 나눠진 교회에 편지를 쓰면서 사도는 그들이 나뉘어 있으므로 예수님께서 그들에게 심오한 진리를 주실 수 없다는 것을 상기시킵니다:
3. 너희는 아직도 육신에 속한 자로다 너희 가운데 시기와 분쟁이 있으니 어찌 육신에 속하여 사람을 따라 행함이 아니리요

사도는 정원을 묘사하면서 성취를 위하여 함께 일하는 것의 필요성을 나타냅니다(5-8절).

9. 우리는 하나님의 동역자들이요 너희는 하나님의 밭이요 하나님의 집이니라

고린도전서 12장 4-31절
여기에 관련된 몇 가지 요점이 제시되어 있습니다:
그룹 가운데 다양한 은사들, 각각 모두 필요한 부분들로 이루어진 한 몸, 어떤 한 부분이 다른 부분들을 경시하는 어리석음, 한 지체의 고통이 다른 이들을 상하게 함, 그리스도의 몸의 다양성, 어떤 한 사람이 모든 업무를 맡지 않는다는 사실.

에베소서 4장 1-26절
연합, 다양한 은사, 모든 은사는 그리스도의 몸을 세우고 성도를 온전하게 하는 것과 관련이 있다는 전반적인 목적에 대한 강조

6. 편파성의 위험을 줄이기 위해서는 그룹의 다양한 부문들을 공정하게 나타내야 합니다.

민수기 1장 1-16절
1. …여호와께서… 모세에게 말씀하여 이르시되 2. 너희는 이스라엘 자손의 모든 회중 각 남자의 수를… 계수할지니 3. …싸움에 나갈 만한 모든 자를 너와 아론은 그 진영별로 계수하되 4. 각 지파의 각 조상의 가문의 우두머리 한 사람씩을 너희와 함께 하게 하라 5. 너희와 함께 설 사람들의 이름은 이러하니… 16. 그들은 회중에서 부름을 받은 자요 그 조상 지파의 지휘관으로서 이스라엘 종족들의 우두머리라

민수기 7장 1-2, 10-84절
성막 봉헌 시 각 지파의 족장들은 예물을 드렸습니다.

민수기 13장 1-16절
하나님께서는 모세에게 그 땅을 정탐하기 위해 각 지파 중 한 사람씩 보내라고 하셨습니다. 각 사람은 각 지파의 지휘관이었습니다.

민수기 34장 16-29절
각 지파에서 한 지휘관은 그 땅을 분배하는 일에 참여하였습니다.

여호수아 4장 1-9절
하나님께서는 여호수아에게 각 지파로부터 한 사람씩, 열두 사람을 택하여 요단강을 건넌 것을 기념하기 위해 열두 돌을 취하도록 말씀하셨습니다.

여호수아 18장 4절
각 지파로부터 세 사람은 그 땅을 살펴보고 아직 기업을 받지 못한 족속들을 위하여 땅을 일곱 부분으로 나눈 그림을 여호수아에게 가져와야 했습니다.

7. 중대한 변화에 앞서 적절한 준비를 해야 합니다.

출애굽기 24-40절
성막을 세우기 위한 준비에는 다음의 내용이 포함됩니다:
- 하나님의 명령에 대한 헌신 (24장 7-8절)
- 필요한 예물들에 관한 가르침 (25장 2-8절)
- 건축의 세부 사항 (25장 10절-30장)

- 실제 업무와 다른 이들을 가르치는 숙련된 리더십의 임명 및 위임 (31장 1-11절)
- 금송아지 우상의 죄에도 불구하고 하나님께서는 그의 백성들과 여전히 함께하신다는 확언 (35-36장)

민수기 9장 17절-10장 10절
모두가 이해할 수 있도록 적절한 소통 체계가 세워졌습니다:
그들이 머물러야 하는지 이동해야 하는지 알려주는 구름 기둥(9장 15-23절), 모임, 전쟁 또는 승리를 회중에게 알리는 나팔 두 개(10장 1-10절).

여호수아 1장 1-18절
비록 이스라엘은 40년 동안 가나안에 들어가기를 고대하였으나, 다음의 사항이 즉각적으로 준비되어야 했습니다:
- 지도자로서 여호수아에 대한 하나님의 명령과 격려 (1장 1-9절)
- 관리자들을 통하여 모든 백성과 소통 (10-11절)
- 육체적 필요에 대한 준비 (11절)
- 이전에 주셨던 주님의 약속을 상기(11-15절)
- 참여하기 위한 준비에 있어서 백성들의 응답을 얻음 (16-18절)

8. 프로젝트는 질서 있게 완료되어야 합니다.

많은 예와 책망이 성경에 기록되어 있습니다. 다음은 단지 몇 가지에 불과합니다:

민수기 1장 7-19절
하나님께서 모세에게 명령하신 대로 이스라엘 민족의 계수는 종족과 가문에 따라 행하여 졌습니다.

민수기 2장 1-24절
하나님께서는 이스라엘이 진을 칠 때, 각 족속이 성막 주위에 머무르는 구체적인 배치와 이동할 때 특정한 질서에 대해 명하셨습니다.

누가복음 14장 28-33절
예수님께서는 망대를 세우는 자와 전쟁에 나가는 왕에 대한 예를 말씀하십니다. 이를 통해 예수님께서는 그 프로젝트를 완성하기 위하여 먼저 계획을 세우고 비용을 헤아려보는 것의 중요성을 나타내십니다.

요한복음 6장 10-14절
오천 명에게 음식을 나눠주고 질서 정연하게 남은 음식을 모았습니다. 더욱이 조금도 남지 않도록 주의했습니다.

사도행전 6장 1-7절
집사들은 과부들을 보살피기 위해 임명되었고, 이로써 사도들이 말씀과 기도 사역에 어려움이 없도록 하였습니다. 이러한 업무를 수행할 수 있는 적합한 자들이 준비되었습니다.

고린도전서 11장 18-34절
여기에는 주님의 성찬을 질서 정연하게 준수하기 위한 가르침이 나타납니다.

고린도전서 14장 33, 40절
33. 하나님은 무질서의 하나님이 아니시요 오직 화평의 하나님이시니라 모든 성도가 교회에서

함과 같이… 40. 모든 것을 품위 있게 하고 질서 있게 하라
전체 장은 교회의 봉사에 있어서 질서의 필요성에 대해 다룹니다.

9. 부조리, 인간의 실수, 죄에 대한 준비가 이루어져야 합니다.

레위기 4장 2-13, 22, 27절
하나님께서는 알지 못하는 중에 범한 죄에 대한 대비책을 마련하셨습니다. 죄는 간과되어서는 안 되지만 용서받을 수 있는 특별한 조건이 있습니다.

민수기 9장 10-13절
하나님께서는 불가피하게 유월절을 지킬 수 없는 자들을 위한 제도를 두셨습니다; 그는 한 달 후에 유월절을 지켜야 합니다. 그러나 이 제도는 단순히 부주의한 자들에게는 해당하는 제도가 아님을 주목하십시오(13절).

신명기 19장 1-10절
여섯 도시의 도피성은 의도치 않게 누군가를 죽인 자들을 보호하기 위해 마련되었습니다.

마가복음 3장 9절, 4장 1절
예수님께서는 그의 제자들에게 큰 무리가 따를 것이기 때문에 배를 준비하도록 지시하셨습니다.

로마서 14장 13절
믿는 자들은 성경에 특정되지 않는 사항들에 대하여 서로를 판단해서는 안 됩니다:
그런즉 우리가 다시는 서로 비판하지 말고 도리어 부딪칠 것이나 거칠 것을 형제 앞에 두지 아니하도록 주의하라

갈라디아서 6장 1절
형제들아 사람이 만일 무슨 범죄한 일이 드러나거든 신령한 너희는 온유한 심령으로 그러한 자를 바로잡고 너 자신을 살펴보아 너도 시험을 받을까 두려워하라

10. 제비뽑기로 하는 것은 성경적 선례를 가지고 있으며 하나님의 주권을 인정하여 행한다면 하나님의 뜻을 드러낼 수 있습니다.

잠언 16장 33절
제비는 사람이 뽑으나 모든 일을 작정하기는 여호와께 있느니라

잠언 18장 18절
제비 뽑는 것은 다툼을 그치게 하여 강한 자 사이에 해결하게 하느니라

민수기 26장 55-56절
그 땅은 이스라엘 족속들에게 제비뽑기를 통해 분배되어야 했습니다.
[민수기 33장 54절, 34장 13절, 36장 2절, 여호수아 13장 6절, 14장 1-2절, 15장 1절, 16장 1절, 17장 1, 14절, 18장 11절, 19장 1-40절, 21장 4-10절, 사도행전 13장 19절을 함께 참조하세요.]

사무엘상 14장 41-44절
사울왕은 뽑기를 통해 하나님께서 뜻을 나타내시기를 기도했고 하나님께서는 그렇게 행하셨습니다.

역대상 6장 63-65절
레위 자손들의 성 분배는 제비뽑기를 통해 이루어져야 했습니다.

역대상 24장 1-31절
섬기는 직무를 위해 아론의 자손들은 제비뽑기를 통해 24그룹으로 나뉘어야 했습니다.
[누가복음 1장 8-9절을 함께 참조하세요.]

느헤미야 11장 1절
바벨론으로부터 유대인들이 다시 돌아온 후 자신 중에서 예루살렘 성안에 거주하여야 하는 십분의 일을 결정하기 위해 제비를 뽑았습니다.

에스겔 47장 12, 22절
훗날, 이스라엘은 뽑기를 통해 나누어져야 했습니다.
[48장 29절을 함께 참조하세요.]

요나 1장 7절
하나님께서는 재앙을 불러일으킨 자로써 요나를 지목하시기 위해 심지어 믿지 않는 선장을 사용하셔서 제비를 뽑게 하셨습니다.

11. 의사결정과 판단은 일관되어야 하며, 성격, 선입견, 소문에 근거해서는 안 됩니다.

레위기 19장 15절
너희는 재판할 때에 불의를 행하지 말며 가난한 자의 편을 들지 말며 세력 있는 자라고 두둔하지 말고 공의로 사람을 재판할지며
[출애굽기 23장 3, 7, 9절, 레위기 24장 22절, 신명기 27장 19절, 역대하 19장 5-7절, 잠언 18장 5절, 스가랴 7장 9-10절을 함께 참조하세요.]

레위기 24장 10-23절
이스라엘과 이방인들이 같은 범죄를 저질렀을 때, 그들은 똑같이 다루어져야 했습니다:
16. 여호와의 이름을 모독하면 그를 반드시 죽일지니 온 회중이 돌로 그를 칠 것이니라 거류민이든지 본토인이든지 여호와의 이름을 모독하면 그를 죽일지니라… 22. 거류민에게든지 본토인에게든지 그 법을 동일하게 할 것은 나는 너희의 하나님 여호와임이니라

신명기 13장 12-15절
악한 소문에 대해 행동을 취하기 전에 그 사실은 주의 깊게 확인되어야 합니다:
12. 네 하나님 여호와께서 네게 주어 거주하게 하시는 한 성읍에 대하여 네게 소문이 들리기를… 14. 너는 자세히 묻고 살펴 보아서 이런 가증한 일이 너희 가운데에 있다는 것이 확실한 사실로 드러나면 15. 너는 마땅히 그 성읍 주민을 칼날로 죽이고…

신명기 16장 18-19절
18. …재판장들과 지도자들… 그들은 공의로 백성을 재판할 것이니라 19. 너는 재판을 굽게 하지 말며 사람을 외모로 보지 말며 또 뇌물을 받지 말라…
[신명기 27장 19절, 사무엘하 23장 3절, 잠언 24장 23-26절을 함께 참조하세요.]

여호수아 20장 1-6절
도피성은 의도치 않은 살해자를 보호하기 위해 마련되었습니다.

여호수아 22장 10-34절
이스라엘은 오해로 인해 내전을 겪을 뻔하였습니다. 조급한 판단이나 동기motives에 대해 판단하는 것은 쉽게 긴장된 관계로 이끕니다.

잠언 28장 21절
사람의 낯을 보아 주는 것이 좋지 못하고 한 조각 떡으로 말미암아 사람이 범법하는 것도 그러하니라

요한복음 7장 24, 51절
24. 외모로 판단하지 말고 공의롭게 판단하라 하시니라… 51. 우리 율법은 사람의 말을 듣고 그 행한 것을 알기 전에 심판하느냐

이사야 1장 23절
네 고관들은 패역하여 도둑과 짝하며 다 뇌물을 사랑하며 예물을 구하며 고아를 위하여 신원하지 아니하며 과부의 송사를 수리하지 아니하는도다

이사야 5장 22-23절
22. …화 있을진저 23. 그들은 뇌물로 말미암아 악인을 의롭다 하고 의인에게서 그 공의를 빼앗는도다

미가 7장 3절
두 손으로 악을 부지런히 행하는도다 그 지도자와 재판관은 뇌물을 구하며 권세자는 자기 마음의 욕심을 말하며

12. 공직자에게 주는 선물은 정의를 해칠 수 있으므로 받아들이지 않아야 합니다.

출애굽기 23장 8절
너는 뇌물을 받지 말라 뇌물은 밝은 자의 눈을 어둡게 하고 의로운 자의 말을 굽게 하느니라
[신명기 16장 19절을 함께 참조하세요.]

사무엘상 8장 1-6절
노년에 사무엘은 아들들을 사사로 삼았습니다. 그러나 그들은 경건하지 않고 뇌물을 받고 판결을 왜곡하셨습니다. 그 결과 이스라엘 장로들은 불평하고 왕을 요구했습니다.

잠언 17장 23절
악인은 사람의 품에서 뇌물을 받고 재판을 굽게 하느니라

13. 프로젝트에서 얻은 이익은 함께 참여한 자들에게 분배되어야 합니다.

여호수아 22장 8절
가나안에서 승리 후 여호수아가 르우벤, 갓, 므낫세 반 지파를 집으로 돌려보낼 때 이야기 하였습니다:
너희는 많은 재산과… 가축… 은… 금… 구리… 쇠… 의복… 너희의 원수들에게서 탈취한 것을 너희의 형제와 나눌지니라 하매

사무엘상 30장 22-31절
24. …장에 내려갔던 자의 분깃이나 소유물 곁에 머물렀던 자의 분깃이 동일할지니 같이 분배할 것이니라 하고

14. 책임과 결정에 있어서 종교와 민간이 분리된 것은 신정체제에서도 오랜 역사를 지니고 있습니다.

출애굽기 18장 13-26절
모세의 업무를 줄이고 많은 사건을 결정하는 재판장을 세우는 것에 대한 설명

신명기 17장 8-13절
가나안에 들어가기 직전 하나님께서는 일치하지 않는 의견을 결정하는 데 있어서 제사장뿐 아니라 사사들의 책임에 대하여 설명하십니다.

역대하 19장 8-11절
여호사밧은 제사장과 레위인 뿐 아니라, 이스라엘 족장 중에서 사람을 세워 여호와께 속한 일과 예루살렘 주민의 모든 송사를 재판하게 하고(8절). 11절에는 구체적으로 명시됩니다:
…대제사장 아마랴가 너희를 다스리고 왕에게 속한 모든 일은 유다 지파의 어른 이스마엘의 아들 스바댜가 다스리고…

15. 행정 정책 및 절차에는 모든 종류의 불의를 방지해야 합니다.
갖가지 부도덕을 비난하시는 하나님에 관한 이야기는 성경에 풍부합니다.
[8장 사회적 문제들과 1장 역사를 참조하세요.]
다음은 두 가지의 예입니다.

에스겔 45장 9-12절
이스라엘의 미래 통치자들은 폭력과 파괴, 부당함, 과도한 세금, 부정직한 관행을 피하고 백성들을 공정하게 대하도록 명령받습니다.

하박국 2장 12, 17절
하나님께서는 폭력과 피 흘림으로 성을 세우는 자들에 대하여 심판을 선포하십니다.

지도력의 예 데살로니가전서 2-3장

1. 반대와 이전에 받았던 능욕에도 불구하고 기꺼이 섬기고자 하는 바울의 마음, 2절
2. 정직함, 3절
3. 하나님께 대한 자신의 책임을 인정, 4절
4. 사람의 영광을 구하거나 아첨하는 말을 하는 것을 거부함, 5-6절
5. 독재하지 않고 온화한 관심, 6-7, 11절
6. 가르치고 설교하는 것에 더하여 자신의 목숨까지 주기를 기뻐함, 8절
7. 스스로 본이 되는 것에 대한 성찰 및 관심, 9-10절
8. 그의 책임이었던 사람들과 연락을 지속, 3장 1-10절

나는 하나님의 뜻을 행할 때, 하나님의 계획에 대해 논쟁할 틈을 갖지 않게 되는 것을 발견합니다.
_ 죠지 맥도널드(George MacDonald), 1824-1905.

사회적 관계

사회적 관계: 성경적 개념

I. 사회적 관계를 다스리는 성경적 원리

1. 사랑은 경건한 사람들의 특징입니다.

2. 다른 사람을 돕는 것은 사랑의 표현이어야 합니다.

3. 우리에게 베푸신 하나님의 은총은 우리가 다른 사람들에게 관심을 가져야 하는 근거가 됩니다.

4. 크리스천의 성격은 우리 안에서 일하시는 성령님의 산물입니다.

5. 하나님께서는 모든 개인에게 관심이 있으십니다.

6. 믿는 자들은 모든 부분을 같이 이해하지 않습니다; 각각 하나님께 하듯 다른 사람들을 존중하며 살아야 합니다.

7. 그리스도를 향한 충성으로 인해 우리는 다른 사람들로부터 오해받게 될 것입니다.

8. 한 사람의 죄는 다른 사람들의 삶에 영향을 미칩니다.

9. 하나님께서는 우리에게 주신 것에 대해 책임을 물으십니다. - 능력과 소유 모든 것에 있어서

10. 다른 사람들은 우리가 그들을 대하는 방식으로 우리를 대할 것입니다.

11. 하나님의 백성은 불신자들에게 그들도 하나님을 영화롭게 할 것이라는 소망이자 축복이 됩니다.

II. 다른 사람들과 관계에 있어서 믿는 자들의 책임

1. 모든 사람은 개인적 책임을 수용해야만 합니다; 궁극적 책임은 하나님께 있습니다.

2. 사람은 함께 행복하게 지내며 일하기 위하여 서로에게 복종해야 합니다.

3. 각 사람은 다른 사람의 권리와 소유를 존중해야 합니다.

4. 우리의 한계 내에서 우리는 다른 사람들, 특히 다른 믿는 자들에게 선[good]을 행해야 합니다.

5. 믿는 자들은 다른 믿는 자들의 죄를 책망할 책임이 있지만 가능하면 그를 회복시킬 목적이어야 합니다.

6. 믿는 자들은 적들에 대해서 구별된 태도사랑과 관심를 나타내야 합니다.

7. 하나님께서는 남의 일에 간섭하는 것을 금하십니다; 하나님께서는 참견하기 좋아하는 자를 비난하십니다.

8. 하나님께서는 우리가 서로를 정직하게 대하기를 기대하십니다.

9. 하나님께서는 가까운 친구에게만 국한되지 않는 환대를 강조하십니다.

10. 자신들의 삶과 일을 통해 칭찬받는 자들을 존경하는 것은 마땅합니다.

11. 죄악된 방법을 배우거나 옹호하지 않도록 믿는 자들은 사람들과의 교제를 신중하게 선택해야 합니다.

12. 진정한 우정은 여러 가지 친절한 행동으로 결정됩니다.

III. 분쟁의 방지 및 불화의 해결

1. 하나님의 사람들은 가능한 분쟁을 피할 책임이 있습니다.

2. 믿는 자들은 다른 사람들을 바꾸려고 하기 전에 자기 삶을 바로잡아야 합니다.

3. 하나님께서는 믿는 자들이 다른 믿는 자들을 상대로 구원받지 않은 자들로 구성된 법정에서 소송을 제기하는 것을 금지하십니다.

4. 불화는 관련된 사람들 간에 신속하고 직접적으로 해결되어야 합니다.

5. 신자 두 사람이 불화를 해결할 수 없을 때 증인을 참여시켜야 합니다. 그들은 교회 또는 규모가 더 큰 그리스도인 집단을 참여시켜야 할 수도 있습니다.

친구와 우정

진정한 친구는 하나님의 선물이며, 오직 마음을 만드신 분만이 결속시킬 수 있습니다.

_ 로버트 사우스(Robert South), 영국 성직자, 1634-1716.

모든 사람은 약점을 가지고 있습니다. 그리고 흠이 없는 친구를 찾는 사람은 결코 그가 찾는 것을 발견할 수 없을 것입니다. 우리들은 결함에도 불구하고 자신을 사랑합니다. 이와 같은 방식으로 우리는 친구들을 사랑해야 합니다.

_ 키루스 2세 보졸그(Cyrus the Great), 페르시아 제국의 창시자.

목적을 위해 시작된 우정은 끝까지 이어지지 않을 것입니다.

_ 프랜시스 퀄스(Francis Quarles), 영국 작가, 1592-1644.

사회적 관계: 성경적 배경

I. 사회적 관계를 다스리는 성경적 원리

1. 사랑은 경건한 사람들의 특징입니다.

레위기 19장 18, 34절

18. …네 이웃 사랑하기를 네 자신과 같이 사랑하라 나는 여호와이니라… 34. 너희와 함께 있는 거류민을 너희 중에서 낳은 자 같이 여기며 자기 같이 사랑하라 너희도 애굽 땅에서 거류민이 되었었느니라 나는 너희의 하나님 여호와이니라

[마태복음 19장 19절, 23장 39절, 갈라디아서 5장 14절을 함께 참조하세요.]

시편 133편 1-3절

1. 보라 형제가 연합하여 동거함이 어찌 그리 선하고 아름다운고 2. 머리에 있는 보배로운 기름… 같고 3. 헐몬의 이슬… 같도다

요한복음 13장 35절

너희가 서로 사랑하면 이로써 모든 사람이 너희가 내 제자인 줄 알리라

로마서 12장 10절

형제를 사랑하여 서로 우애하고 존경하기를 서로 먼저 하며

고린도전서 13장 1-3, 13절

1. 내가 사람의 방언과 천사의 말을 할지라도 사랑이 없으면 소리 나는 구리와 울리는 꽹과리가 되고 2. 내가 예언하는 능력이 있어… 모든 믿음이 있을지라도… 3. 내가 내게 있는 모든 것으로 구제하고 또 내 몸을 불사르게 내줄지라도 사랑이 없으면 내게 아무 유익이 없느니라… 그런즉 믿음 소망 사랑 이 세 가지는 항상 있을 것인데 그 중의 제일은 사랑이라

빌립보서 1장 9절

내가 기도하노라 너희 사랑을 지식과 모든 총명으로 점점 더 풍성하게 하사

데살로니가전서 3장 12절

또 주께서 우리가 너희를 사랑함과 같이 너희도 피차간과 모든 사람에 대한 사랑이 더욱 많아 넘치게 하사

또한 요한일서 3장 11-28절과 많은 다른 구절들에서 발견됩니다.

프로젝트:

성경 용어 색인이나 주제 성경을 사용하여 사랑에 대한 언급, 특히 사람이 서로 사랑하는 것과 관련된 내용을 찾으십시오. 또한 사랑이 나타난 성경의 예를 찾아보십시오. 크리스천의 삶에 있어서 사랑이 얼마나 중요한가요? 이 탐구는 에세이 과제의 기초가 될 수 있습니다.

> 사랑은 하나님의 이미지이며, 생명이 없는 이미지가 아니라, 모든 선함으로 가득한 신성의 살아 있는 본질입니다.
> _ 마틴 루터(Martin Luther), 1483-1546.

2. 다른 사람을 돕는 것은 사랑의 표현이어야 합니다.

마태복음 25장 40절
내가 진실로 너희에게 이르노니 너희가 여기 내 형제 중에 지극히 작은 자 하나에게 한 것이 곧 내게 한 것이니라 하시고

누가복음 10장 30-37절
선한 사마리아인 비유

사도행전 2장 44-45절
44. 믿는 사람이 다 함께 있어 모든 물건을 서로
통용하고 45. 또 재산과 소유를 팔아 각 사람의
필요를 따라 나눠 주며
[4장 34-35절을 함께 참조하세요.]

고린도후서 8-9장
아시아와 유럽의 교회가 예루살렘의 성도에게 전하는 선물
[8장 2-9절, 9장 7-8절을 참조하세요.]

빌립보서 4장 15-19절
바울에게 베풀었던 빌립보 교회의 예

디모데전서 5장 10절
돌봐줄 가족이 없는 나이 든 과부는 그녀가 다른 사람에게 베풀었던 선행에 대한 사랑과 감사의 표시로 교회의 보살핌을 받았습니다.

야고보서 1장 27절
하나님 아버지 앞에서 정결하고 더러움이 없는 경건은 곧 고아와 과부를 그 환난 중에 돌보고 또 자기를 지켜 세속에 물들지 아니하는 그것이니라
[2장 14-20절을 함께 참조하세요.]

요한일서 3장 16-18절
17. 누가 이 세상의 재물을 가지고 형제의 궁핍함을 보고도 도와줄 마음을 닫으면 하나님의 사랑이 어찌 그 속에 거하겠느냐

3. 우리에게 베푸신 하나님의 은총은 우리가 다른 사람들에게 관심을 가져야 하는 근거가 됩니다.

누가복음 6장 35-36절
35. 오직 너희는 원수를 사랑하고 선대 하며 아
무것도 바라지 말고 꾸어 주라 그리하면 너희
상이 클 것이요 또 지극히 높으신 이의 아들이
되리니 그는 은혜를 모르는 자와 악한 자에게도
인자하시니라 36. 너희 아버지의 자비로우심 같
이 너희도 자비로운 자가 돼라.

요한복음 13장 34절
새 계명을 너희에게 주노니 서로 사랑하라 내가 너희를 사랑한 것 같이 너희도 서로 사랑하라
[15장 12절을 함께 참조하세요.]

에베소서 4장 32절
서로 친절하게 하며 불쌍히 여기며 서로 용서하

기를 하나님이 그리스도 안에서 너희를 용서하심과 같이 하라

에베소서 5장 2, 25절
2. 그리스도께서 너희를 사랑하신 것 같이 너희도 사랑 가운데서 행하라 그는 우리를 위하여 자신을 버리사 향기로운 제물과 희생제물로 하나님께 드리셨느니라… 25. 남편들아 아내 사랑하기를 그리스도께서 교회를 사랑하시고 그 교회를 위하여 자신을 주심 같이 하라

골로새서 3장 12-13절
13. 누가 누구에게 불만이 있거든 서로 용납하여 피차 용서하되 주께서 너희를 용서하신 것 같이 너희도 그리하고

요한일서 3장 16절, 4장 11절
16. 그가 우리를 위하여 목숨을 버리셨으니 우리가 이로써 사랑을 알고 우리도 형제들을 위하여 목숨을 버리는 것이 마땅하니라… 11. 사랑하는 자들아 하나님이 이같이 우리를 사랑하셨은즉 우리도 서로 사랑하는 것이 마땅하도다

4. 크리스천의 성격은 우리 안에서 일하시는 성령님의 산물입니다.

마태복음 12장 35절
선한 사람은 그 쌓은 선에서 선한 것을 내고 악한 사람은 그 쌓은 악에서 악한 것을 내느니라
즉, 행동은 우리의 내적 존재, 우리의 생각 그리고 그것을 조정하는 모든 것에서 나옵니다.

요한복음 15장 5절
우리 안에 계신 분께서 열매를 맺게 하십니다.
나는 포도나무요 너희는 가지라 그가 내 안에 내가 그 안에 거하면 사람이 열매를 많이 맺나니 나를 떠나서는 너희가 아무것도 할 수 없음이라

로마서 5장 5절
…우리에게 주신 성령으로 말미암아 하나님의 사랑이 우리 마음에 부은 바 됨이니

갈라디아서 2장 20절
내가 그리스도와 함께 십자가에 못 박혔나니 그런즉 이제는 내가 사는 것이 아니요 오직 내 안에 그리스도께서 사시는 것이라 이제 내가 육체 가운데 사는 것은 나를 사랑하사 나를 위하여 자기 자신을 버리신 하나님의 아들을 믿는 믿음 안에서 사는 것이라
사도는 자신의 존재가 주님께로부터 말미암았음을 이야기합니다.

갈라디아서 5장 22-23절
이것들이 아마 핵심 구절일 것입니다:
22. 오직 성령의 열매는 사랑과 희락과 화평과 오래 참음과 자비와 양선과 충성과 23. 온유와 절제니 이같은 것을 금지할 법이 없느니라
어떻게 이런 성격 특성이 지니게 될까요? 성령께서 우리 마음에 내주하시고 다스리심으로.
[에베소서 5장 9절을 함께 참조하세요.]

빌립보서 2장 13절
너희 안에서 행하시는 이는 하나님이시니 자기의 기쁘신 뜻을 위하여 너희에게 소원을 두고 행하게 하시나니

5. 하나님께서는 모든 개인에게 관심이 있으십니다.

창세기 6장 8-9절
8. 그러나 노아는 여호와께 은혜를 입었더라 9. 이것이 노아의 족보니라 노아는 의인이요 당대에 완전한 자라 그는 하나님과 동행하였으며
하나님께서는 죄악이 만연한 사회 가운데 한 사람을 주목하셨습니다.

출애굽기 30장 12-16절
하나님께서는 각 유대인 혹은 가족의 행동에 관심을 가지셨습니다:
12. …자기의 생명의 속전을 여호와께 드릴지니… 13. 무릇 계수 중에 드는 자마다 성소의 세겔로 반 세겔을 낼지니… 15. …부자라고 반 세겔에서 더 내지 말고 가난한 자라고 덜 내지 말지며

민수기 7장 12-83절
열두 족장들은 같은 헌물을 드렸으나 하나님께서는 각각 드려야 하는 헌물에 대해 설명하셨습니다.

> **프로젝트:**
> 죄악과 불경건함의 한가운데서 하나님의 특별한 일을 경험한 사람들을 찾으십시오. 하나님을 변호하고, 하나님께서 특별한 일을 행하신 사람들을 찾으십시오. 다음의 항목이 있는 차트를 준비하십시오: 성구 참조, 사람의 이름, 상황, 그 사람의 차이점, 하나님께서 행하신 일

마가복음 9장 36-42절, 10장 13-16절;
마태복음 18장 1-10절
예수님께서는 어린아이를 품에 안으시고 어린아이의 중요성을 설명하셨습니다.

로마서 14장 1절
하나님께서는 우리에게도 비슷한 관심을 촉구하십니다.
믿음이 연약한 자를 너희가 받되 그의 의견을 비판하지 말라

로마서 14장 21절
고기도 먹지 아니하고 포도주도 마시지 아니하고 무엇이든지 네 형제로 거리끼게 하는 일을 아니 함이 아름다우니라
[고린도전서 8장 8, 13절을 함께 참조하세요.]

6. 믿는 자들은 모든 부분을 같게 이해하지 않습니다; 각각 하나님께 하듯 다른 사람들을 존중하며 살아야 합니다.

요한복음 4장 36-38절
예수님께서는 한 사람은 씨를 뿌리고 다른 사람은 거두며 우리는 다른 사람의 노력에 참여한다는 것을 나타내십니다. 우리는 같은 사역에 종사하지는 않지만 모두 중요한 존재입니다.

고린도전서 4장 7절
서로를 판단하는 것의 위험성에 대해 논의한 후에 바울은 기록합니다:
누가 너를 남달리 구별하였느냐 네게 있는 것 중에 받지 아니한 것이 무엇이냐 네가 받았은즉 어찌하여 받지 아니한 것 같이 자랑하느냐

고린도전서 8장 4-13절
여기에서 고린도인들은 우상에게 제공되었던 음식을 먹는 것에 대해 다른 사람들을 판단하지 않도록 경고를 받습니다.
[10장 23-33절을 함께 참조하세요.]

갈라디아서 5장 13-15절
13. 형제들아 너희가 자유를 위하여 부르심을 입었으나 그러나 그 자유로 육체의 기회를 삼지 말고 오직 사랑으로 서로 종 노릇 하라

골로새서 1장 11절
바울의 기도의 일부분입니다:
그의 영광의 힘을 따라 모든 능력으로 능하게 하시며 기쁨으로 모든 견딤과 오래 참음에 이르게 하시고
바울이 어떤 목적으로 그들과 우리가 강해지기를 원하는지 주목하십시오.

로마서 14장 1-23절
어떤 문제에 대해 서로 다르다는 것을 인정하고 존중한다는 같은 원칙은 먹을 음식의 종류 및 특별한 날을 지키는 것에 적용됩니다. 그 원칙은 하나님의 다스림 아래 자유이지만 다른 이들의 믿음을 실족하게 하지 않도록 관심을 두어야 합니다.

7. 그리스도를 향한 충성으로 인해 우리는 다른 사람들로부터 오해받게 될 것입니다.

마태복음 5장 10-12절
11. 나로 말미암아 너희를 욕하고 박해하고 거짓으로 너희를 거슬러 모든 악한 말을 할 때에는 너희에게 복이 있나니 12. 기뻐하고 즐거워하라 하늘에서 너희의 상이 큼이라 너희 전에 있던 선지자들도 이같이 박해하였느니라
[10장 12-37절을 함께 참조하세요.]

디모데후서 3장 12절
무릇 그리스도 예수 안에서 경건하게 살고자 하는 자는 박해를 받으리라

디모데후서 4장 3-5절
3. 때가 이르리니 사람이 바른 교훈을 받지 아니하며… 4. 또 그 귀를 진리에서 돌이켜… 5. 그러나 너는 모든 일에 신중하여 고난을 받으며 전도자의 일을 하며 네 직무를 다하라

베드로전서 3장 16절
선한 양심을 가지라 이는 그리스도 안에 있는 너희의 선행을 욕하는 자들로 그 비방하는 일에 부끄러움을 당하게 하려 함이라

베드로전서 4장 3-5절
이러므로 너희가 그들과 함께 그런 극한 방탕에 달음질하지 아니하는 것을 그들이 이상히 여겨 비방하나
[히브리서 10장 32-34절, 11장 36-40절, 디모데후서 4장 16절을 함께 참조하세요.]

8. 한 사람의 죄는 다른 사람들의 삶에 영향을 미칩니다.

출애굽기 20장 5절
그것들에게 절하지 말며 그것들을 섬기지 말라 나 네 하나님 여호와는 질투하는 하나님인즉 나

를 미워하는 자의 죄를 갚되 아버지로부터 아들에게로 삼사 대까지 이르게 하거니와
[예레미야 32장 18절을 함께 참조하세요.]

신명기 28장 15, 32, 41절
하나님께서는 이스라엘이 하나님 말씀 듣기를 거부하면 자녀들을 다른 민족에게 빼앗기게 될 것임을 약속하셨습니다(32절); 자녀를 낳을지라도 그들은 포로가 될 것입니다(41절).

민수기 14장 33절
이스라엘의 새로운 세대는 이전 세대가 죽기까지 40년 동안 광야를 헤매야 했습니다.
모든 것은 이전 세대의 죄로 인함입니다.

민수기 16장 31-33절
다단과 아비람의 가족은 그들과 함께 삼켜졌습니다.

여호수아 7장 24-25절
아간의 아들, 딸, 동물들도 마찬가지였습니다.

잠언 17장 25절
미련한 아들은 그 아비의 근심이 되고 그 어미의 고통이 되느니라
[19장 13절, 28장 7절을 함께 참조하세요.]

로마서 5장 12절
그러므로 한 사람으로 말미암아 죄가 세상에 들어오고 죄로 말미암아 사망이 들어왔나니 이와 같이 모든 사람이 죄를 지었으므로 사망이 모든 사람에게 이르렀느니라
[15-21절을 함께 참조하세요.]

9. 하나님께서는 우리에게 주신 것에 대해 책임을 물으십니다. - 능력과 소유 모든 것에 있어서

마태복음 25장 15-30절
달란트 비유; 또한 누가복음 19장 13-26절의 므나의 비유

누가복음 16장 10-12절
10. 지극히 작은 것에 충성된 자는 큰 것에도 충성되고 지극히 작은 것에 불의한 자는 큰 것에도 불의하니라 11. 너희가 만일 불의한 재물에도 충성하지 아니하면 누가 참된 것으로 너희에게 맡기겠느냐 12. 너희가 만일 남의 것에 충성하지 아니하면 누가 너희의 것을 너희에게 주겠느냐

디모데전서 6장 17-18절
17. 네가 이 세대에서 부한 자들을 명하여 마음을 높이지 말고 정함이 없는 재물에 소망을 두지 말고 오직 우리에게 모든 것을 후히 주사 누리게 하시는 하나님께 두며 18. 선을 행하고 선한 사업을 많이 하고 나누어 주기를 좋아하며 너그러운 자가 되게 하라

> 개인이 신에게 직접적인 책임을 지닌다는 태도는 거의 전적으로 개신교의 창조물입니다.
> _ 존 밀(John S. Mill), 1806-1873.

10. 다른 사람들은 우리가 그들을 대하는 방식으로 우리를 대할 것입니다.

마태복음 7장 2절
너희가 비판하는 그 비판으로 너희가 비판을 받을 것이요 너희가 헤아리는 그 헤아림으로 너희가 헤아림을 받을 것이니라

마태복음 7장 12절
그러므로 무엇이든지 남에게 대접을 받고자 하는 대로 너희도 남을 대접하라 이것이 율법이요 선지자니라

11. 하나님의 백성은 불신자들에게 그들도 하나님을 영화롭게 할 것이라는 소망이자 축복이 됩니다.

창세기 30장 27-28절
라반이 야곱에게 이야기했습니다:
27. 라반이 그에게 이르되 여호와께서 너로 말미암아 내게 복 주신 줄을 내가 깨달았노니 네가 나를 사랑스럽게 여기거든 그대로 있으라

창세기 39장 2-5절
2. 여호와께서 요셉과 함께 하시므로… 3. 그의 주인이 여호와께서 그와 함께 하심을 보며 또 여호와께서 그의 범사에 형통하게 하심을 보았더라… 5. …요셉을 위하여 그 애굽 사람의 집에 복을 내리시므로

다니엘 1장 20절
다니엘과 친구들은 마음속으로 자신을 더럽히지 않으려고 했습니다:
하나님께서 그들에게 식견과 실력을 주셨습니다. 왕은 그들과 소통했습니다.

다니엘 2장 28, 47절
느부갓네살 왕이 꿈을 꾸었습니다. 다니엘은 조언과 지혜로 설명하였습니다. 다니엘은 그것을 동료들에게 알렸습니다. 그 비밀이 다니엘에게 밝혀졌습니다. 다니엘은 하나님을 높였습니다.
28. 오직 은밀한 것을 나타내실 이는 하늘에 계신 하나님이시라

다니엘은 그 꿈을 느부갓네살 왕에게 해석하였습니다:
47. 왕이 대답하여 다니엘에게 이르되 너희 하나님은 참으로 모든 신들의 신이시요 모든 왕의 주재시로다 네가 능히 이 은밀한 것을 나타내었으니 네 하나님은 또 은밀한 것을 나타내시는 이시로다
[3장 28-29절, 6장 3, 26-28절을 함께 참조하세요.]

마태복음 5장 13-16절
이같이 너희 빛이 사람 앞에 비치게 하여 그들로 너희 착한 행실을 보고 하늘에 계신 너희 아버지께 영광을 돌리게 하라

베드로전서 2장 11-17절
12. 너희가 이방인 중에서 행실을 선하게 가져 너희를 악행한다고 비방하는 자들로 하여금 너희 선한 일을 보고 오시는 날에 하나님께 영광을 돌리게 하려 함이라 13. 인간의 모든 제도를 주를 위하여 순종하되… 15. 곧 선행으로 어리석은 사람들의 무식한 말을 막으시는 것이라

II. 다른 사람들과 관계에 있어서 믿는 자들의 책임

1. 모든 사람은 개인적 책임을 수용해야만 합니다; 궁극적 책임은 하나님께 있습니다.

잠언 20장 11절
비록 아이라도 자기의 동작으로 자기 품행이 청결한 여부와 정직한 여부를 나타내느니라

이사야 3장 10-11절
10. 너희는 의인에게 복이 있으리라 말하라 그들은 그들의 행위의 열매를 먹을 것임이요 11. 악인에게는 화가 있으리니 이는 그의 손으로 행한 대로 그가 보응을 받을 것임이니라

예레미야 17장 10절
나 여호와는 심장을 살피며 폐부를 시험하고 각각 그의 행위와 그의 행실대로 보응하나니
[예레미야 32장 19절, 말라기 3장 16-18절, 4장 1-3절을 함께 참조하세요.]

에스겔 18장 1-4절
개인의 책임에 대한 강조를 주목하세요.
아버지의 죄로 인한 자녀들의 고통이 아닌, 범죄하는 그 영혼은 죽으리라.
[신명기 24장 16절, 출애굽기 32장 31-33절을 함께 참조하세요.]

누가복음 19장 11-27절
므나의 비유:
각 사람은 그가 행한 일에 대한 책임이 있습니다.

누가복음 20장 9-16절
농부와 포도원의 비유:
농부들은 종과 아들을 학대함으로 인해 파멸되어야 했습니다.

로마서 14장 12절
이러므로 우리 각 사람이 자기 일을 하나님께 직고하리라
[1-23절을 함께 참조하세요.]

고린도후서 5장 10절
이는 우리가 다 반드시 그리스도의 심판대 앞에 나타나게 되어 각각 선악 간에 그 몸으로 행한 것을 따라 받으려 함이라

골로새서 3장 23-25절
23. 무슨 일을 하든지 마음을 다하여 주께 하듯 하고 사람에게 하듯 하지 말라 24. 이는 기업의 상을 주께 받을 줄 아나니 너희는 주 그리스도를 섬기느니라 25. 불의를 행하는 자는 불의의 보응을 받으리니 주는 사람을 외모로 취하심이 없느니라
[골로새서 4장 1절, 데살로니가후서 3장 10절, 디모데전서 5장 8, 16절을 함께 참조하세요.]

2. 사람은 함께 행복하게 지내며 일하기 위하여 서로에게 복종해야 합니다.

로마서 13장 1절
각 사람은 위에 있는 권세들에게 복종하라…

에베소서 5장 18, 21-22절
18. …오직 성령으로 충만함을 받으라… 21. 그

리스도를 경외함으로 피차 복종하라 22. 아내들이여 자기 남편에게 복종하기를 주께 하듯 하라

[골로새서 3장 18절을 함께 참조하세요.]

골로새서 3장 20절

자녀들아 모든 일에 부모에게 순종하라 이는 주 안에서 기쁘게 하는 것이니라

[에베소서 6장 1절을 함께 참조하세요.]

베드로전서 2장 13-23절

13. 인간의 모든 제도를 주를 위하여 순종하되… 18. 사환들아 범사에 두려워함으로 주인들에게 순종하되 선하고 관용하는 자들에게만 아니라 또한 까다로운 자들에게도 그리하라

[히브리서 13장 17절을 함께 참조하세요.]

3. 각 사람은 다른 사람의 권리와 소유를 존중해야 합니다.

출애굽기 20장 15-17절

십계명은 도적질, 살인, 간음, 다른 이의 소유, 아내 혹은 종을 탐내는 것을 금합니다.

레위기 19장 13절

이웃을 속이는 것은 금지되었습니다; 임금은 지불 기한을 넘겨서는 안 됩니다.

디모데전서 5장 18절

…또 일꾼이 그 삯을 받는 것은 마땅하다 하였느니라

[이 개념에 대한 보다 더 충분한 설명을 위해서, 3장 [경제]에서 소유와 소유권을 다루고 있는 섹션들을 참조하세요.]

4. 우리의 한계 내에서, 우리는 다른 사람들, 특히 다른 믿는 자들에게 선good을 행해야 합니다.

민수기 32장

르우벤과 갓 족속은 그들의 필요에만 관심을 가질 수 없었고 다른 족속들이 전쟁에 임할 때 반드시 도와야 했습니다.

잠언 3장 27-28절

27. 네 손이 선을 베풀 힘이 있거든 마땅히 받을 자에게 베풀기를 아끼지 말며 28. 네게 있거든 이웃에게 이르기를 갔다가 다시 오라 내일 주겠노라 하지 말며

[28장 27절을 함께 참조하세요.]

갈라디아서 6장 10절

그러므로 우리는 기회 있는 대로 모든 이에게 착한 일을 하되 더욱 믿음의 가정들에게 할지니라

[마태복음 19장 21-22절, 누가복음 6장 32-34절, 고린도전서 10장 24절, 갈라디아서 6장 2절, 빌립보서 2장 4절, 야고보서 2장 15-16절, 요한일서 3장 17절을 함께 참조하세요.]

> 나는 인생을 단 한 번밖에 살지 않을 것입니다. 그러므로 내가 베풀 수 있는 친절이나 주변 사람에게 할 수 있는 선한 일이 있다면 지금 하도록 하십시오. 다시는 이 길을 지나치지 않을 것이므로 그것을 미루거나 게을리하지 않도록 하십시오.
> _ 윌리엄 펜(William Penn), 1644-1718.

5. 믿는 자들은 다른 믿는 자들의 죄를 책망할 책임이 있지만 가능하면 그를 회복시킬 목적이

어야 합니다.

레위기 5장 1절
자신이 알고 있는 것을 알리지 않는 증인은 유죄로 여겨집니다.
[20장 4-5절을 함께 참조하세요.]

레위기 19장 17절
너는 네 형제를 마음으로 미워하지 말며 네 이웃을 반드시 견책하라 그러면 네가 그에 대하여 죄를 담당하지 아니하리라
즉, 필요할 때 질책하기를 거부하는 것은 미워하는 것입니다.

고린도전서 5장 1-2, 11-12절
바울은 고린도교회가 음행하는 자를 책망하거나 쫓아내지 않은 것에 대하여 몹시 책망합니다:
11. 이제 내가 너희에게 쓴 것은 만일 어떤 형제라 일컫는 자가 음행하거나 탐욕을 부리거나 우상 숭배를 하거나 모욕하거나 술 취하거나 속여 빼앗거든 사귀지도 말고 그런 자와는 함께 먹지도 말라 함이라… 13. …이 악한 사람은 너희 중에서 내쫓으라

데살로니가후서 3장 6절
…너희를 명하노니 게으르게 행하고 우리에게서 받은 전통대로 행하지 아니하는 모든 형제에게서 떠나라

데살로니가후서 3장 14-15절
14. 누가 이 편지에 한 우리 말을 순종하지 아니하거든 그 사람을 지목하여 사귀지 말고 그로 하여금 부끄럽게 하라 15. 그러나 원수와 같이 생각하지 말고 형제 같이 권면하라

[마태복음 18장 15-17절, 갈라디아서 6장 1절, 디도서 1장 13절, 야고보서 5장 10, 19절을 함께 참조하세요.]

6. 믿는 자들은 적들에 대해서 구별된 태도^{사랑과 관심}를 나타내야 합니다.

잠언 24장 17-18절
17. 네 원수가 넘어질 때에 즐거워하지 말며 그가 엎드러질 때에 마음에 기뻐하지 말라 18. 여호와께서 이것을 보시고 기뻐하지 아니하사…

잠언 25장 21-22절
21. 네 원수가 배고파하거든 음식을 먹이고 목말라하거든 물을 마시게 하라 22. 그리 하는 것은 핀 숯을 그의 머리에 놓는 것과 일반이요 여호와께서 네게 갚아 주시리라

욥기 31장 29-30절
욥은 적을 저주하는 것이 죄라는 것을 알았습니다.

마태복음 5장 38-48절
44. …너희 원수를 사랑하며 너희를 박해하는 자를 위하여 기도하라
[누가복음 6장 27-36절을 함께 참조하세요.]

누가복음 23장 24절
예수님께서는 자신을 십자가에 못 박은 자들을 용서하셨습니다.

사도행전 7장 60절
스데반은 자신에게 돌을 던지는 사람들을 위해

기도했습니다.

로마서 12장 17-21절
17. 아무에게도 악을 악으로 갚지 말고… 19. 내 사랑하는 자들아 너희가 친히 원수를 갚지 말고 하나님의 진노하심에 맡기라 기록되었으되 원수 갚는 것이 내게 있으니 내가 갚으리라고 주께서 말씀하시니라 20. 네 원수가 주리거든 먹이고 목마르거든 마시게 하라 그리함으로 네가 숯불을 그 머리에 쌓아 놓으리라 21. 악에게 지지 말고 선으로 악을 이기라
[14절을 함께 참조하세요.]

7. 하나님께서는 남의 일에 간섭하는 것을 금하십니다; 하나님께서는 참견하기 좋아하는 자를 비난하십니다.

레위기 19장 16절
너는 네 백성 중에 돌아다니며 사람을 비방하지 말며…

잠언 20장 3절
다툼을 멀리 하는 것이 사람에게 영광이거늘 미련한 자마다 다툼을 일으키느니라

데살로니가후서 3장 11-12절
11. 우리가 들은즉 너희 가운데 게으르게 행하여 도무지 일하지 아니하고 일을 만들기만 하는 자들이 있다 하니 12. 이런 자들에게 우리가 명하고… 조용히 일하여 자기 양식을 먹으라 하노라

베드로전서 4장 18절
또 의인이 겨우 구원을 받으면 경건하지 아니한 자와 죄인은 어디에 서리요

디모데전서 5장 13절
여기에는 교회가 젊은 과부에게 베풀지 말아야 하는 훈계의 근거가 나타납니다.
또 그들은 게으름을 익혀 집집으로 돌아다니고 게으를 뿐 아니라 쓸데없는 말을 하며 일을 만들며 마땅히 아니할 말을 하나니

대신 그들은 재혼하여 가정을 책임지도록 권유받았습니다.

8. 하나님께서는 우리가 서로를 정직하게 대하기를 기대하십니다.

레위기 19장 11, 13절
11. 너희는 도둑질하지 말며 속이지 말며 서로 거짓말하지 말며… 13. 너는 네 이웃을 억압하지 말며 착취하지 말며…

시편 12편 2-3절
주변의 불경건한 자들에 대해 설명하는 다윗:
2. …아첨하는 입술과 두 마음으로 말하는도다
3. 여호와께서 모든 아첨하는 입술과 자랑하는 혀를 끊으시리니

시편 55편 21-23절
배반자에 대한 설명:
21. 그의 입은 우유 기름보다 미끄러우나 그의 마음은 전쟁이요 그의 말은 기름보다 유하나 실상은 뽑힌 칼이로다… 23. 하나님이여 주께서 그들로 파멸의 웅덩이에 빠지게 하시리이다 피를 흘리게 하며 속이는 자들은 그들의 날의 반

도 살지 못할 것이나…

잠언 12장 22절
거짓 입술은 여호와께 미움을 받아도 진실하게 행하는 자는 그의 기뻐하심을 받느니라

잠언 13장 5절, 14장 5절
13:5. 의인은 거짓말을 미워하나…
14:5. 신실한 증인은 거짓말을 아니하여도 거짓 증인은 거짓말을 뱉느니라
[14장 25절, 19장 5절을 함께 참조하세요.]

잠언 26장 28절
…아첨하는 입은 패망을 일으키느니라

잠언 28장 23절
사람을 경책하는 자는 혀로 아첨하는 자보다 나중에 더욱 사랑을 받느니라

에베소서 4장 25, 28절
25. 그런즉 거짓을 버리고 각각 그 이웃과 더불어 참된 것을 말하라 이는 우리가 서로 지체가 됨이라… 28. 도둑질하는 자는 다시 도둑질하지 말고…

골로새서 3장 9절
너희가 서로 거짓말을 하지 말라 옛 사람과 그 행위를 벗어 버리고

요한계시록 21장 8절
…거짓말하는 모든 자들은 불과 유황으로 타는 못에 던져지리니 이것이 둘째 사망이라
[정직에 대해서는 3장 [경제]에서 VII.(사업 원칙)을 참조하세요.]

9. 하나님께서는 가까운 친구에게만 국한되지 않는 환대를 강조하십니다.

레위기 19장 10절
네 포도원의 열매를 다 따지 말며 네 포도원에 떨어진 열매도 줍지 말고 가난한 사람과 거류민을 위하여 버려두라…
[33-34절을 함께 참조하세요.]

신명기 10장 19절
너희는 나그네를 사랑하라 전에 너희도 애굽 땅에서 나그네 되었음이니라

누가복음 14장 12-14절
12. …네가 점심이나 저녁이나 베풀거든 벗이나 형제나 친척이나… 청하지 말라… 그 사람들이 너를 도로 청하여 네게 갚음이 될까 하노라 13. …차라리 가난한 자들과 몸 불편한 자들과 저는 자들과 맹인들을 청하라 14. 그리하면 그들이 갚을 것이 없으므로 네게 복이 되리니…

로마서 12장 13절
성도들의 쓸 것을 공급하며 손 대접하기를 힘쓰라
[16장 12절을 함께 참조하세요.]

디모데전서 3장 2절;
디도서 1장 8절
감독자 또는 목회자는 나그네를 대접해야 합니다.

디모데전서 5장 10절
과부가 교회의 돌봄을 받을 수 있으려면 그녀는 나그네를 대접하며 혹은 성도들의 발을 씻겨야 합니다.

히브리서 13장 2절;
베드로전서 4장 9-10절;
요한삼서 1장 5-6절
모든 신자들은 환대하도록 장려됩니다.

10. 자신들의 삶과 일을 통해 칭찬받는 자들을 존경하는 것은 마땅합니다.

마태복음 11장 7-15절
예수님께서는 군중들 앞에서 세례요한에게 영광스러운 인정을 베푸십니다.

요한복음 1장 26-27절
세례요한은 주님께 영광을 돌리며 이야기합니다:
26. …너희 가운데 너희가 알지 못하는 한 사람이 섰으니 27. 곧 내 뒤에 오시는 그이라 나는 그의 신발끈을 풀기도 감당하지 못하겠노라 하더라
[30-34절을 함께 참조하세요.]

로마서 13장 7-8절
여기에 원칙이 명시되어 있습니다:
7. 모든 자에게 줄 것을 주되 조세를 받을 자에게 조세를 바치고 관세를 받을 자에게 관세를 바치고 두려워할 자를 두려워하며 존경할 자를 존경하라 8. 피차 사랑의 빚 외에는 아무에게든지 아무 빚도 지지 말라 남을 사랑하는 자는 율법을 다 이루었느니라

로마서 16장 1-16, 21-23절
여기에서 사도는 누구에게 안부 전하기를 원하는지 구체적으로 언급합니다. 많은 경우에 있어서 바울은 그들에게 감사하는 부분들에 대해 언급합니다. 또한 두 번째 목록에서는 안부를 전하고 싶어 하는 이들의 명단이 포함됩니다. 바울은 다른 사람을 존중하는 것을 주저하지 않습니다.

11. 죄악된 방법을 배우거나 옹호하지 않도록 믿는 자들은 사람들과의 교제를 신중하게 선택해야 합니다.

출애굽기 23장 24-33절
이스라엘이 그 땅에 들어갈 때, 하나님께서는 구체적으로 그 땅의 이방인들과 어울리지 말며 그들을 말살하도록 명령하셨습니다:
33. 그들이 네 땅에 머무르지 못할 것은 그들이 너를 내게 범죄하게 할까 두려움이라 네가 그 신들을 섬기면 그것이 너의 올무가 되리라
[출애굽기 34장 13-16절, 민수기 16장 26절, 25장 1-5절, 여호수아 23장 12-13절, 에스라 10장 11절을 함께 참조하세요.]

시편 1편 1절
복 있는 사람은 악인들의 꾀를 따르지 아니하며 죄인들의 길에 서지 아니하며 오만한 자들의 자리에 앉지 아니하고

잠언 4장 14절
사악한 자의 길에 들어가지 말며 악인의 길로 다니지 말지어다

잠언 19장 27절
내 아들아 지식의 말씀에서 떠나게 하는 교훈을 듣지 말지니라

[14장 7절을 함께 참조하세요.]

잠언 28장 19절
…방탕을 따르는 자는 궁핍함이 많으리라

고린도전서 5장 11절
바울은 믿는 자들에게 죄악 가운데 거하는 다른 믿는 자들과 사귀지도 말고 함께 먹지도 말 것을 명령합니다.

고린도후서 6장 14-17절
14. 너희는 믿지 않는 자와 멍에를 함께 메지 말라 의와 불법이 어찌 함께 하며 빛과 어둠이 어찌 사귀며 15. 그리스도와 벨리알이 어찌 조화되며 믿는 자와 믿지 않는 자가 어찌 상관하며 16. 하나님의 성전과 우상이 어찌 일치가 되리요 우리는 살아 계신 하나님의 성전이라… 17. 그러므로 너희는 그들 중에서 나와서 따로 있고 부정한 것을 만지지 말라…

에베소서 5장 11절
너희는 열매 없는 어둠의 일에 참여하지 말고 도리어 책망하라
[데살로니가후서 3장 6, 14-15절, 디모데전서 6장 3-5절, 디모데후서 3장 2-5절, 요한이서 1장 10-11절을 함께 참조하세요.]

12. 진정한 우정은 여러 가지 친절한 행동에 의해 결정됩니다.

잠언 17장 9절
비밀을 지킴

잠언 18장 24절
친밀함

잠언 25장 17절
적당하게 집을 방문함

잠언 27장 6, 9절
마음이 아플지라도 충실하게 조언

잠언 27장 17절
서로 올바른 행동과 태도를 자극

전도서 4장 9-12절
서로 도움

아모스 3장 3절
뜻을 같이 함

III. 분쟁의 방지 및 불화의 해결

1. 하나님의 사람들은 가능한 분쟁을 피할 책임이 있습니다.

분쟁을 피하는 방법에 관한 성경적 가르침

창세기 13장 8-11절
아브라함이 롯에게 제안한 예:
그 결과 두 사람과 목자들이 나뉨

창세기 26장 17-35절
다른 목동들과 싸움을 피하려고 새로운 장소를

찾아 거듭 우물을 팠던 야곱

잠언 3장 30절
말하기 전에 충분한 이유가 있는지 확인:
사람이 네게 악을 행하지 아니하였거든 까닭 없이 더불어 다투지 말며

잠언 10장 12절
사랑의 힘을 기억하기:
미움은 다툼을 일으켜도 사랑은 모든 허물을 가리느니라

잠언 13장 10절
싸움의 주요 원인을 인식:
교만에서는 다툼만 일어날 뿐이라 권면을 듣는 자는 지혜가 있느니라

잠언 15장 18절, 25장 8절
쉽게 노하지 않기:
18. 분을 쉽게 내는 자는 다툼을 일으켜도 노하기를 더디 하는 자는 시비를 그치게 하느니라

잠언 20장 3절
먼저 양보하기:
다툼을 멀리하는 것이 사람에게 영광이거늘 미련한 자마다 다툼을 일으키느니라

잠언 26장 17절
참견하는 자가 되지 않기:
길로 지나가다가 자기와 상관 없는 다툼을 간섭하는 자는 개의 귀를 잡는 자와 같으니라
(잠언 16장 28절, 18장 6절, 22장 10절, 23장 29-30절, 28장 25절, 29장 9절)

잠언 26장 20-21절
불에 기름을 붓지 않기:
20. 나무가 다하면 불이 꺼지고 말쟁이가 없어
지면 다툼이 쉬느니라 21. 숯불 위에 숯을 더하
는 것과 타는 불에 나무를 더하는 것 같이 다툼
을 좋아하는 자는 시비를 일으키느니라

몇몇 신약성경에서는 연합과 평화를 권고합니다.

로마서 12장 18절, 14장 19절
18. 할 수 있거든 너희로서는 모든 사람과 더불어 화목하라
19. 그러므로 우리가 화평의 일과 서로 덕을 세우는 일을 힘쓰나니

고린도전서 1장 10절
형제들아 내가 우리 주 예수 그리스도의 이름으로 너희를 권하노니 모두가 같은 말을 하고 너희 가운데 분쟁이 없이 같은 마음과 같은 뜻으로 온전히 합하라
[빌립보서 2장 2-5절, 고린도전서 3장 1-4절, 4장 7절, 디모데후서 2장 14, 23-24절, 야고보서 3장 14, 16절, 4장 1-2절을 함께 참조하세요.]

2. 믿는 자들은 다른 사람들을 바꾸려고 하기 전에 자기 삶을 바로잡아야 합니다.

마태복음 7장 3-5절
말씀하시는 예수님:
3. 어찌하여 형제의 눈 속에 있는 티는 보고 네
눈 속에 있는 들보는 깨닫지 못하느냐 4. 보라
네 눈 속에 들보가 있는데 어찌하여 형제에게

말하기를 나로 네 눈 속에 있는 티를 빼게 하라 하겠느냐 5. 외식하는 자여 먼저 네 눈 속에서 들보를 빼어라 그 후에야 밝히 보고 형제의 눈 속에서 티를 빼리라

갈라디아서 6장 1절

형제들아 사람이 만일 무슨 범죄한 일이 드러나거든 신령한 너희는 온유한 심령으로 그러한 자를 바로잡고 너 자신을 살펴보아 너도 시험을 받을까 두려워하라

> 위선자는 하나님과 종교에 대해 냉정한 농담을 합니다. 그는 좋은 행동을 하는 것보다 무릎을 꿇는 것이 더 쉽다는 것을 알게 됩니다; 빚을 갚지 않고 매일 자신의 채권자와 친밀하게 이야기하러 가는 뻔뻔스러운 채무자처럼.
> _ 알렉산더 포프(Alexander Pope), 1688-1744

3. 하나님께서는 믿는 자들이 다른 믿는 자들을 상대로 구원받지 않은 자들로 구성된 법정에서 소송을 제기하는 것을 금지하십니다.

고린도전서 6장 1-7절

장차 믿는 자들은 세상과 천사들을 판단할 것이기 때문에 그들은 법정에 가지 않고 불화를 해결할 수 있어야 합니다. 법정에서 불신자들 앞에서 이기는 것보다 차라리 불의를 당하는 것이 낫습니다.

4. 불화는 관련된 사람들 간에 신속하고 직접적으로 해결되어야 합니다.

창세기 4장

가인과 아벨은 불화를 해결하지 못했습니다. 그 결과는 살인과 사망이었습니다.

창세기 13장

롯보다 더 나이가 많고 성숙한 아브라함은 솔선하여 서로 간의 어려움을 해결하였습니다.

[이삭의 예, 26장 17-25절을 함께 참조하세요.]

잠언 25장 9절

너는 이웃과 다투거든 변론만 하고 남의 은밀한 일은 누설하지 말라

마태복음 5장 23-26절

23. 그러므로 예물을 제단에 드리려다가 거기서 네 형제에게 원망들을 만한 일이 있는 것이 생각나거든 24. 예물을 제단 앞에 두고 먼저 가서 형제와 화목하고 그 후에 와서 예물을 드리라 25. 너를 고발하는 자와 함께 길에 있을 때에 급히 사화하라…

[마태복음 18장 15절을 함께 참조하세요.]

5. 신자 두 사람이 불화를 해결할 수 없을 때, 증인을 참여시켜야 합니다. 그들은 교회 또는 규모가 더 큰 그리스도인 집단을 참여시켜야 할 수도 있습니다.

마태복음 18장 15-17절

15. 네 형제가 죄를 범하거든 가서 너와 그 사람과만 상대하여 권고하라 만일 들으면 네가 네 형제를 얻은 것이요 16. 만일 듣지 않거든 한두 사람을 데리고 가서 두세 증인의 입으로 말마다 확증하게 하라 17. 만일 그들의 말도 듣지 않거

든 교회에 말하고 교회의 말도 듣지 않거든 이 방인과 세리와 같이 여기라

사도행전 15장 1-35절
예루살렘 총회:
여기에 믿는 자들 사이에서 의견 불일치에 관한 예가 있습니다. 문제의 해결은 마침내 예루살렘 교회에서 이루어졌습니다. 그곳에서 관련된 모든 사람은 자유롭게 자신들의 견해를 설명하고 더 큰 그룹의 조언을 구할 수 있었습니다.

[두 그룹 간의 어려움을 해결한 구약성경의 흥미로운 예를 다루고 있는 여호수아 22장 11-34절을 함께 참조하세요.]

사회적 관계에 관한 성경 연구

1. 창세기 37-50절에 나타난 요셉의 생애를 탐구하세요. 다른 상황들 속에서 그의 태도를 살펴보십시오. 그의 아버지, 형제들, 보디발과 그의 아내, 동료 죄수, 감옥 간수, 바로 왕, 후년의 형제, 후년의 아버지 등이 반복적으로 기록됩니다. '여호와께서 요셉과 함께하시므로…' 그 결과는 무엇입니까?

2. 요셉이 보였던 성격 특성을 베드로후서 1장 3-7절에 열거된 특성과 비교하세요.

3. 하나님께서는 다윗을 내 마음에 맞는 사람(사도행전 13장 22절)이라 부르셨습니다. 다윗의 삶을 탐구하여 그가 어떤 태도를 보였는지 그리고 그가 무엇을 하였는지를 찾아보세요. 다윗은 완벽하지 않았으나 하나님께서는 여러 곳에서 그를 높이 평가하셨습니다. 왜일까요?

사회적 제도
가정

사회적 제도-가정: 성경적 개념

I. 가족과 관련된 일반적인 원리들

1. 하나님께서는 목적을 이루시고 사람들의 필요를 충족시키시기 위해 가족을 창조하셨습니다.

2. 하나님과의 관계와 하나님께 대한 순종이 가족 관계보다 우선되어야 합니다.

3. 하나님을 향한 바른 태도는 가족과의 바른 관계로 이어집니다.

4. 경건한 한 사람으로 인해 하나님의 축복이 가정에 임할 수 있습니다.

5. 평화롭고 조용한 분위기는 경건한 사람의 특징입니다.

6. 가족 안에 분쟁이 계속될 때 서로 떨어져 지내는 것이 유일하게 평화적인 해결책이 될 수 있습니다.

7. 결혼은 경건하고 유익한 삶을 살기 위해 필수적이지 않습니다. 하나님께서는 독신자들을 인정하십니다.

II. 결혼 관계

1. 결혼 관계는 그리스도와 교회의 연합을 묘사하기 위해 디자인되었습니다.

2. 결혼 관계는 부모 - 성인 - 자녀 관계보다 우선합니다.

3. 결혼이 영원해야 한다는 것은 하나님의 뜻입니다. - 배우자의 죽음 전까지

4. 남편과 아내는 하나님께서 보시기에 하나이며 그들도 하나로 여겨야 합니다.

5. 남편과 아내는 함께 하나님 은혜의 상속자입니다. - 중요성과 잠재력이 동등합니다.

6. 적합한 배우자를 선택하는 것은 자신을 위해서이든 자녀를 위해서이든 기도와 관심의 문제입니다.

7. 가족 관계는 특별히 지도자들에게 중요합니다.

III. 결혼의 책임과 특권

1. 남편과 아내는 서로가 즐겁게 누리기를 기대합니다.

2. 배우자는 서로 존중해야 하고 상대의 필요를 고려해야 합니다.

3. 가족의 책임자는 남편과 아버지입니다.

4. 여성은 경건한 삶을 살아갈 때 하나님께로부터 찬양받으며 남편과 가족으로부터 인정받습니다.

5. 남자는 오직 한 명의 아내를 가져야 합니다.

6. 결혼 관계 밖에서의 성적 행위는 하나님께서 책망하시며 가정 안에 심각한 문제를 일으킵니다.

IV. 자녀를 향하신 하나님의 계획

1. 하나님의 계획은 대다수 부부가 자녀를 갖는 것입니다.

2. 자녀는 하나님의 선물입니다. 그러므로 감사해야 합니다.

3. 자녀는 부모와 조부모에게 큰 기쁨과 슬픔의 근원입니다.

4. 자녀는 하나님께 중요합니다.

5. 죄악의 시대 가운데서도 하나님의 자녀를 키우는 것은 가능합니다.

V. 자녀에 대한 부모의 책임

1. 하나님께서는 부모에게 자녀에 대한 책임을 부여하십니다 - 그들을 가르치고, 공급하고, 통제하고, 교정하기 위한

2. 부모와 자녀는 서로를 존중해야 합니다.

3. 부모는 자녀를 편애하지 않고 공정하게 대해야 합니다.

4. 부모의 삶은 자녀와 미래 세대에게 영향을 미칩니다.

VI. 부모에 대한 자녀의 책임

1. 자녀들은 특별히 그들이 성숙해감에 따라 하나님께 책임이 있습니다.

2. 자녀들은 부모님께 순종하고 복종해야 합니다.

3. 자녀들은 자라면서 부모님에 대한 책임을 받아들여야 합니다.

가족: 얼마나 중요할까요?

문명사회는 가족에 의해 변하며 가족은 문명에 따라 변합니다. 이것은 계몽된 기독교가 만연한 곳에서 발견됩니다. 여자가 남자와 동등하며 참되고 고귀한 자리에 오르는 곳. 남편과 아내가 영광, 영향력, 애정에 있어서 하나 됨을 이루는 곳. 자녀들이 돌봄과 사랑의 유대감을 갖는 곳. 이것은 완벽한 가족에 대한 이해입니다.

_ 윌리엄 에이크만(William Aikman), 1682-1731.

우리는 숲 속의 자고새나 사막의 타조로 태어나서 사방으로 흩어지는 것이 아닙니다. 우리는 첫 번째 교회인 가족으로 함께 모여 사랑으로 품어지고 날마다 양육되어야 합니다.

_ 헨리 워드 비처(Henry Ward Beecher), 1813-1887.

가족과 마찬가지로 사회도 그렇습니다. 질서 있고, 잘 교육되고, 잘 관리된다면 가족과 사회는 국가의 위대함과 번영, 시민의 질서와 공공의 행복으로 나아가는 근원입니다.

_ 윌리엄 다이어(William M. Thayer), 1820-1898.

백 명의 남자들이 야영을 할 수는 있지만 가정을 만들기 위해서는 여자가 필요합니다.

_ 중국 속담

집이 세상에서 가장 행복한 곳이라는 것을 자녀들에게 느끼게 하는 것은 선한 노신사의 방침이었습니다. 나는 즐겁고 편안한 마음은 부모가 줄 수 있는 최고의 선물 가운데 하나라고 생각합니다.

_ 워싱턴 어빙(Washington Irving), 1783-1859.

왕이든 농부이든 자신의 집에서 평화를 찾는 자가 가장 행복한 사람입니다.

_ 요한 볼프강 폰 괴테(Johann Wolfgang von Goethe), 1749-1832.

범죄자의 80퍼센트는 매정한 가정에서 나옵니다.

_ 한스 크리스티안 안데르센(Hans Christian Andersen), 1805-1875.

사회적 제도-가정: 성경적 배경

I. 가족과 관련된 일반적인 원리들

1. 하나님께서는 목적을 이루시고 사람들의 필요를 충족시키시기 위해 가족을 창조하셨습니다.

창세기 1장 26, 28절, 2장 15절
하나님의 목적:
26. 하나님이 이르시되 우리의 형상을 따라 우리의 모양대로 우리가 사람을 만들고 그들로… 물고기와… 새와 가축과 온 땅과 땅에 기는 모든 것을 다스리게 하자 하시고 28. 하나님이… 그들에게 이르시되 생육하고 번성하여 땅에 충만하라, 땅을 정복하라… 다스리라 하시니라… 15. 여호와 하나님이 그 사람을 이끌어 에덴 동산에 두어 그것을 경작하며 지키게 하시고

창세기 2장 18, 20-25절
사람의 필요:
18. 여호와 하나님이 이르시되 사람이 혼자 사는 것이 좋지 아니하니 내가 그를 위하여 돕는 배필을 지으리라 하시니라… 20. 아담이 모든 가축과 공중의 새와 들의 모든 짐승에게 이름을 주니라 아담이 돕는 배필이 없으므로 21. 여호와 하나님이 아담을 깊이 잠들게 하시니… 22. 여호와 하나님이 아담에게서 취하신 그 갈빗대로 여자를 만드시고 그를 아담에게로 이끌어 오시니 23. 아담이 이르되 이는 내 뼈 중의 뼈요 살 중의 살이라… 24. 이러므로 남자가 부모를 떠나 그의 아내와 합하여 둘이 한 몸을 이룰지로다

시편 68편 6절
하나님이… 가족과 함께 살게 하시며

잠언 18장 22절, 19장 14절
22. 아내를 얻는 자는 복을 얻고 여호와께 은총을 받는 자니라… 14. …슬기로운 아내는 여호와께로서 말미암느니라

고린도전서 11장 8-9절
8. 남자가 여자에게서 난 것이 아니요 여자가 남자에게서 났으며 9. 또 남자가 여자를 위하여 지음을 받지 아니하고 여자가 남자를 위하여 지음을 받은 것이니
[마태복음 19장 5-6절과 마가복음 10장 7, 9절을 함께 참조하세요.]

2. 하나님과의 관계와 하나님께 대한 순종이 가족 관계보다 우선되어야 합니다.

창세기 12장 1-3절
하나님께서는 아브람이 그의 가족과 고향을 떠나 알지 못하는 새로운 곳으로 가도록 부르셨습니다.

창세기 22장 1-14절

여러 해 동안 하나님께서는 아브라함에게 온 세상에 복이 될 아들을 약속하셨습니다. 이제 그 아들 이삭은 십대가 되었고 하나님께서는 아브라함에게 그를 제물로 바치도록 말씀하셨습니다. 아브라함은 순종하였고 하나님께서는 그를 위해 개입하셨습니다.

신명기 13장 6-11절
율법에 따라 하나님께서는 명령하셨습니다:
6. 네 어머니의 아들 곧 네 형제나 네 자녀나 네 품의 아내나 너와 생명을 함께 하는 친구가 가만히 너를 꾀어 이르기를 너와 네 조상들이 알지 못하던 다른 신들 7. …민족의 신들을 우리가 가서 섬기자 할지라도 8. 너는 그를 따르지 말며 듣지 말며 긍휼히 여기지 말며 애석히 여기지 말며 덮어 숨기지 말고 9. 너는 용서 없이 그를 죽이되 죽일 때에 네가 먼저 그에게 손을 대고 후에 뭇 백성이 손을 대라

마태복음 10장 34-37절
37. 아버지나 어머니를 나보다 더 사랑하는 자는 내게 합당하지 아니하고 아들이나 딸을 나보다 더 사랑하는 자도 내게 합당하지 아니하며

마태복음 12장 46-50절;
마가복음 3장 31-35절;
누가복음 8장 19-21절
예수님의 어머니와 형제들이 주님과 이야기 나누기를 원했을 때 예수님께서 말씀하십니다:
48. 말하던 사람에게 대답하여 이르시되 누가 내 어머니이며 내 동생들이냐 하시고 49. 손을 내밀어 제자들을 가리켜 이르시되 나의 어머니와 나의 동생들을 보라 50. 누구든지 하늘에 계신 내 아버지의 뜻대로 하는 자가 내 형제요 자매요 어머니이니라 하시더라

마태복음 19장 29절
또 내 이름을 위하여 집이나 형제나 자매나 부모나 자식이나 전토를 버린 자마다 여러 배를 받고 또 영생을 상속하리라

누가복음 14장 26절
주님께 대한 제자들의 사랑은 매우 중요하게 여겨지며 그에 비해 가족에 대한 사랑은 미워해야 하는 것처럼 보입니다.

3. 하나님을 향한 바른 태도는 가족과의 바른 관계로 이어집니다.

레위기 19장 2-3절
2. …너희는 거룩하라 이는 나 여호와 너희 하나님이 거룩함이니라 3. 너희 각 사람은 부모를 경외하고 나의 안식일을 지키라…

시편 128편 1-6절
1. 여호와를 경외하며 그의 길을 걷는 자마다 복이 있도다… 3. …네 아내는 결실한 포도나무 같으며 네 식탁에 둘러 앉은 자식들은 어린 감람나무 같으리로다… 6. 네 자식의 자식을 볼지어다 이스라엘에게 평강이 있을지로다

사도행전 16장 30-34절
빌립보의 간수가 그리스도를 영접하였을 때, 그와 그의 가족은 바울과 실라의 육체적 필요를 돌보았습니다. 가족 안에 하나 됨이 있었습니다.

4. 경건한 한 사람으로 인해 하나님의 축복이 가정에 임할 수 있습니다.

창세기 39장 5절
요셉은 보디발의 집에서 종이었으나 그는 축복을 가져왔습니다:
…여호와께서 요셉을 위하여 그 애굽 사람의 집에 복을 내리시므로 여호와의 복이 그의 집과 밭에 있는 모든 소유에 미친지라

출애굽기 18장 9-12절
미디안 제사장 이드로가 그의 사위 모세를 보면서 하나님의 주권과 능력을 확신하였습니다.

고린도전서 7장 13-14절
아내가 신자이고 남편은 비신자인 가족의 경우, 여자는 남자를 떠나지 않아야 함을 말씀하십니다:
14. 믿지 아니하는 남편이 아내로 말미암아 거룩하게 되고… 그렇지 아니하면 너희 자녀도 깨끗하지 못하니라 그러나 이제 거룩하니라

베드로전서 3장 1절
아내들은 남편들에게 복종하도록 명령을 받았습니다.
1. …이는 혹 말씀을 순종하지 않는 자라도 말로 말미암지 않고 그 아내의 행실로 말미암아 구원을 받게 하려 함이니

5. 평화롭고 조용한 분위기는 경건한 사람의 특징입니다.

창세기 45장 4-9절, 50장 19-21절
서로를 용서하고 삶의 사건들 가운데 하나님의 일하심을 보고자 하는 마음은 가족을 결속시킬 수 있습니다. 요셉은 형제들이 오래전에 행한 모든 일에 대하여 그들을 탓하지 않았습니다. 대신에 그는 하나님께서 행하신 일들로 인하여 영광을 돌리며 형제들에게 은혜를 베풀었습니다.

> 아버지가 집 안에서 자녀에게 하는 말은 세상에서 들리지 않지만, 갤러리에서 속삭이는 것처럼 결국에는 후대들이 분명하게 듣게 됩니다.
> _ 장 파울 리히터(Jean Paul Richter), 1763-1826.

잠언 11장 29절, 15장 7, 25, 27절, 18장 19절, 19장 13절, 21장 9, 19절
여기서 하나님께서는 솔로몬을 통하여 경건한 가정의 평화로운 분위기를 해치는 여러 행동과 태도에 대해 경고하십니다; 문제를 일으키는 자, 탐욕, 증오, 자만, 논쟁적임, 싸움. 그 진술 가운에 일부는 매우 단호합니다; 예를 들어 (19:13) …다투는 아내는 이어 떨어지는 물방울이니라. 또한 (15:17) 채소를 먹으며 서로 사랑하는 것이 살진 소를 먹으며 서로 미워하는 것보다 나으니라. (21:19) 다투며 성내는 여인과 함께 사는 것보다 광야에서 사는 것이 나으니라

6. 가족 안에 분쟁이 계속될 때 서로 떨어져 지내는 것이 유일하게 평화적인 해결책이 될 수 있습니다.

창세기 13장 5-18절, 14장 11-16절
아브람은 롯에게 먼저 관대하게 땅의 선택권을 주었고 하나님께서는 아브람을 축복하셨습니

다. 이후에 아브람은 롯에 대한 지속적인 관심을 나타냈는데 롯을 포획자로부터 구해주었습니다. 하나님께서는 아브람의 태도와 행동을 축복하셨습니다(14장 18-20절).

창세기 21장 10-12절
하나님께서는 하갈과 이스마엘이 아브라함의 가정으로부터 분리되는 것을 허락하셨습니다.

창세기 31장 1-3, 13, 17-22절
하나님께서는 야곱이 더 이상 라반과 잘 지낼 수 없게 되었을 때 야곱에게 가족과 함께 라반을 떠나도록 지시하셨습니다.

7. 결혼은 경건하고 유익한 삶을 살기 위해 필수적이지 않습니다. 하나님께서는 독신자들을 인정하십니다.

이사야 56장 4-5절
하나님께서는 이사야 시대에 한 그룹에게 특별한 축복을 약속하셨습니다:
4. 여호와께서 이와 같이 말씀하시기를 나의 안식일을 지키며 내가 기뻐하는 일을 선택하며 나의 언약을 굳게 잡는 고자들에게는 5. 내가 내 집에서 내 성 안에서 아들이나 딸보다 나은 기념물과 이름을 그들에게 주며 영원한 이름을 주어 끊어지지 아니하게 할 것이며

예레미야 16장 1-4절
하나님께서 배우자와 자녀가 없는 삶을 지시하시는 시대가 있습니다.
2. 너는 이 땅에서 아내를 맞이하지 말며 자녀를 두지 말지니라

다음의 구절들에서 하나님께서는 장차 임할 심판에 대해 설명하십니다.

마태복음 19장 10-12절
예수님께서 바리새인들과 결혼의 영속성에 관해 논쟁하신 후:
10. 제자들이 이르되 만일 사람이 아내에게 이같이 할진대 장가 들지 않는 것이 좋겠나이다
11. 예수께서 이르시되 사람마다 이 말을 받지 못하고 오직 타고난 자라야 할지니라 12. 어머니의 태로부터 된 고자도 있고 사람이 만든 고자도 있고 천국을 위하여 스스로 된 고자도 있도다 이 말을 받을 만한 자는 받을지어다

고린도전서 7장 7-9, 25-38절
장차 임할 핍박과 주님의 다시 오심에 비추어, 바울은 결혼하지 않는 자들에게 자신과 같이 독신생활을 계속하도록 권고합니다; 그러나 바울은 이것이 모든 사람을 위한 하나님의 뜻은 아니라는 것을 알고 있습니다:
7. …그러나 각각 하나님께 받은 자기의 은사가 있으니 이 사람은 이러하고 저 사람은 저러하니라
같은 생각이 25-29절에 나타납니다. 그리고 32-34절은 독신과 결혼 생활의 차이를 나타냅니다.
32. …장가 가지 않은 자는 주의 일을 염려하여 어찌하여야 주를 기쁘시게 할까 하되 33. 장가 간 자는 세상 일을 염려하여 어찌하여야 아내를 기쁘게 할까 하여 34. 마음이 갈라지며 시집 가지 않은 자와 처녀는 주의 일을 염려하여 몸과 영을 다 거룩하게 하려 하되 시집 간 자는 세상 일을 염려하여 어찌하여야 남편을 기쁘게 할까 하느니라 35. 내가 이것을 말함은 너희의 유

익을 위함이요 너희에게 올무를 놓으려 함이 아니니 오직 너희로 하여금 이치에 합당하게 하여 흐트러짐이 없이 주를 섬기게 하려 함이라

고린도전서 9장 5-6절
바울은 자신과 바나바가 모두 독신이지만 다른 사도들은 결혼하였음을 언급합니다. 하나님께서는 모두를 인정하십니다.

요한계시록 14장 1-5절
환난의 시기 동안 하나님께서는 선택하신 144,000명의 유대인을 통해 행하실 특별한 일이 있으십니다. 그들은 순결하고 결혼하지 않은 자들일 것입니다.

> 온전히 기쁨으로 굴복하여 우리는 당신께 우리 자신을 바칩니다.
> 당신은 완전하시며, 유일하시며, 영원하실 것입니다!
> 우리를 사랑하시는 하나님의 아들이시여! 우리는 오직 당신의 것입니다.
> 그리고 우리가 가진 모든 것은 이제부터 당신의 것이 될 것입니다.
> _ 프랜시스 리들리 하버갈(Frances Ridley Havergal)

II. 결혼 관계

1. 결혼 관계는 그리스도와 교회의 연합을 묘사하기 위해 디자인되었습니다.

에베소서 5장 22-32절
그리스도와 교회의 연합에 대한 여러 측면이 묘사됩니다:
머리 되신 그리스도께 대한 교회의 순종, 교회를 향한 그리스도의 희생적 사랑, 교회를 완전하고 거룩하게 하시려는 그리스도의 소망.

2. 결혼 관계는 부모 - 성인 - 자녀 관계보다 우선합니다.

창세기 2장 24절
여자의 창조 후, 이야기하는 아담:
이러므로 남자가 부모를 떠나 그의 아내와 합하여 둘이 한 몸을 이룰지로다

마태복음 19장 5절;
마가복음 10장 6-8절
이혼에 관한 바리새인의 질문에 대해 대답하시는 예수님:
6. 창조 때로부터 사람을 남자와 여자로 지으셨으니 7. 이러므로 사람이 그 부모를 떠나서 8. 그 둘이 한 몸이 될지니라…
[에베소서 5장 31절을 함께 참조하세요.]

3. 결혼이 영원해야 한다는 것은 하나님의 뜻입니다. - 배우자의 죽음 전까지

마태복음 5장 32절;
누가복음 16장 1절
율법에 따르면 음행한 죄 없이 아내와 이혼하는 것은 아내로 간음하게 하는 것입니다; 마태복음 19장 9절에서도 그렇습니다. 또한 이혼한 여자

와 결혼하는 것도 간음하는 것입니다. 즉, 율법은 이혼을 인정하지 않습니다.

마태복음 19장 5-6절;
마가복음 10장 8-9절
바리새인에게 이야기하시는 예수님:
5. …그 둘이 한 몸이 될지니라 하신 것을 읽지 못하였느냐 6. 그런즉 이제 둘이 아니요 한 몸이니 그러므로 하나님이 짝지어 주신 것을 사람이 나누지 못할지니라 하시니

로마서 7장 2-3절
여기에 결혼의 영속성에 관한 율법이 은혜와 율법과의 관계를 설명하기 위해 사용됩니다:
2. 남편 있는 여인이 그 남편 생전에는 법으로 그에게 매인 바 되나 만일 그 남편이 죽으면 남편의 법에서 벗어나느니라

고린도전서 7장 10-16절
이방 신자들에게 전하는 글에서 하나님께서 생각하시는 결혼의 영속성에 대한 세 가지 설명이 나옵니다:
(1) 아내는 남편에게서 갈라서지 말고, 남편은 아내를 버리지 말아야 합니다. (2) 만약 아내가 떠났다면, 다른 남자와 결혼하면 안 됩니다. (3) 믿지 않는 배우자가 계속 함께하기를 원한다면 믿는 배우자는 갈라서지 말아야 합니다.

고린도전서 7장 39절
아내는 그 남편이 살아 있는 동안에 매여 있다가 남편이 죽으면 자유로워 자기 뜻대로 시집갈 것이나 주 안에서만 할 것이니라

4. 남편과 아내는 하나님께서 보시기에 하나이며 그들도 하나로 여겨야 합니다.

창세기 2장 22-25절
23. 아담이 이르되 이는 내 뼈 중의 뼈요 살 중의 살이라 이것을 남자에게서 취하였은즉 여자라 부르리라 하니라 24. …둘이 한 몸을 이룰지로다

창세기 3장 22-24절
하나님께서 동산에서 남자를 찾으실 때 그리고 후에 아담과 하와를 동산에서 추방하실 때 하나님께서는 남자에게 말씀하셨지만 분명하게 그들 모두를 뜻하셨습니다:
22. 여호와 하나님이 이르시되 보라 이 사람이 선악을 아는 일에 우리 중 하나 같이 되었으니… 23. 여호와 하나님이 에덴 동산에서 그를 내보내어… 24. 이같이 하나님이 그 사람을 쫓아내시고…
4장 1절에서 그들은 분명히 함께였습니다.

마태복음 19장 5-6절
5. …사람이 그 부모를 떠나서 아내에게 합하여 그 둘이 한 몸이 될지니라 하신 것을 읽지 못하였느냐 6. 그런즉 이제 둘이 아니요 한 몸이니 그러므로 하나님이 짝지어 주신 것을 사람이 나누지 못할지니라 하시니

고린도전서 11장 11-12절
11. 그러나 주 안에는 남자 없이 여자만 있지 않고 여자 없이 남자만 있지 아니하니라 12. 이는 여자가 남자에게서 난 것 같이 남자도 여자로 말미암아 났음이라 그리고 모든 것은 하나님에게서 났느니라

에베소서 5장 28-31절
28. 이와 같이 남편들도 자기 아내 사랑하기를 자기 자신과 같이 할지니 자기 아내를 사랑하는 자는 자기를 사랑하는 것이라

5. 남편과 아내는 함께 하나님 은혜의 상속자입니다. - 중요성과 잠재력이 동등합니다.

마태복음 28장 5-10절
제자들과 베드로에게 가서 예수님께서 살아나셨음을 전하도록 지시를 받은 자는 여자들이었습니다. 그들이 천사와 주님 모두에게 지시받았음을 주목하세요.
(마가복음 16장 1, 6-7절, 누가복음 24장 10-11절, 요한복음 20장 11, 17-18절)

사도행전 1장 13-14절
다락방에서 기도하고 말씀을 전할 때 여자들은 남자들과 함께 있었습니다.

사도행전 2장 16-18절
오순절 설교에서 베드로는 하나님께서 하나님의 영을 남자와 여자 모두에게 부어주실 것이라는 예언인 요엘 2장 28-32절을 언급하였습니다. 16절에서 그는 오순절을 요엘 2장의 성취로 여겼습니다.

사도행전 8장 3-4절
사울이 교회를 핍박하였을 때 남자와 여자는 하나님 말씀을 전하기 위해 사방으로 다녔습니다.

로마서 16장 1-15절;
히브리서 11장 4-40절
남성과 여성의 이름이 섞여 있는 것을 주목하십시오. 또한 구체적인 칭찬을 주목하십시오.

갈라디아서 3장 26~28절
26. 너희가 다 믿음으로 말미암아 그리스도 예수 안에서 하나님의 아들이 되었으니 27. 누구든지 그리스도와 합하기 위하여 세례를 받은 자는 그리스도로 옷 입었느니라 28. 너희는 유대인이나 헬라인이나… 남자나 여자나 다 그리스도 예수 안에서 하나이니라

베드로전서 3장 1-2절
아내들은 그들의 경건한 행실로 남편들을 구원할 특권을 지닙니다.

베드로전서 3장 7절
남편들아 이와 같이 지식을 따라 너희 아내와 동거하고… 또 생명의 은혜를 함께 이어받을 자로 알아 귀히 여기라…

6. 적합한 배우자를 선택하는 것은 자신을 위해서이든 자녀를 위해서이든 기도와 관심의 문제입니다.

출애굽기 34장 15-16절
하나님께서는 모세에게 이방 민족들과의 언약, 결혼, 다른 관계들에 대하여 경고하십니다:
15. 너는 삼가 그 땅의 주민과 언약을 세우지 말지니 이는 그들이 모든 신을 음란하게 섬기며…
16. 또 네가 그들의 딸들을 네 아들들의 아내로 삼음으로 그들의 딸들이 그들의 신들을 음란하게 섬기며…

레위기 18장 6-18절
율법에 따르면 가까운 친척과의 결혼은 금지되었습니다.

신명기 7장 2-6절
하나님께서는 이스라엘이 하나님께로부터 돌아서지 않도록 이방 민족과 결혼하지 말며 자녀들에게도 허락하지 말아야 한다고 명령하셨습니다.
[여호수아 23장 11-13절, 사사기 3장 6-7절을 함께 참고하세요.]

에스라 9장 12절
에스라는 이스라엘이 반복하여 깨뜨리는 하나님의 명령을 재검토합니다:
그런즉 너희 여자들을 그들의 아들들에게 주지 말고 그들의 딸들을 너희 아들들을 위하여 데려오지 말며 그들을 위하여 평화와 행복을 영원히 구하지 말라 그리하면 너희가 왕성하여 그 땅의 아름다운 것을 먹으며 그 땅을 자손에게 물려주어 영원한 유산으로 물려 주게 되리라 하셨나이다

고린도전서 7장 39절
과부는 주님 안에서 결혼할 자유가 있습니다.

고린도후서 6장 14-18절
14. 너희는 믿지 않는 자와 멍에를 함께 메지 말라 의와 불법이 어찌 함께 하며 빛과 어둠이 어찌 사귀며

창세기 24장
이삭의 아내를 택하기 위한 아브라함의 세심한 주의

창세기 38장
유다는 가나안 족속과 결혼하였습니다. 그들의 장자인 엘은 너무 악하여 하나님께서 그를 죽이셨습니다(7절); 둘째 오난 또한 율법에 규정된 대로 그의 형을 위한 자녀를 기르기를 거부하여 땅에 설정함으로 인해 하나님께 죽임을 당했습니다(8-10절). 이 음탕한 가족 이야기의 나머지 부분은 11-30절에 기록됩니다. 하나님께 불순종하면 심각한 결과가 초래됩니다.

사사기 14장 1-20절, 15장 1-2, 6, 12-13절, 16장 1절
삼손이 블레셋 여인과 결혼한 결과를 탐구하십시오.

열왕기상 11장 1-8절
1. 솔로몬 왕이… 이방의 많은 여인을 사랑하였으니… 2. 여호와께서 일찍이 이 여러 백성에 대하여 이스라엘 자손에게 말씀하시기를 너희는 그들과 서로 통혼하지 말며 그들도 너희와 서로 통혼하게 하지 말라 그들이 반드시 너희의 마음을 돌려 그들의 신들을 따르게 하리라 하셨으나 솔로몬이 그들을 사랑하였더라
4-8절은 결과를 말해줍니다.

느헤미야 13장 23-28절
느헤미야는 솔로몬이 그의 믿지 않은 아내들로 인하여 범한 죄악 및 그로 인한 문제들을 상기시키며 이방 여인과 결혼한 유대인들을 비난합니다. 하나의 결과로 그들의 자녀들이 언어를 올바르게 말할 수 없게 되었습니다. (24절)

7. 가족 관계는 특별히 지도자들에게 중요합니다.

신명기 17장 14-20절
하나님께서는 여기에 장차 이스라엘의 왕들이 금지해야 할 것들에 대해 열거하십니다:
17. 그에게 아내를 많이 두어 그의 마음이 미혹되게 하지 말 것이며…

에스더 1장 10-22절
경건한 사람들은 아마도 왕후 와스디가 왕의 요청을 거절한 것이 정당하다는 것에 동의하겠지만 여기에는 이교도 지도자들의 영향력과 국가 책임자로써 부부 관계의 중요성이 나타납니다.

디모데전서 3장 2, 4-5, 11-12절:
디도서 1장 7절
목사와 집사의 자격에 있어서 많은 부분이 그들의 가족 관계와 연관됩니다:
2. 그러므로 감독은 책망할 것이 없으며 한 아내의 남편이 되며… 4. 자기 집을 잘 다스려 자녀들로 모든 공손함으로 복종하게 하는 자라야 할지며 5. (사람이 자기 집을 다스릴 줄 알지 못하면 어찌 하나님의 교회를 돌보리요)… 11. 여자들도 이와 같이 정숙하고 모함하지 아니하며 절제하며 모든 일에 충성된 자라야 할지니라 12. 집사들은 한 아내의 남편이 되어 자녀와 자기 집을 잘 다스리는 자일지니

III. 결혼의 책임과 특권

1. 남편과 아내는 서로가 즐겁게 누리기를 기대합니다.

창세기 2장 23-25절
죄가 발생하기 전 남자와 그의 아내는 서로 간에 완전히 편안하게 존재 했습니다:
25. 아담과 그의 아내 두 사람이 벌거벗었으나 부끄러워하지 아니하니라

신명기 24장 5절
율법에 따라 하나님께서는 신혼부부가 서로에게 많은 시간을 사용하도록 지시하셨습니다:
사람이 새로이 아내를 맞이하였으면 그를 군대로 내보내지 말 것이요 아무 직무도 그에게 맡기지 말 것이며 그는 일 년 동안 한가하게 집에 있으면서 그가 맞이한 아내를 즐겁게 할지니라

잠언 5장 18-19절
18. 네 샘으로 복되게 하라 네가 젊어서 취한 아내를 즐거워하라 19. 그는 사랑스러운 암사슴 같고 아름다운 암노루 같으니 너는 그의 품을 항상 족하게 여기며 그의 사랑을 항상 연모하라

아가서
여기에는 서로 올바른 관계를 맺는 신랑과 신부 혹은 남편과 아내의 기쁨이 묘사됩니다. 여러 특징이 설명됩니다:
서로 친밀해지고 싶은 욕망(1장 2, 7, 13장, 2장 10, 14, 16절 등); 다른 사람과의 사랑은 무가치함(1장 5절, 2장 2절); 상대방의 덕을 찬미하고자 하는 갈망(1장 8-10, 15-16절, 2장 3-4, 8절, 4장 11-16절); 함께 결실하고 향기 나는 삶(4장 11-16절); 책임자로서 남편에 대한 인정(3장 6-11절); 서로에게 속하고 싶은 갈망 - 내 사랑하는 자는 내게 속하였고 나는 그에게 속하였도다… (2장 16절, 6장 3, 10절).

전도서 9장 9절
네 헛된 평생의 모든 날 곧 하나님이 해 아래에서 네게 주신 모든 헛된 날에 네가 사랑하는 아내와 함께 즐겁게 살지어다…

고린도전서 7장 2-5절
금식과 기도를 위하여 합의상 얼마 동안을 제외하고, 결혼 배우자는 서로를 만족시키는 것을 거부하는 것에 대한 경고를 받습니다.

히브리서 13장 4절
결혼은 모든 것들 가운데 존귀하며 침소는 순결합니다; 하나님께서는 음행하는 자들과 간음하는 자들을 심판하십니다.

2. 배우자는 서로 존중해야 하고 상대의 필요를 고려해야 합니다.

창세기 2장 18절
여자가 남자의 돕는 자가 되는 것은 하나님의 목적이었습니다.

신명기 21장 10-14절
전쟁에서 사로잡힌 여자를 취하여 아내로 삼았으나 그녀에게서 기쁨을 발견하지 못한다고 할지라도 그는 여전히 아내에게 마음을 써야 합니다.

신명기 22장 13-19절
율법에 따라 도덕적으로 아내의 명예를 더럽힌 자는 그 도시의 장로들에게 잡혀 벌금을 물어야 합니다.

잠언 12장 4절
어진 여인은 그 지아비의 면류관이나 욕을 끼치는 여인은 그 지아비의 뼈가 썩음 같게 하느니라

잠언 14장 1절
지혜로운 여인은 자기 집을 세우되 미련한 여인은 자기 손으로 그것을 허느니라

잠언 18장 22절, 19장 14절
22. 아내를 얻는 자는 복을 얻고 여호와께 은총을 받는 자니라… 14. …슬기로운 아내는 여호와께로서 말미암느니라
이러한 표현이 사실이라면 그것은 아내가 남편의 행복에 있어서 하나의 근원이기 때문입니다.

잠언 31장 10-31절
여기에 묘사된 현숙한 여인은 가정에 많은 기여를 합니다:
그녀의 남편은 그녀를 신뢰할 수 있습니다. 그녀는 그에게 도움이 될 것입니다. 그녀는 근면하고 검소합니다. 그녀는 주위의 가난한 자들에게 마음을 씁니다. 그녀는 가족들에게 알맞은 옷을 입힙니다. 그녀는 지혜롭고 친절하게 이야기합니다. 그녀는 남편과 자녀들에게 존경과 인정을 받습니다.

고린도전서 7장 3-5절
결혼 배우자는 다른 곳에서 만족을 찾으려는 유혹을 피하려고 육체적으로 서로의 관계를 인정해야 하고 서로의 필요를 충족시켜야 합니다.

에베소서 5장 22-23절
남편들은 아내들을 자기 몸같이 사랑해야 하고, 아내들은 남편에게 순종과 존경을 나타내야 합

니다.

[골로새서 3장 19절을 함께 참조하세요.]

디도서 2장 3-5절

늙은 여자의 중요한 의무 중 하나는 하나님께서 영광을 받으시기 위하여 젊은 여자들이 거룩한 삶을 살고 그들의 남편과 자녀들을 사랑하며 남편들에게 복종하는 것을 가르치는 것입니다.

베드로전서 3장 1-7절

믿음이 있는 아내들은 구원받지 못한 남편들에게 관심을 가지고 그들 앞에서 좋은 증거가 되도록 살아야 합니다. 남편들은 지식을 따라 아내들의 육체적 한계를 인식해야 하고 그리스도 안에서 함께 상속자임을 알아야 합니다.

창세기 21장 10-12절

하나님께서는 사라가 아브라함에게 하갈과 이스마엘을 쫓아내기를 요청했을 때 아브라함이 사라의 말을 듣도록 하셨습니다. 상대방의 말을 경청하는 상호 존중이 있어야 합니다.

창세기 20장 1-8절

관계는 정직하게 나타내야 합니다. 아브라함은 사라와의 관계에 대해 거짓말을 했습니다. 그 결과 그녀는 이교도의 아내가 되었고 아브라함은 블레셋 왕인 아비멜렉의 비난받았습니다.

[창세기 26장 6-32절을 함께 참조하세요. - 아버지와 같은 경험을 한 아들 이삭]

창세기 27장 1-46절

레베카와 이삭 사이에 진실함과 하나 됨의 결핍은 가정에 재앙을 일으켰습니다. - 속임, 증오, 분리. 수년간의 불신 끝에 야곱과 에서의 회복이 이루어졌습니다.

> 다정하고 행복한 부부는 참아야 할 때를 알게 될 것입니다; 그리고 매일 살면서 측은히 여기며 용서해야 하는 무언가를 알게 될 것입니다.
> _ 윌리엄 쿠퍼(William Cowper), 1731-1800.

3. 가족의 책임자는 남편과 아버지입니다.

a. 남편들은 아내와 자녀에 대한 책임을 지닙니다.

창세기 2장 20-23절

타락 이전에 남자의 머리됨에 관한 암시가 있습니다. 하나님께서는 남자를 먼저 만드셨습니다; 하나님께서는 여자가 남자의 외로움을 방지하도록 하셨습니다. 또한 하나님께서 동산에 숨어있는 그들을 찾으실 때 아담을 부르셨습니다; 하나님께서는 아담의 책임을 물으셨습니다.

[창세기 3장 8-9, 17절, 디모데전서 2장 13-14절을 함께 참조하세요.]

창세기 3장 16절

사람의 죄의 결과로써 하나님께서는 남편이 아내를 다스릴 것을 선언하셨습니다.

창세기 18장 19절

아브라함에 대한 하나님의 간증:

내가 그로 그 자식과 권속에게 명하여 여호와의 도를 지켜 의와 공도를 행하게 하려고 그를 택하였나니…

[사무엘상 3장 13절과 대조해 보세요.]

민수기 30장 6-8, 10-15절

율법에 따라 남편은 아내가 맺은 서약에 대한 책임을 지녔습니다. 그는 서약을 거부할 수 있으나 만약 그가 반대하지 않는다면 그는 같이 아내가 맺은 서약에 대한 책임을 지닙니다. 이와 마찬가지로 집에 거하는 어린 딸이 맺은 서약에 대하여서 아버지는 책임이 있습니다.

고린도전서 11장 3절

…각 남자의 머리는 그리스도요 여자의 머리는 남자요 그리스도의 머리는 하나님이시라

에베소서 5장 22-23절

남편은 그리스도께서 교회를 사랑하심과 같이 아내를 사랑하고 그리스도께서 행하신 것과 같이 자신을 주어야 합니다; 남편들은 아내들이 영적으로 성장하며 거룩해지는 것에 관심을 기울여야 합니다. 그들은 부모님보다 아내들에게 우선권을 주어야 합니다.

[골로새서 3장 18-19절을 함께 참조하세요.]

베드로전서 3장 7절

남편들아 이와 같이 지식을 따라 너희 아내와 동거하고 그를 더 연약한 그릇이요 또 생명의 은혜를 함께 이어받을 자로 알아 귀히 여기라 이는 너희 기도가 막히지 아니하게 하려 함이라

b. 아내들은 남편들에게 복종해야 할 책임이 있습니다.

창세기 3장 16절

하나님께서는 구체적으로 이브에게 말씀하십니다:

16. …너는 남편을 원하고 남편은 너를 다스릴 것이니라 하시고

에스더 1장 20-22절

이방 나라 페르시아에서도 아내는 남편을 존중해야하는 책임이 주어졌습니다. 와스디 왕후의 불순종은, 합당하지 않은 요청이었음에도 불구하고, 그녀가 추방당하는 근거가 되었고 전제국에 조서가 내려졌습니다:

20. 왕의 조서가 이 광대한 전국에 반포되면 귀천을 막론하고 모든 여인들이 그들의 남편을 존경하리이다 하니라

고린도전서 14장 34-35절

여자는 교회에서 남자가 말해야 하는 것으로 가르침을 받았습니다. 아내들은 무엇을 배우려거든 교회에서 질문하는 것 대신에 집에서 남편에게 물어보아야 했습니다.

[디모데전서 2장 11-14절을 함께 참조하세요.]

에베소서 5장 21-33절

이 구절들과 6장에서 나타나는 것처럼 많은 관계에 있어서 상호 간 복종하는 것은 믿는 자들의 특징을 나타냅니다. 특히 다음의 구절은 아내들에게 주어진 말씀입니다:

22. 아내들이여 자기 남편에게 복종하기를 주께 하듯 하라 23. 이는 남편이 아내의 머리 됨이 그리스도께서 교회의 머리 됨과 같음이니 그가 바로 몸의 구주시니라 24. 그러므로 교회가 그리스도에게 하듯 아내들도 범사에 자기 남편에게 복종할지니라… 33… 아내도 자기 남편을 존경하라

[골로새서 3장 18절을 함께 참조하세요.]

베드로전서 3장 1-6절

1. 아내들아 이와 같이 자기 남편에게 순종하라 이는 혹 말씀을 순종하지 않는 자라도 말로 말미암지 않고 그 아내의 행실로 말미암아 구원을 받게 하려 함이니
이어지는 구절들은 구원받지 못한 남편에게 간증이 될 행동에 대해 상세히 열거합니다.

4. 여성은 경건한 삶을 살아갈 때 하나님으로부터 찬양받으며 남편과 가족으로부터 인정받습니다.

잠언 11-30장
잠언은 아내와 어머니가 가정의 축복이 되기를 원한다면 어떠한 자질을 지녀야 하는지에 대해 도움이 될 많은 자원들을 제공합니다. 부정적인 측면과 긍정적인 측면 모두를 포함하여 여기에 일부가 제시됩니다.
- 11장 16절 유덕한 여자는 존영을 얻고…
- 11장 22절 아름다운 여인이 삼가지 아니하는 것은 마치 돼지 코에 금 고리 같으니라
- 12장 4절 어진 여인은 그 지아비의 면류관이나 욕을 끼치는 여인은 그 지아비의 뼈가 썩음 같게 하느니라
- 15장 17절 채소를 먹으며 서로 사랑하는 것이 살진 소를 먹으며 서로 미워하는 것보다 나으니라
- 19장 13절 …다투는 아내는 이어 떨어지는 물방울이니라. 14절 …슬기로운 아내는 여호와께로서 말미암느니라
- 21장 9절 다투는 여인과 함께 큰 집에서 사는 것보다 움막에서 사는 것이 나으니라 19절 다투며 성내는 여인과 함께 사는 것보다 광야에서 사는 것이 나으니라
- 27장 15절 다투는 여자는 비 오는 날에 이어 떨어지는 물방울이라
- 30장 21, 23절 세상을 진동시키며 세상이 견딜 수 없게 하는 것 서넛이 있나니… 미움 받는 여자가 시집 간 것…

프로젝트:
잠언 31장 10-31절을 연구하십시오. 하나님과 가족 구성원들에게 인정받는 여성의 모든 특성에 대해 목록을 만드십시오. 발견한 구절들을 현대의 언어와 행동을 사용하여 바꾸어 작성하십시오. 아내 혹은 어머니에게 존경을 표할 때 사용하기에 적합하도록 작성하십시오.

디모데전서 2장 9-10절
9. 또 이와 같이 여자들도 단정하게 옷을 입으며 소박함과 정절로써 자기를 단장하고 땋은 머리와 금이나 진주나 값진 옷으로 하지 말고 10. 오직 선행으로 하기를 원하노라 이것이 하나님을 경외한다 하는 자들에게 마땅한 것이니라

프로젝트:
디모데전서 5장 3-10절을 사용하여 초대 교회의 도움을 받을 과부의 자격에 대해 목록을 작성하세요. 어떤 자질이 주님을 향한 여인의 진정한 사랑의 증거로 여겨졌나요?

베드로전서 3장 1-4절
이러한 자질들을 주목하세요:
1. …순종하라… 2. 너희의 두려워하며 정결한 행실을 봄이라 3. 너희의 단장은 머리를 꾸미고 금을 차고 아름다운 옷을 입는 외모로 하지 말

고 4. 오직 마음에 숨은 사람을 온유하고 안정한 심령의 썩지 아니할 것으로 하라 이는 하나님 앞에 값진 것이니라
5-6절에서 구약 성경의 여인들의 예를 주목하세요.

5. 남자는 오직 한 명의 아내를 가져야 합니다.

레위기 18장 18절, 20장 14절
율법에 따라 남자는 두 자매 혹은 여자와 그의 어머니와 결혼하는 것이 금지되었습니다. 두 번째 경우에 대한 처벌은 세 사람 모두를 불에 태워 죽임을 당하는 것으로 기록됩니다.

신명기 17장 17절
장차 이스라엘의 왕은 많은 아내를 두는 것이 금지되었습니다. 그들이 왕을 하나님으로부터 떠나게 할까 우려되었기 때문입니다.

마태복음 19장 4-5절;
마가복음 10장 2-8절
예수님께서는 많은 아내를 두는 것을 책망하십니다. 남자가 다른 여자를 취하기 위하여 한 아내를 버리는 것도 마찬가지입니다.

디모데전서 3장 2, 12절;
디도서 1장 6절
신약의 교회에서 목사 혹은 집사는 결코 한 명 이상의 아내를 가지면 안 됩니다.

예:
창세기 16장 1-8절, 21장 9-11절
아브라함과 두 번째 아내 하갈과의 관계는 질투와 같이 오늘날 우리가 겪는 많은 문제를 초래했습니다.

[다음의 구절들에서 이중 결혼 혹은 일부다처제에 대한 다른 이야기들과 그 결과에 대해 참조하세요: 창세기 29장 30-34절, 야곱; 사사기 8장 30절, 9장, 기드온; 사무엘상 1장 4-7절, 엘가나; 역대상 11장 21절, 르호보암; 열왕기상 11장 1-8절, 솔로몬.]

6. 결혼 관계 밖에서의 성적 행위는 하나님께서 책망하시며 가정 안에 심각한 문제를 일으킵니다.

출애굽기 20장 14절;
신명기 5장 18절
일곱 번째 계명:
14. 간음하지 말라

레위기 18장 20절, 20장 10-12절
20. 너는 네 이웃의 아내와 동침하여 설정하므로 그 여자와 함께 자기를 더럽히지 말지니라

사무엘하 11장, 12장 1-23절
하나님께서는 다윗이 왕이었음에도 그가 밧세바로 인해 범한 죄를 책망하셨습니다. 다윗은 회개하였고 하나님께서는 여전히 그를 사용하셨습니다.

고린도전서 5장 1-11절
바울은 고린도 교회에 음행에 대하여 남자들을 훈련하도록 지시하였습니다.

고린도전서 6장 13-20절
13. …몸은 음란을 위하여 있지 않고 오직 주를 위하여 있으며 주는 몸을 위하여 계시느니라…

16. 창녀와 합하는 자는 그와 한 몸인 줄을 알지 못하느냐 일렀으되 둘이 한 육체가 된다 하셨나니… 18. 음행을 피하라… 19. 너희 몸은 너희가 하나님께로부터 받은바 너희 가운데 계신 성령의 전인 줄을 알지 못하느냐 너희는 너희 자신의 것이 아니라 20. …그런즉 너희 몸으로 하나님께 영광을 돌리라

[갈라디아서 5장 19-21절, 에베소서 5장 35절, 골로새서 3장 5절, 데살로니가전서 4장 3-4절, 히브리서 13장 4절 그리고 많은 다른 구절들을 참조하세요.]

프로젝트:
간음이 가정에 미치는 영향을 살펴보기 위하여, 주제별 성경에서 간음이라는 표제를 찾아 간음이 발생한 예를 살펴보세요. 결과를 나타내는 구절들을 탐구하세요.

주의:
사회 과학은 성행위의 부정함에 대해서 보통 다루지 않기 때문에 여기에 포함되지 않았습니다. 이와 관련된 성경적 가르침과 더욱더 자세한 사항은 이번 시리즈의 네 번째 책인 [예술과 건강] 편에서 5장(성교육)에서 다루어집니다.

IV. 자녀를 향하신 하나님의 계획

1. 하나님의 계획은 대다수 부부가 자녀를 갖는 것입니다.

창세기 1장 28절, 3장 20절, 9장 1, 7절
하나님의 본래 명령은 다음과 같습니다:
28. …생육하고 번성하여 땅에 충만하라… 20. 아담이 그의 아내의 이름을 하와라 불렀으니 그는 모든 산 자의 어머니가 됨이더라.
대홍수 후 하나님께서는 노아와 그의 아들들에게 말씀하십니다:
7. 너희는 생육하고 번성하며 땅에 가득하여 그 중에서 번성하라 하셨더라

시편 113편 9절
또 임신하지 못하던 여자를 집에 살게 하사 자녀들을 즐겁게 하는 어머니가 되게 하시는도다…

시편 127편 3-5절, 128편 3, 6절
성경에서 자녀들은 모든 곳에서 주님께서 허락하신 축복으로 여겨집니다.

디모데전서 5장 14절
젊은 과부들은 다시 결혼하여 자녀를 낳을 것을 권고받습니다.

2. 자녀는 하나님의 선물입니다. 그러므로 감사해야 합니다.

창세기 4장 1, 25절
이브는 아들들이 하나님으로부터 왔음을 알았습니다. 르우벤을 낳았을 때 레아도 그러했고 (29장 32절) 후에 레아와 라헬은 그들의 상태에 대해 이야기했습니다(30장 2-24절). 야곱은 형에서를 만났을 때 자신에게 자녀들을 주신 분은 하나님이심을 나타내었습니다(33장 5절); 요셉

은 자기 아들들을 아버지에게 보이며 말했습니다:
이는 하나님이 여기서 내게 주신 아들들이니이다(48장 9절).

룻기 4장 13-17절
보아스, 룻, 나오미, 이웃 여인들은 오벳이 두 부부와 할머니에게 주시는 하나님의 선물임을 알았습니다.

욥기 1장 21절, 42장 10-16절
모든 것을 빼앗겼을 때 욥은 자신에게 자녀들과 물질들을 주시고, 그것들을 가져가시는 분은 하나님이시라는 사실을 여전히 인정했습니다. 결국에는 주님의 선하심을 또한 인정했습니다.

시편 127편 3-5절
3. 보라 자식들은 여호와의 기업이요 태의 열매는 그의 상급이로다 4. 젊은 자의 자식은 장사의 수중의 화살 같으니 5. 이것이 그의 화살통에 가득한 자는 복되도다 그들이 성문에서 그들의 원수와 담판할 때에 수치를 당하지 아니하리로다

3. 자녀는 부모와 조부모에게 큰 기쁨과 슬픔의 근원입니다.

잠언 10장 1절
…지혜로운 아들은 아비를 기쁘게 하거니와 미련한 아들은 어미의 근심이니라
[15장 20절을 함께 참조하세요.]

잠언 17장 6, 21, 25절
6. 손자는 노인의 면류관이요 아비는 자식의 영화니라… 21. 미련한 자를 낳는 자는 근심을 당하나니 미련한 자의 아비는 낙이 없느니라… 25. 미련한 아들은 그 아비의 근심이 되고 그 어미의 고통이 되느니라

잠언 19장 13, 26절
13. 미련한 아들은 그의 아비의 재앙이요… 26. 아비를 구박하고 어미를 쫓아내는 자는 부끄러움을 끼치며 능욕을 부르는 자식이니라

잠언 23장 15, 16, 24-25절
15. 내 아들아 만일 네 마음이 지혜로우면 나 곧 내 마음이 즐겁겠고 16. 만일 네 입술이 정직을 말하면 내 속이 유쾌하리라
[27장 11절을 함께 참조하세요.]

슬픔의 예:

창세기 27장
야곱은 그의 아버지 이삭을 속였습니다; 이삭은 상심하고 화를 내었습니다; 에서는 동생을 죽이려고 계획하였습니다:
야곱은 도망갔고 가족은 오랜 세월 동안 나누어졌습니다.

사무엘하 15장 14-18절
압살롬은 그의 아버지 다윗을 슬프게 하는 근원이었습니다. 마침내 다윗과 그의 추종자들은 압살롬의 탈취로 인하여 예루살렘에서 도망해야 했습니다.

4. 자녀는 하나님께 중요합니다.

출애굽기 1장 16-21절
바로 왕은 히브리 민족의 남자아이를 죽일 것을

명령하였습니다; 산파들은 하나님을 두려워하여 왕의 명령을 거절하였습니다. 하나님께서는 그들의 행동을 존중히 여기셨습니다. 유아 살해는 하나님이 보시기에 죄입니다.

출애굽기 2장 2-10절
모세의 부모님은 바로 왕의 명령을 따를 것을 거부하고 모세를 구했습니다. 하나님께서는 모세를 지키시고 그를 위대하게 사용하셨습니다.

레위기 18장 21절, 20장 1-5절;
신명기 18장 9-10절
이스라엘의 자녀들은 이방 우상인 몰렉에게 바쳐져서는 안 되었습니다.

마태복음 18장 1-10절
여기에서 예수님께서는 아이의 중요성에 대하여 여러 가지를 말씀하십니다:
어른들은 하나님 나라에 들어가려면 아이의 겸손한 태도를 따라야 합니다; 어린아이를 주님의 이름으로 영접하는 자는 주님을 영접하는 것입니다; 주님을 믿는 작은 자를 실족하게 하는 자는 연자 맷돌에 의해 죽임을 당하는 것이 마땅합니다; 어린이들은 업신여김을 당해서는 안 됩니다.

누가복음 18장 15-17절
예수님께서는 어린이들이 중요한 존재라는 것을 분명히 나타내십니다. 하나님께서는 어린이들이 하나님께 나오기를 원하십니다.

5. 죄악의 시대 가운데서도 하나님의 자녀를 키우는 것은 가능합니다.

창세기 6장 9-12, 18절, 7장 1절, 8장 16-18절
노아의 부모님이 그렇게 하였고, 노아도 마찬가지였습니다. 모든 세상이 악하던 때에, 노아의 가르침과 삶은 그의 세 아들들이 하나님께 진실하고, 방주에 들어갈 수 있도록 잘 가르쳤음이 틀림없습니다.

다니엘 1장 3-6, 8-21절
다니엘과 그의 친구들은 부모님이 있습니다. 우리는 비록 그 부모님에 대해 알지 못하지만 그들은 이방 땅에서 사로잡혀 살아갈지라도 자녀들을 경건한 자로 양육했습니다.

디모데후서 1장 3-6절
디모데의 어머니와 할머니는 그들의 믿음을 디모데에게 전하였고 바울은 그로 인해 하나님께 감사드렸습니다.

V. 자녀에 대한 부모의 책임

1. 하나님께서는 부모에게 자녀에 대한 책임을 부여하십니다. - 그들을 가르치고, 공급하고, 통제하고, 교정하기 위한

a. 부모들은 자녀들을 반드시 가르쳐야 합니다.

출애굽기 10장 1-2절
하나님께서 재앙을 내리신 이유에는 다음과 같은 부분이 포함됩니다:
2. 네게 내가 애굽에서 행한 일들 곧 내가 그들 가운데에서 행한 표징을 네 아들과 네 자손의

귀에 전하기 위함이라 너희는 내가 여호와인 줄을 알리라

[유월절과 대속물에 대하여 12장 24-27절, 13장 8-16절을 함께 참조하세요.]

신명기 4장 9-10절

모세는 이스라엘이 그들의 자녀들과 손자들에게 하나님께서 행하신 일들을 가르치고, 호렙산에서 십계명을 주셨을 때 그들을 부르신 하나님에 관하여 들려주어야 함을 상기시킵니다.

신명기 6장 6-9, 20-23절, 11장 18-21절

하나님께서는 일상적이고 끊임없이 매일 가르쳐야 함을 명령하십니다:

7. 네 자녀에게 부지런히 가르치며 집에 앉았을 때든지 길을 갈 때든지 누워 있을 때든지 일어날 때든지 이 말씀을 강론할 것이며

시편 78편 5-8절

하나님께서는 이스라엘에게 증거와 율법을 세우셨음을 설명하시고 부모들은 자녀들에게 그것들을 알려야 함을 명령하십니다. 가르침의 목적은 다음과 같습니다:

6. 이는 그들로 후대 곧 태어날 자손에게 이를 알게 하고… 7. 그들로 그들의 소망을 하나님께 두며 하나님께서 행하신 일을 잊지 아니하고 오직 그의 계명을 지켜서 8. 그들의 조상들 곧 완고하고 패역하여 그들의 마음이 정직하지 못하며 그 심령이 하나님께 충성하지 아니하는 세대와 같이 되지 아니하게 하려 하심이로다

잠언 4장 1-4, 10-11절, 22장 6절

1. 아들들아 아비의 훈계를 들으며 명철을 얻기에 주의하라 2. 내가 선한 도리를 너희에게 전하노니 내 법을 떠나지 말라

22:6. 마땅히 행할 길을 아이에게 가르치라 그리하면 늙어도 그것을 떠나지 아니하리라

에베소서 6장 4절

또 아비들아 너희 자녀를 노엽게 하지 말고 오직 주의 교훈과 훈계로 양육하라

b. 부모들은 자녀들을 위해 반드시 공급해야 합니다.

사무엘상 2장 19절

한나는 비록 사무엘이 하나님을 섬기기 위하여 떠났음에도 불구하고 계속해서 그에게 옷을 지어 주었습니다.

잠언 13장 22절

선인은 그 산업을 자자 손손에게 끼쳐도…

누가복음 15장 20-24절

탕자의 아버지는 아들의 이기심과 방탕에도 불구하고 용서와 회복을 베풀었습니다; 용서에는 음식, 옷, 잔치가 포함되었습니다.

고린도후서 12장 14절

바울은 자신이 고린도 교회의 짐이 되지 않기를 원한다고 이야기하면서 다음과 같이 말합니다:

14. …어린 아이가 부모를 위하여 재물을 저축하는 것이 아니요 부모가 어린아이를 위하여 하느니라

디모데전서 5장 8절

이 구절은 특별히 젊은 과부에 대해 다루고 있지만 그 진리는 의심의 여지 없이 다른 가족 구

성원에게도 적용됩니다.
누구든지 자기 친족 특히 자기 가족을 돌보지 아니하면 믿음을 배반한 자요 불신자보다 더 악한 자니라

c. 부모는 반드시 자녀들을 다스려야 합니다.

출애굽기 20장 10절;
신명기 5장 14절
율법에 따라 자녀들이 안식일을 준수하는 것은 부모의 책임이었습니다.

민수기 30장 3-5절
아버지는 그의 딸이 자신의 돌봄 아래 있을 때에는 딸이 맺은 서약에 대한 책임이 있습니다.

신명기 21장 18-21절
반항적인 아들을 다스릴 수 없는 어머니와 아버지는 율법에 따라 아들을 성읍의 장로들에게 데리고 가서 돌로 쳐서 죽임을 당하도록 해야 합니다.

신명기 32장 46절
모세가 죽기 전 이스라엘에게 전하는 마지막 권고에는 다음의 말들이 포함됩니다:
…내가 오늘 너희에게 증언한 모든 말을 너희의 마음에 두고 너희의 자녀에게 명령하여 이 율법의 모든 말씀을 지켜 행하게 하라

디모데전서 3장 4-5, 12절;
디도서 1장 6절
오직 자녀들을 자신의 통제 아래 두는 아버지가 목사 혹은 집사가 되는 자격을 얻습니다.

d. 부모는 반드시 자녀들을 훈계해야 합니다.

잠언 13장 24절
매를 아끼는 자는 그의 자식을 미워함이라 자식을 사랑하는 자는 근실히 징계하느니라

잠언 19장 18절
네가 네 아들에게 희망이 있은즉 그를 징계하되 죽일 마음은 두지 말지니라

잠언 22장 15절
아이의 마음에는 미련한 것이 얽혔으나 징계하는 채찍이 이를 멀리 쫓아내리라
[23장 13-14절을 함께 참조하세요.]

잠언 29장 15, 17절
15. 채찍과 꾸지람이 지혜를 주거늘 임의로 행하게 버려둔 자식은 어미를 욕되게 하느니라…
17. 네 자식을 징계하라 그리하면 그가 너를 평안하게 하겠고 또 네 마음에 기쁨을 주리라

데살로니가전서 2장 11-12절
바울은 데살로니가인들을 아버지가 아들을 대하듯 다루었습니다:
11. …우리가 너희 각 사람에게 아버지가 자기 자녀에게 하듯 권면하고 위로하고 경계하노니
12. …하나님께 합당히 행하게 하려 함이라

e. 부모들은 자녀들에 대한 사랑으로 책임을 수행해야 합니다. 이것은 자녀들을 향하신 하나님의 사랑을 나타냅니다.

시편 103편 13-14절
13. 아버지가 자식을 긍휼히 여김 같이 여호와

께서는 자기를 경외하는 자를 긍휼히 여기시나니 14. 이는 그가 우리의 체질을 아시며 우리가 단지 먼지뿐임을 기억하심이로다

잠언 3장 11-12절
11. 내 아들아 여호와의 징계를 경히 여기지 말라 그 꾸지람을 싫어하지 말라 12. 대저 여호와께서 그 사랑하시는 자를 징계하시기를 마치 아비가 그 기뻐하는 아들을 징계함 같이 하시느니라

이사야 49장 15절
15. 여인이 어찌 그 젖 먹는 자식을 잊겠으며 자기 태에서 난 아들을 긍휼히 여기지 않겠느냐 그들은 혹시 잊을지라도 나는 너를 잊지 아니할 것이라
[66장 13절을 함께 참조하세요.]

누가복음 11장 11-13절
13. 너희가 악할지라도 좋은 것을 자식에게 줄 줄 알거든 하물며 너희 하늘 아버지께서 구하는 자에게 성령을 주시지 않겠느냐 하시니라

히브리서 12장 6-11절
7. 너희가 참음은 징계를 받기 위함이라 하나님이 아들과 같이 너희를 대우하시나니 어찌 아버지가 징계하지 않는 아들이 있으리요 8. 징계는 다 받는 것이거늘 너희에게 없으면 사생자요 친아들이 아니니라… 11. 무릇 징계가 당시에는 즐거워 보이지 않고 슬퍼 보이나 후에 그로 말미암아 연단 받은 자들은 의와 평강의 열매를 맺느니라

프로젝트:
가족 구성원이 특별히 부모-자녀 사이에서 좋은 관계와 나쁜 관계를 맺고 있는 성경의 예를 찾아보세요. 이러한 가족들에 대한 긍정적인 언급과 부정적인 언급 모두를 기록하세요. 여기에 몇 가지 출발점이 있습니다: 창세기 18장 19절, 사무엘상 2장 12-28절, 3장 13절, 사무엘상 8장 3-5절, 열왕기상 1장 5-6절, 역대상 22장 1-9절, 28장 1-21절 (솔로몬을 위한 다윗의 준비를 주목하세요), 욥기 1장 5절

2. 부모와 자녀는 서로를 존중해야 합니다.

a. 자녀들은 부모를 공경하고 존경해야 합니다.

출애굽기 20장 12절;
신명기 5장 16절;
마태복음 15장 4절, 19장 19절;
마가복음 7장 10절
20:12. 네 부모를 공경하라 그리하면 네 하나님 여호와가 네게 준 땅에서 네 생명이 길리라
5:16 …네 생명이 길고 복을 누리리라

출애굽기 21장 15, 17절, 20장 9절;
잠언 20장 20절
율법에 따르면, 부모를 때리거나 저주하는 자는 죽임을 당해야 했습니다.

레위기 18장 7절;
창세기 9장 22-25절
아이들은 분명히 어떤 연령일지라도 벌거벗은 모습은 제외하고 부모님의 사생활을 허용해야

했습니다.

레위기 19장 3, 32절
3절에서 주님께서는 부모를 존경하는 것을 하나님께서 거룩하시다는 사실과 연관 지으십니다:
32. 너는 센 머리 앞에서 일어서고 노인의 얼굴을 공경하며 네 하나님을 경외하라 나는 여호와이니라

신명기 27장 16절
그 땅에 들어간 이스라엘이 하나님을 떠날 때 그들에게 임할 저주 가운데는 다음의 내용이 포함 됩니다:
그의 부모를 경홀히 여기는 자는 저주를 받을 것이라 할 것이요…

열왕기상 2장 19절
왕으로서 솔로몬의 예:
그의 어머니가 부탁하러 왔을 때 그는 일어나서 맞이하고, 절하고, 영광의 자리를 베풀었습니다.

열왕기상 8장 17-20절
새 성전의 봉헌식에서 솔로몬 왕은 아버지인 다윗을 믿었습니다.

잠언 19장 26절, 23장 22절, 28장 24절, 30장 17절
하나님께서는 부모님께 드려야 하는 다양한 존경을 강조하시며 분명하고 평범한 언어를 사용하십니다:
26. 아비를 구박하고 어미를 쫓아내는 자는 부끄러움을 끼치며 능욕을 부르는 자식이니라…
22. 너를 낳은 아비에게 청종하고 네 늙은 어미를 경히 여기지 말지니라… 24. 부모의 물건을 도둑질하고서도 죄가 아니라 하는 자는 멸망 받게 하는 자의 동류니라… 17. 아비를 조롱하며 어미 순종하기를 싫어하는 자의 눈은 골짜기의 까마귀에게 쪼이고 독수리 새끼에게 먹히리라

예레미야 35장 18-19절
하나님께서는 레갑인들이 아버지의 명령을 순종하였기 때문에 특별한 축복을 약속하셨습니다.

말라기 1장 6절
하나님께서는 이스라엘이 하늘 아버지, 하나님을 공경하지 않는 불순종에 대해 설명하기 위해 아버지를 공경하는 평범한 아들에 대해 말씀하십니다.

에베소서 6장 1-3절
1. 자녀들아 주 안에서 너희 부모에게 순종하라 이것이 옳으니라 2. 네 아버지와 어머니를 공경하라 이것은 약속이 있는 첫 계명이니 3. 이로써 네가 잘되고 땅에서 장수하리라

골로새서 3장 20절
자녀들아 모든 일에 부모에게 순종하라 이는 주 안에서 기쁘게 하는 것이니라

디모데전서 5장 1절
바울은 젊은 목회자 디모데를 가르치면서 아버지에게 하듯 늙은이를 권하고 꾸짖지 말 것을 권고합니다.

b. 부모는 반드시 자녀들의 필요와 감정에 민감해야 합니다.

룻기 1장 11-19절

며느리의 감정과 필요에 관심을 나타내는 시어머니에 대한 훌륭한 예. 나오미는 룻이 그의 민족 가운데서 다시 결혼하는 것이 낫다고 여김으로써 홀로 이스라엘로 돌아가고자 하였습니다.

시편 103편 13-14절

하나님께서는 우리를 향하신 관심을 자녀들의 한계를 아는 아버지의 관심으로 비유하십니다: 13. 아버지가 자식을 긍휼히 여김 같이 여호와께서는 자기를 경외하는 자를 긍휼히 여기시나니 14. 이는 그가 우리의 체질을 아시며 우리가 단지 먼지뿐임을 기억하심이로다

마태복음 18장 6, 10절

하나님께서는 아이를 실족하게 하거나 작은 자를 업신여기는 것을 심각한 죄로 여기십니다. 이러한 죄를 짓는 것보다 물에 빠져 죽는 것이 낫습니다.

에베소서 6장 4절;
골로새서 3장 21절

6:4. 또 아비들아 너희 자녀를 노엽게 하지 말고… 3:21. 아비들아 너희 자녀를 노엽게 하지 말지니 낙심할까 함이라

c. 형제들은 서로에게 사랑을 보여야 하고 불필요하게 기분을 상하게 해서는 안됩니다.

잠언 18장 19절

핵심 구절:

노엽게 한 형제와 화목하기가 견고한 성을 취하기보다 어려운즉 이러한 다툼은 산성 문빗장 같으니라

창세기 4장 1-8절

가인은 질투심으로 인해 동생 아벨을 죽였고 자신은 책임이 없다고 주장했습니다.

창세기 36장 6-8절

야곱과 에서가 화해한 후에도 그들은 서로를 신뢰하지 못했고 에서는 야곱을 떠나 거리를 두었습니다.

프로젝트:

다윗의 아들들에게서 나타나는 태도에 관해 연구하세요. 여러 아내의 자녀들에 대한 목록을 만드십시오. 그들 가운데 질투에 대한 예를 작성하세요. 그 원인을 파악할 수 있는지 살펴보십시오.

사무엘상 22장 3-4절

다윗이 사울로부터 도망하고 있을 때 다윗의 부모님과 형제들은 그와 함께 모압 사람. 아둘람의 굴에 머물렀습니다. 성인의 삶에서도 가족 구성원들은 큰 격려가 될 수 있습니다.

레위기 18장 9-17절

하나님께서는 나체를 드러내기보다 단정함을 요구하시며 이는 가족 내의 모든 관계에 적용됩니다.

3. 부모는 자녀를 편애하지 않고 공정하게 대해야 합니다.

창세기 25장 28절, 27장 1-46절, 32장 3-23절, 33장 1-17절

편애와 비극적인 결과에 대한 예:

28. 이삭은 에서가 사냥한 고기를 좋아하므로 그를 사랑하고 리브가는 야곱을 사랑하였더라
가족 안에 다툼, 에서가 동생을 죽이겠다는 결심을 하게 한 속임수, 하란으로 달아난 야곱, 남편에게 거짓 설명을 전하는 레베카(27장 42-46절), 20년 만에 야곱과 에서의 마지막 만남은 큰 감사로 가득했습니다(32장 3-23절, 33장 1-17절).

창세기 37장 3-4절
부모의 편애로 인해 부모의 집을 떠나야만 했던 경험에도 불구하고 야곱은 같은 잘못을 범했습니다:
3. 요셉은 노년에 얻은 아들이므로 이스라엘이 여러 아들들보다 그를 더 사랑하므로 그를 위하여 채색옷을 지었더니 4. 그의 형들이 아버지가 형들보다 그를 더 사랑함을 보고 그를 미워하여 그에게 편안하게 말할 수 없었더라

결과:
증오와 질투, 요셉을 죽이고자 함, 그를 노예로 팜, 아버지를 속임으로써 수년 동안 슬퍼함, 수년간 지속된 엄청난 죄의식(42장 21-22절), 요셉이 그들에게 자신을 드러냈을 때 두려움(45장 3절), 아버지가 돌아가신 후 다시 두려움(50장 15-18절)

신명기 21장 15-17절
여기에 설명된 상황이 하나님께서 세우신 이상적인 가족의 모습으로는 적합하지는 않지만 자녀를 공정하게 대해야 하는 원리는 분명하게 나타납니다. 율법에 따르면 두 명의 아내와 이들에게서 자녀를 둔 남자는 두 번째 아내를 더 사랑한다고 할지라도 둘째를 위해 맏아들을 제쳐놓을 수 없었습니다.

디모데전서 5장 21절
같은 원리가 교회에도 적용됩니다:
하나님과 그리스도 예수… 앞에서 내가 엄히 명하노니 너는 편견이 없이 이것들을 지켜 아무 일도 불공평하게 하지 말며

프로젝트:
모세와 아론 사이에 존재하는 관계를 탐구하세요. 둘 다 하나님께서 강력하게 사용하셨습니다. 서로에 대한 태도가 완벽하지는 않았지만(민수기 12장) 질투의 기회가 많았음에도 불구하고 많은 부분이 모범적이었습니다.

4. 부모의 삶은 자녀와 미래 세대에게 영향을 미칩니다.

a. 부모들이 올바르게 사는 것은 자녀들에게 긍정적인 영향을 미칩니다.

창세기 6장 8-9, 18절, 7장 1절
노아는 하나님과 동행함에 따라 하나님 보시기에 은혜를 얻었고 그의 아들과 아내도 방주에 들어가며 하나님의 언약에 포함되었습니다.

창세기 18장 18-19절, 22장 17-18절
하나님께서 아브라함에 대해 말씀하셨습니다:
19. 내가 그로 그 자식과 권속에게 명하여 여호와의 도를 지켜 의와 공도를 행하게 하려고 그를 택하였나니 이는 나 여호와가 아브라함에게 대하여 말한 일을 이루려 함이니라

아브라함이 하나님 명령에 순종함으로 이삭을 기꺼이 드렸을 때 하나님께서는 그의 자손을 축복하셨던 약속을 새롭게 하셨습니다.

신명기 4장 20절, 6장 2절, 7장 12-13절
하나님께서는 현재 세대가 하나님을 따른다면 이스라엘의 미래 세대를 축복하실 것을 반복적으로 약속하십니다.

여호수아 14장 8-9절
갈렙이 말합니다:
8. …나는 내 하나님 여호와께 충성하였으므로
9. 그 날에 모세가 맹세하여 이르되 네가 내 하나님 여호와께 충성하였은즉 네 발로 밟는 땅은 영원히 너와 네 자손의 기업이 되리라 하였나이다

열왕기상 11장 12, 32-26절
많은 다윗의 후손들은 그의 경건한 삶을 통해 선한 영향을 받았습니다. 하나님께서는 많은 이방 아내를 취한 솔로몬의 불신실함에 대해 심판을 선언하셨으나 다윗을 위하여 심판을 연기하셨습니다(12절); 또한 하나님께서는 다시 다윗을 위하여 한 지파를 솔로몬의 후손에게 주셨습니다(32-36절).

열왕기상 15장 1-5, 11절;
열왕기하 8장 19절, 18장 3절
15:3. 아비얌이 그의 아버지가 이미 행한 모든 죄를 행하고 그의 마음이… 그의 하나님 여호와 앞에 온전하지 못하였으나 4. 그의 하나님 여호와께서 다윗을 위하여 예루살렘에서 그에게 등불을 주시되 그의 아들을 세워 뒤를 잇게 하사 예루살렘을 견고하게 하셨으니 5. 이는 다윗이… 여호와 보시기에 정직하게 행하고…
또한(11절) 아사는 다윗으로부터 본을 삼았습니다. 여호람의 죄에도 불구하고, 하나님께서는 다윗을 위하여 그리고 다윗에게 약속하셨기 때문에 유다를 기억하셨습니다 (8장 19절).

프로젝트:
열왕기서와 역대기서에서 유다 왕들에 관해 연구하세요. 특별히 아버지와 아들의 관계를 찾아보세요. 누가 자신의 아버지를 따랐나요? 좋은 행실인가요 혹은 나쁜 행실인가요?
조상의 행동 혹은 태도 때문에 하나님께서 특별한 축복으로 언급하신 것은 무엇입니까? 부모들은 자녀들의 삶에 얼마나 중요한가요?

시편 103편 17절
여호와의 인자하심은 자기를 경외하는 자에게 영원부터 영원까지 이르며 그의 의는 자손의 자손에게 이르리니

잠언 14장 26절, 20장 7절
26. 여호와를 경외하는 자에게는 견고한 의뢰가 있나니 그 자녀들에게 피난처가 있으리라…
20:7. 온전하게 행하는 자가 의인이라 그의 후손에게 복이 있느니라

b. 죄악된 삶은 미래 세대에 영향을 미칩니다.

창세기 19장 14, 31-38절
롯이 그의 사위에게 경고했을 때 그는 농담하는 사람처럼 여겨졌습니다. 보기에 롯의 삶은 그의 말과 일치하지 않았습니다. 롯의 부도덕함은 그의 딸들에게 목적이 수단을 정당화하며 상황이

허락한다면 근친상간이 용납될 수 있음을 가르쳤습니다.

창세기 34장 13-30절, 35장 22절
야곱의 아들들은 그들의 아버지가 세겜과 그의 지지자들을 기만했던 것처럼 기만적으로 그들을 대했습니다. 야곱의 맏아들 르우벤은 아버지의 첩, 빌하와 간통하였습니다. 야곱은 두 아내와 두 첩이 있었는데 왜 아들은 한 명으로 제한해야 할까요?

출애굽기 20장 5-6절, 34장 7절;
민수기 14장 18절;
신명기 5장 9절
5. …나 네 하나님 여호와는 질투하는 하나님인즉 나를 미워하는 자의 죄를 갚되 아버지로부터 아들에게로 삼사 대까지 이르게 하거니와 6. 나를 사랑하고 내 계명을 지키는 자에게는 천 대까지 은혜를 베푸느니라

신명기 23장 2-8절, 25장 17-19절;
사무엘상 15장 2-3절
하나님께서는 이스라엘의 특정한 죄들을 매우 심각하게 여기셔서 죄악된 사람의 후손들은 십 대에 이르기까지 여호와의 회중에 들어오지 못하게 하셨습니다. 아말렉의 죄는 이스라엘에게 결코 잊히지 않았습니다.

여호수아 7장 24-25절
아간이 죄를 지었음에도 그의 아들들과 딸들은 아간과 함께 돌에 맞았습니다.

역대하 33장 22-23절
므낫세는 죄악된 행동과 우상 숭배로 알려집니다. 나중에 그는 회개하였으나(33장 12-17절), 그의 아들은 그의 우상 숭배를 따랐고 회개는 따르지 않았습니다.

예레미야 9장 13-16절
예레미야를 통하여 하나님께서는 유다에게 상기시키십니다:
14. 그 마음의 완악함을 따라 그 조상들이 자기에게 가르친 바알들을 따랐음이라
그들은 아버지로부터 죄를 배웠고 그러나 하나님께서는 그들에게 책임을 물으십니다.

예레미야 32장 18절;
예레미야애가 5장 7절
18. 주는… 아버지의 죄악을 그 후손의 품에 갚으시오니… 7. 우리의 조상들은 범죄하고 없어졌으며 우리는 그들의 죄악을 담당하였나이다
[다음의 구절들을 포함하여 열왕기서와 역대기서에 있는 여러 구절을 함께 참조하세요: 열왕기상 15장 26절, 21장 20-22, 29절, 열왕기하 3장 2-3절, 14장 24절, 15장 9절, 17장 14, 41절, 21장 20-22절, 역대하 21장 1-6절, 22장 3절, 24장 7절, 33장 22-23절, 36장 8-9절]

> 자녀가 실수와 어리석음으로 고통 받는 것을 보는 것과 같은 처벌은 없습니다.
> _ 윌리엄 섬너(William G. Sumner)
>
> 우리는 자신이 부모가 되기 전까지, 결코 부모님의 사랑을 알 수 없습니다.
> _ 헨리 워드 비처(Henry Ward Beecher), 1813-1887.

> 마땅히 가야 할 길로 자녀를 교육하고자 하는 부모들은 그 길을 반드시 자신들이 가야 합니다.
> _ 프란시스 베이컨(Francis Bacon), 1561-1626.

VI. 부모에 대한 자녀의 책임

1. 자녀들은 특별히 그들이 성숙해감에 따라 하나님께 책임이 있습니다.

사사기 6장 25-27절
하나님께서는 젊은 기드온에게 그의 아버지가 세운 바알의 제단을 깨뜨리고 나무를 찍으며 대신에 하나님을 위한 제단을 짓도록 가르치셨습니다.

열왕기상 15장 11-13절
아사는 그의 조상 다윗을 따라 옳은 일을 행하였습니다. 그는 소돔 족속과 그의 조상들이 만든 우상들을 제거했습니다. 심지어 우상을 만든 그의 어머니를 왕비의 자리에서 물러나게 하였습니다.

역대하 7장 17-22절
하나님께서는 솔로몬에게 그의 축복이 아버지 다윗의 순종에 달리지 않았음을 상기시키십니다. 솔로몬은 하나님 앞에서 행해야 하며 순종해야 합니다.

역대하 28장 22-25절, 29장 2-9절
아버지가 경건하지 않을지라도 아들은 옳은 일을 행할 수 있습니다. 아하스는 하나님을 부인하고 다른 신들을 섬기도록 하였습니다. 그의 아들, 히스기야는 죄와 그로 인한 결과를 깨닫고, 그러한 풍조를 뒤바꾸었습니다.

역대하 34장 1-8절;
열왕기하 22장 2, 22-25절
아버지와 할아버지가 악하였던 요시야는 8살에 나라를 다스리기 시작했고 바르게 행했습니다. 16살에 그는 하나님을 찾기 시작했습니다. 20살에 유다와 예루살렘의 우상 숭배와 그에 수반되는 것을 모두 제거하기 시작했습니다. 26살에 하나님의 집을 수리하기 시작했고 부흥이 있었습니다.

잠언 20장 11절
비록 아이라도 자기의 동작으로 자기 품행이 청결한 여부와 정직한 여부를 나타내느니라

전도서 12장 1절
너는 청년의 때에 너의 창조주를 기억하라 곧 곤고한 날이 이르기 전에 나는 아무 낙이 없다고 할 해들이 가깝기 전에

2. 자녀들은 부모님께 순종하고 복종해야 합니다.

출애굽기 20장 12절;
신명기 5장 16절
다섯 번째 계명:
12. 네 부모를 공경하라 그리하면 네 하나님 여호와가 네게 준 땅에서 네 생명이 길리라
신명기 21장 18-21절

이 명령은 율법으로 정해져 있지만 부모에게 반역하는 젊은이에 대한 하나님의 태도를 드러냅니다:
18. 사람에게 완악하고 패역한 아들이 있어 그의 아버지의 말이나 그 어머니의 말을 순종하지 아니하고 부모가 징계하여도 순종하지 아니하거든 9. 그의 부모가 그를 끌고 성문에 이르러 그 성읍 장로들에게 나아가서… 21. 그 성읍의 모든 사람들이 그를 돌로 쳐죽일지니 이같이 네가 너희 중에서 악을 제하라 그리하면 온 이스라엘이 듣고 두려워하리라

사사기 11장 36-39절
아버지가 하나님께 서원했을 때 딸이 아버지에게 복종한 흔치 않은 예.

잠언 1장 8절, 4장 1절, 6장 20절, 13장 1절, 23장 22절
일련의 훈계:
1:8. 내 아들아 네 아비의 훈계를 들으며 네 어미의 법을 떠나지 말라
이해에 주의를 기울이고, 아버지의 명령을 지키기 위해 지혜로운 아들은 아버지의 가르침에 주의를 기울이며 어머니가 늙었을 때 업신여기지 않습니다.

예레미야 35장 18-19절
아버지에게 순종하는 레갑 족속과 그들이 얻은 인정에 대한 예. (전체 장을 읽어 보세요.)

마태복음 15장 4절
예수님께서는 순종에 대한 구약성경의 명령을 반복하시며 부모를 공경하기를 거부하고 대신에 그들의 불순종을 하나님께 드리는 선물로 덮으려고 하는 자들을 책망하십니다.

누가복음 2장 51-52절
놀라운 지혜를 나타내었던 열두 살의 예수님은 (46-47절) 나사렛에 돌아가 마리아와 요셉에게 순종하였습니다. 그렇게 함으로써 그는 계속하여 지혜와 키가 자라고, 하나님과 사람에게 사랑받았습니다. 우리에게 얼마나 좋은 예입니까.

로마서 1장 30절
하나님을 마음에 두기를 거절함으로써 초래한 악랄한 죄악 중에 명시되어 있습니다:
부모를 거역하는 자요
이 죄는 디모데후서 3장 2절에서 마지막 날의 특징 가운데 하나로 기록됩니다.

에베소서 6장 1-4절;
골로새서 3장 20절
1. 자녀들아 주 안에서 너희 부모에게 순종하라
네 가지 이유를 줍니다:
순종은 옳습니다; 부모님을 공경하는 것은 하나님의 명령입니다; 순종에는 상급이 있습니다; 순종은 하나님을 기쁘시게 합니다.

디모데전서 3장 4-5, 12절;
디도서 1장 6절
자녀들의 불순종은 아버지가 교회에서 목사나 집사로서 섬기는 자격을 박탈합니다.

3. 자녀들은 자라면서 부모님에 대한 책임을 받아들여야 합니다.

창세기 45장 4-15, 21-28절, 48장 1-2절, 50장

7-21절

요셉은 형제들에게 학대를 받았음에도 불구하고 형제들과 아버지에 관한 관심을 잃지 않았습니다. 그는 상당한 선물을 보냈고, 그들의 필요를 공급하고, 형제들을 용서하며 아버지의 요청을 수행하였습니다.

시편 127편 3-5절

자녀가 부모에게 주는 축복에 대해 말하면서 시편 기자는 이야기합니다:

5. 이것이[자녀] 그의 화살통에 가득한 자는 복되도다 그들이 성문에서 그들의 원수와 담판할 때에 수치를 당하지 아니하리로다

즉, 자녀들은 그들의 부모가 곤경에 처했을 때, 부모를 변호할 것입니다.

잠언 23장 22절

자녀들은 늙은 부모님을 경히 여겨서는 안 됩니다.

마태복음 15장 4-6절;
마가복음 7장 9-13절

예수님께서는 사람들이 부모에 대한 책임을 무시하고 하나님께 드리는 것으로 대신하도록 촉구하는 바리새인들을 엄하게 비난하십니다:

9. …너희가 너희 전통을 지키려고 하나님의 계명을 잘 저버리는도다 10. 모세는 네 부모를 공경하라 하고… 11. 너희는 이르되 사람이 아버지에게나 어머니에게나 말하기를 내가 드려 유익하게 할 것이 고르반 곧 하나님께 드림이 되었다고 하기만 하면 그만이라 하고 12. 자기 아버지나 어머니에게 다시 아무것도 하여 드리기를 허락하지 아니하여 13. 너희가 전한 전통으로 하나님의 말씀을 폐하며…

요한복음 19장 26-27절

십자가에서 고통 가운데 계신 예수님께서는 그의 어머니를 위해 말씀하십니다.

26. 예수께서… 자기 어머니께 말씀하시되 여자여 보소서 아들이니이다 하시고 27. 또 그 제자에게 이르시되 보라 네 어머니라 하신대 그때부터 그 제자가 자기 집에 모시니라

디모데전서 5장 3-4, 8절

3. 참 과부인 과부를 존대하라 4. 만일 어떤 과부에게 자녀나 손자들이 있거든 그들로 먼저 자기 집에서 효를 행하여 부모에게 보답하기를 배우게 하라 이것이 하나님 앞에 받을만하신 것이니라… 8. 누구든지 자기 친족 특히 자기 가족을 돌보지 아니하면 믿음을 배반한 자요 불신자보다 더 악한 자니라

> 아이들이 부모를 위해 일하는 것이 싫증 난다면, 그리스도께서 그의 부모를 위해 일하셨음을 기억하게 하십시오. 아이들이 명령을 견디지 못하면, 그리스도께서 즐거이 순종하셨음을 기억하게 하십시오. 아이들이 부모를 부양하기를 꺼린다면, 그리스도께서는 십자가의 고통 가운데서도 자신을 잊으시고 어머니를 위해 공급하신 것을 기억하게 하십시오. 이 신성한 모범이 모든 어린이에게 전하는 애정 어린 말은 '너도 가서 그렇게 하라'입니다.
>
> _ 티모시 드와이트(Timothy Dwight), 1752-1817.

사회적 제도 교회

사회적 제도-교회: 성경적 개념

I. 교회

1. 교회는 그리스도께서 머리 되시는 신자들의 몸입니다.

2. 교회는 예수님께서 부활하신 후 50일째 되는 오순절에 시작되었습니다.

3. 그리스도께서 믿는 자들을 데려가시기 위해 다시 오실 때까지 교회는 계속될 것입니다.

4. 교회와 그리스도의 연합은 인간의 몸과 머리, 신랑과 신부, 모퉁이 돌과 건축용 돌로 세워진 성전의 관계로 묘사됩니다.

5. 교회는 하나님께서 지상에서 거주하시는 곳이며 하나님의 지혜를 알리도록 설계되었습니다.

6. 교회에서는 사람들 사이의 모든 차이가 사라집니다; 인종, 성, 국적, 경제 상황.

II. 교회 혹은 지역 단체

1. 교회는 그리스도의 명령을 수행하기 위해 한 지역에서 함께 모인 신자들의 단체입니다.

2. 신약의 교회들은 그들의 삶과 활동, 찬양과 예배, 교육과 양육, 조언과 징계, 친교와 상호 협조, 성례의 준수, 복음 전도를 포함합니다.

3. 신약의 교회는 멤버십, 관리자와 전달자의 선출, 활동과 관련하여 스스로 결정을 내렸습니다.

4. 신약의 교회는 교회 전체가 결정에 참여했습니다.

5. 신약의 신자들은 한 주의 첫째 날에 함께 모였습니다. 유대인의 안식일에 많은 복음 전도가 이루어졌습니다.

6. 신약의 지역 교회 지도자들은 다양하게 목사, 장로로 불렸고 직분에 따르는 자격이 설명됩니다.

7. 교회의 집사들은 도움이 필요한 자들을 돕는 것을 포함하여 여러 역할로 섬겼습니다.

8. 신약의 교회들은 또한 사도, 예언자, 전도자와 교사들을 교회에 허락하신 하나님의 은사로 여겼습니다.

III. 교회 관계

1. 교회 안에 그리스도께 연합된 사람들의 삶은

그리스도 밖의 사람들과는 뚜렷하게 구별되어야 합니다.

2. 그리스도의 주권 아래 교회는 외부의 인간적 권위로부터 독립되어 있습니다.

3. 성경에 기반을 둔 교회들은 많은 공통점을 가지고 있어서 종종 협력적인 프로젝트에 함께 참여해 왔습니다.

4. 교회들은 그들이 섬기고 있는 지역사회에 긍정적으로 도덕적 영향을 끼쳐야 합니다.

> 영어로 교회(church)는 그리스어로 '부름받다'를 의미하는 에클레시아(ecclesia)로 번역됩니다. 이 단어는 다양한 목적을 위해 부름 받은 집회 또는 회중에게 사용되었습니다. 신약 성경에 사용된 이 용어의 중요성은 두 가지로 살펴볼 수 있습니다. 에클레시아는 열방에서 주님의 이름을 위하여 그리스도의 몸인 교회를 구성하는 자로 부름 받은 사람들을 뜻합니다. 이러한 점에서 교회는 유기체입니다. 또한 에클레시아는 주어진 지역사회 가운데 신약성경에서 발견되는 그리스도의 원칙과 교훈을 수행하기 위하여 부름 받은 사람들을 뜻합니다. 이러한 점에서 교회는 조직입니다
>
> _ 에머리 밴크로프트(Emery H. Bancroft), Elemental Theology(Bringhamton, NY: Consevative Book and Bible Publishing Co., 1932), 225쪽.

사회적 제도-교회: 성경적 배경

I. 교회

1. 교회는 그리스도께서 머리 되시는 신자들의 몸입니다.

마태복음 16장 17-18절
베드로가 주님이신 그리스도를 고백한 후에 말씀하시는 예수님:
17. …바요나 시몬아 네가 복이 있도다 이를 네게 알게 한 이는 혈육이 아니요 하늘에 계신 내 아버지시니라 18. 또 내가 네게 이르노니 너는 베드로라 내가 이 반석 위에 내 교회를 세우리니 음부의 권세가 이기지 못하리라

고린도전서 12장 12-13, 27-28절
12. 몸은 하나인데 많은 지체가 있고 몸의 지체가 많으나 한 몸임과 같이 그리스도도 그러하니라 13. 우리가 유대인이나 헬라인이나 종이나 자유인이나 다 한 성령으로 세례를 받아 한 몸이 되었고 또 다 한 성령을 마시게 하셨느니라… 27. 너희는 그리스도의 몸이요 지체의 각 부분이라 28. 하나님이 교회 중에 몇을 세우셨으니 첫째는 사도요… (전체적으로, 교회에 주어진 은사 받은 자들에 대한 목록)

에베소서 1장 22-23절
그리스도를 높이는 바울:
22. …그를 만물 위에 교회의 머리로 삼으셨느니라 23. 교회는 그의 몸이니 만물 안에서 만물을 충만하게 하시는 이의 충만함이니라

에베소서 5장 24-26절
25. …교회를 사랑하시고 그 교회를 위하여 자신을 주심 같이 하라 26. 이는 곧 물로 씻어 말씀으로 깨끗하게 하사 거룩하게 하시고 27. 자기 앞에 영광스러운 교회로 세우사…

2. 교회는 예수님께서 부활하신 후 50일째 되는 오순절에 시작되었습니다.

마태복음 16장 18절 (위에 인용됨)
여기서 그리스도께서는 교회를 세우실 것을 나타내십니다. 베드로에게 말씀하실 때는 아직 그 때가 아직 오지 않았습니다.

사도행전 1장 4-5절
예수님께서 승천하실 때, 제자들에게 하나님께서 약속하신 것을 기다리도록 말씀하셨습니다:
5. …너희는 몇 날이 못되어 성령으로 세례를 받으리라 하셨느니라

사도행전 2장 1-4, 38-47절
1. 오순절 날이 이미 이르매 그들이 다같이 한 곳에 모였더니… 4. 그들이 다 성령의 충만함을 받고 성령이 말하게 하심을 따라 다른 언어들로 말하기를 시작하니라

그리고 베드로의 설교가 이어지며, 다음과 같이 마무리 됩니다:
38. …너희가 회개하여 각각 예수 그리스도의 이름으로 세례를 받고 죄 사함을 받으라 그리하면 성령의 선물을 받으리니… 41. 그 말을 받은 사람들은 세례를 받으매 이 날에 신도의 수가 삼천이나 더하더라
41-47절은 다음으로 어떤 일이 있었는지 묘사합니다. - 최초의 교회에 대한 설명

고린도전서 12장 13절 (위에 인용됨)
여기서 성령의 세례는 각 개인이 그리스도의 몸인 교회의 일부가 되는 과정이라는 것이 명백해집니다.

3. 그리스도께서 믿는 자들을 데려가시기 위해 다시 오실 때까지 교회는 계속될 것입니다.

요한복음 14장 3절
교회가 시작되기 전에 약속:
3. …내가 다시 와서 너희를 내게로 영접하여 나 있는 곳에 너희도 있게 하리라

데살로니가전서 4장 15-17절
15. …주께서 강림하실 때까지 우리 살아 남아 있는 자도 자는 자보다 결코 앞서지 못하리라
16. 주께서 호령과 천사장의 소리와 하나님의 나팔 소리로 친히 하늘로부터 강림하시리니 그리스도 안에서 죽은 자들이 먼저 일어나고 17. 그 후에 우리 살아 남은 자들도 그들과 함께 구름 속으로 끌어 올려 공중에서 주를 영접하게 하시리니 그리하여 우리가 항상 주와 함께 있으리라

[고린도전서 15장 22-23, 51-52절, 마태복음 16장 18절을 함께 참조하세요.]

4. 교회와 그리스도의 연합은 인간의 몸과 머리, 신랑과 신부, 모퉁이돌과 건축용 돌로 세워진 성전의 관계로 묘사됩니다.

a. 몸의 구성원과 머리

로마서 12장 4-5절
4. 우리가 한 몸에 많은 지체를 가졌으나 모든 지체가 같은 기능을 가진 것이 아니니 5. 이와 같이 우리 많은 사람이 그리스도 안에서 한 몸이 되어 서로 지체가 되었느니라

고린도전서 12장 12-27절
12. 몸은 하나인데 많은 지체가 있고 몸의 지체가 많으나 한 몸임과 같이 그리스도도 그러하니라
[13-27절은 이 연합과 모든 부분들의 필요성에 대하여 더 논의합니다. 위에 언급된 에베소서 1장 22-23절과 4장 15-16절을 함께 참조하세요.]

골로새서 1장 18절, 2장 19절
18. 그는 몸인 교회의 머리시라…
2장 19절에서 바울은 머리를 붙들지 않는 것의 위험을 말합니다.
19. …온 몸이 머리로 말미암아… 연합하여 하나님이 자라게 하시므로 자라느니라

b. 신부와 신랑

고린도후서 11장 2절

고린도 교회에 대한 관심을 표현하는 바울:
2. …내가 너희를 정결한 처녀로 한 남편인 그리스도께 드리려고 중매함이로다…

에베소서 5장 25-32절
남편과 아내의 사랑의 관계를 나타내면서 바울은 그리스도와 교회의 관계를 연결합니다:
32. 이 비밀이 크도다 나는 그리스도와 교회에 대하여 말하노라

요한계시록 19장 5-9절, 21장 9절
여기에 어린 양의 혼인 잔치가 설명됩니다. - 즉, 승천 후 천국에서 그리스도와 교회

c. 건축용 돌, 모퉁이 돌, 토대가 있는 성전

고린도전서 3장 9-17절
그리스도는 토대로써 제시되고 신자들의 삶과 일은 그 토대 위에 세우는 건물로써 설명됩니다. 또한 신자들은 하나님께서 거하시는 성전이며 그러므로 그 성전은 더럽히지 말아야합니다.

에베소서 2장 20-22절
20. 너희는 사도들과 선지자들의 터 위에 세우심을 입은 자라 그리스도 예수께서 친히 모퉁잇돌이 되셨느니라 21. 그의 안에서 건물마다 서로 연결하여 주 안에서 성전이 되어 가고 22. 너희도 성령 안에서 하나님이 거하실 처소가 되기 위하여 그리스도 예수 안에서 함께 지어져 가느니라
[디모데전서 3장 15절, 베드로전서 2장 4-8절을 함께 참조하세요.]

5. 교회는 하나님께서 지상에서 거주하시는 곳이며 하나님의 지혜를 알리도록 설계되었습니다.

에베소서 2장 19-22절
19. …하나님의 권속이라 21. …주 안에서 성전…
22. …하나님이 거하실 처소…
[3장 20절을 함께 참조하세요.]

에베소서 3장 10, 21절
3장의 초반 구절에서 바울은 교회가 감추어져 있던 비밀이었으나 이제는 계시되었음을 나타냅니다. 그 의미가 10절에 명시되어 있습니다:
10. 이는 이제 교회로 말미암아 하늘에 있는 통치자들과 권세들에게 하나님의 각종 지혜를 알게 하려 하심이니… 21. 교회 안에서와 그리스도 예수 안에서 영광이 대대로 영원무궁하기를 원하노라

디모데전서 3장 15절
15. …하나님의 집… 살아 계신 하나님의 교회요… 진리의 기둥과 터니라

6. 교회에서는 사람들 사이의 모든 차이가 사라집니다; 인종, 성, 국적, 경제 상황.

사도행전 15장 14절
하나님이 처음으로 이방인 중에서 자기 이름을 위할 백성을 취하시려고 그들을 돌보신 것을 시므온이 말하였으니

갈라디아서 3장 27-29절
27. 누구든지 그리스도와 합하기 위하여 세례를

받은 자는 그리스도로 옷 입었느니라 28. 너희는 유대인이나 헬라인이나 종이나 자유인이나 남자나 여자나 다 그리스도 예수 안에서 하나이니라

[에베소서 2장 11-13절, 3장 6절을 함께 참조하세요.]

II. 교회 혹은 지역 단체

1. 교회는 그리스도의 명령을 수행하기 위해 한 지역에서 함께 모인 신자들의 단체입니다.

사도행전 2장 41-47절, 4장 32-37절
초대 교회에 관한 설명:
교회의 사역을 수행하기 위해 예루살렘에 함께 모인 신자들의 몸이었습니다.

사도행전 8장 1절
1. …그 날에 예루살렘에 있는 교회에 큰 박해가 있어 사도 외에는 다 유대와 사마리아 모든 땅으로 흩어지니라
여기에 구체적으로 교회가 언급됩니다. 교회는 또한 여러 번 사도행전에서 언급됩니다.

사도행전 11장 22, 26절, 13장 1절, 14장 27절, 15장 3-4, 22절
안디옥의 교회는 다음과 같이 언급됩니다:
예루살렘 교회는 바나바를 안디옥으로 보냈습니다. 사울과 바나바는 교회에 모여 1년간 가르쳤습니다. 그리스도인이라고 처음 불렸습니다. 바울과 바나바는 이 교회에서 선교사로서 임명받았습니다. 선교 여행 후 바울과 바나바는 교회에 보고하였습니다. 교회에 불화가 일어났습니다. 이 교회는 두 선교사와 다른 이들을 예루살렘으로 보냈고 그들의 필요를 공급하였습니다. 그들은 예루살렘 교회로부터 환대받은 후 사도들과 장로들과 함께 만났습니다.

사도행전 18장 22절, 20장 17절
가이사랴에 교회가 있었고 바울이 방문하였습니다; 에베소에도 교회가 있었습니다.

로마서 16장 1, 45절;
고린도전서 1장 2절
겐그리아에 교회가 있었고 뵈뵈는 그곳에서 활동하며 많은 사랑을 받았습니다. 또한 브리스길라와 아굴라의 가르침에 감사하는 여러 이방 교회들이 있었습니다. 고린도에 있는 그들의 집에도 교회가 있었습니다.

프로젝트:
지역사회 교회들에 구체적으로 어떤 것이 지시되었는지 알기 위해서 각각 바울 서신서의 첫 번째 구절을 읽어보세요. 다른 지역 교회들의 위치는 요한계시록 2-3장을 참조하세요.

2. 신약의 교회들은 그들의 삶과 활동, 찬양과 예배, 교육과 양육, 조언과 징계, 친교와 상호 협조, 성례의 준수, 복음 전도를 포함합니다.

a. 찬양과 경배

사도행전 2장 42-47절

예루살렘 교회에 대하여 다음과 같이 설명하고 있는 구절들을 주목하세요:
42. …떡을 떼며… 기도하기를… 46. 날마다 마음을 같이하여 성전에 모이기를 힘쓰고 집에서 떡을 떼며 기쁨과 순전한 마음으로 음식을 먹고 47. 하나님을 찬미하며…

에베소서 5장 19-20절
에베소 교회와 우리를 향한 가르침으로써, 바울이 이야기하는 성령 충만한 자들의 특징 가운데 하나가 여기에 제시됩니다:
19. 시와 찬송과 신령한 노래들로 서로 화답하며 너희의 마음으로 주께 노래하며 찬송하며 20. 범사에 우리 주 예수 그리스도의 이름으로 항상 아버지 하나님께 감사하며

골로새서 3장 16절
다시, 골로새 교회에 대한 가르침:
그리스도의 말씀이 너희 속에 풍성히 거하여 모든 지혜로 피차 가르치며 권면하고 시와 찬송과 신령한 노래를 부르며 감사하는 마음으로 하나님을 찬양하고

b. 교육과 양육

사도행전 2장 42, 46절
42. 그들이 사도의 가르침을 받아 서로 교제하고… 46. 날마다 마음을 같이하여 성전에 모이기를 힘쓰고

로마서 12장 6-8절
교회에는 은사로써 예언하며, 가르치고, 위로하는 자들이 있었습니다. 이러한 모든 자들은 각자의 은사를 구체적인 분야에 집중하여서 사용하도록 권장되었습니다.

고린도전서 12장 4-31절
다양한 은사가 설명됩니다:
8. …지혜의 말씀을… 지식의 말씀을
28절에는 은사를 받은 사람들의 목록이 제시됩니다. 사도, 예언자, 교사가 포함되며 모두 교육 사역을 담당하는 자들입니다. 다른 사람들은 은사를 가진 자들의 중요성을 존중해야 하며 그들의 은사를 인정하고 감사해야 합니다.

고린도전서 14장
방언하는 신자들에 대한 모든 가르침에서, 신자들의 모임은 배우고 성숙하게 하는 방식으로 진행되어야 함을 강조합니다. 다음과 같이 강조되는 것을 주목하세요:
2. 방언을 말하는 자는 사람에게 하지 아니하고… 이는 알아듣는 자가 없고… 3. 그러나 예언하는 자는 사람에게 말하여 덕을 세우며 권면하며 위로하는 것이요 4. …예언하는 자는 교회의 덕을 세우나니 5. …만일 방언을 말하는 자가 통역하여 교회의 덕을 세우지 아니하면 예언하는 자만 못하니라… 12. 교회의 덕을 세우기 위하여 그것이 풍성하기를 구하라… 15. …또 마음으로 기도하며… 또 마음으로 찬송하리라 16. 그렇지 아니하면… 알지 못하는 처지에 있는 자가 네가 무슨 말을 하는지 알지 못하고 네 감사에 어찌 아멘 하리요… 19. 그러나 교회에서 네가 남을 가르치기 위하여 깨달은 마음으로 다섯 마디 말을 하는 것이… 나으니라…
[23-26절을 함께 참조하세요.]

31. 너희는 다 모든 사람으로 배우게… 하기 위하여 하나씩 하나씩 예언할 수 있느니라

갈라디아서 6장 6절
가르침을 받는 자는 말씀을 가르치는 자와 모든 좋은 것을 함께 하라
가르치는 사람들의 공헌을 인정하고 물질적인 것을 나누어야 했습니다.

에베소서 4장 11-16절
다시 11절에서 교회에 주어진 특별한 지도자의 목록이 제시되며, 그들 중 몇 명은 교육 사역을 맡은 자들입니다. 목록에 언급된 모든 사람의 책임은 성도를 온전하게 함으로써 봉사의 일을 하며 그리스도의 몸을 세우게 하는 것입니다.

프로젝트:
12-16절에서, 성장하거나 성숙한 그리스도인이 되어야 한다는 의미를 드러내는 모든 표현을 찾아보세요.

에베소서 6장 4절
아버지들은 자녀들을 주의 교훈과 훈계로 양육하도록 가르침을 받습니다. - 가정에서의 교육 사역입니다.

디모데후서 2장 2, 24-25절
젊은 목회자, 디모데에게 전하는 바울의 가르침:
2. 또 네가 많은 증인 앞에서 내게 들은 바를 충성된 사람들에게 부탁하라 그들이 또 다른 사람들을 가르칠 수 있으리라… 24. 주의 종은 마땅히 다투지 아니하고 모든 사람에 대하여 온유하며 가르치기를 잘하며 참으며 25. 거역하는 자를 온유함으로 훈계할지니 혹 하나님이 그들에게 회개함을 주사 진리를 알게 하실까 하며

c. 조언과 징계

마태복음 18장 15-17절
교회가 시작되기 전 예수님께서는 신자들 사이에서 의견 차이가 있을 때 해결에 관한 가르침을 주셨습니다. 먼저 그 사람과만 상대하고 다음으로 한두 사람을 데리고 가고 그 후에:
17. …교회에 말하고 교회의 말도 듣지 않거든 이방인과 세리와 같이 여기라
먼저 의견 차이를 해결하고 형제를 얻기 위한 모든 노력을 기울여야 하며 처음으로 교회의 징계가 언급됩니다.

고린도전서 5장 1-5, 9-13절;
고린도후서 2장 6-11절
여기에 다시 죄의 심각성을 깨닫기 위한 훈계, 심지어 성도의 파문에 관해 설명합니다. 11절은 같은 징계가 음행뿐 아니라 다른 죄에 대해서도 필요하다는 것을 말합니다. 바울의 두 번째 편지는 그 사람이 회개했고, 교인으로 회복될 것을 나타냅니다.

갈라디아서 6장 1절
형제들아 사람이 만일 무슨 범죄한 일이 드러나거든 신령한 너희는 온유한 심령으로 그러한 자를 바로잡고 너 자신을 살펴보아 너도 시험을 받을까 두려워하라

빌립보서 4장 2-3절
교회에 쓴 이 편지에서 바울은 유오디아와 순두게에게 주 안에서 같은 마음을 가지는 것 뿐 아니라 책임에 대해서도 권고합니다:
3. …복음에 나와 함께 힘쓰던 저 여인들을 돕고… 그 이름들이 생명책에 있느니라.

d. 친교와 상호 협조

사도행전 2장 44-46절, 4장 32-37절
서로 물건을 통용하고, 서로의 필요를 채워주고, 집마다 함께 먹고, 물건을 팔아 교회에 드린 것을 주목하세요.

사도행전 6장 1-3절
도움이 필요한 과부들이 있었을 때 교회는 일곱 사람을 뽑아 책임을 지도록 하였습니다.
[디모데전서 5장 3-16절을 함께 참조하세요.]

사도행전 11장 29-30절
안디옥 교회가 유다의 필요를 들었을 때:
29. 제자들이 각각 그 힘대로… 부조를 보내기로 작정하고 30. 이를 실행하여 바나바와 사울의 손으로 장로들에게 보내느라
[로마서 15장 25-27절, 고린도전서 16장 1-4절을 함께 참조하세요. 몇몇 교회가 관련되었습니다.]

빌립보서 4장 10-18절
빌립보 교회에 보내는 감사 편지에서 바울은 교회의 많은 선물에 대하여 감사를 표현합니다. 바울을 위한 개인적 관심뿐 아니라 전도를 위해 지원을 베풀었습니다.

골로새서 3장 12-17절
신자들의 친교를 강조하고 있는 것을 주목하세요:
자비, 겸손, 용서, 사랑, 감사, 가르침, 권면, 다 주 예수의 이름으로 하는 것

데살로니가전서 5장 14절
서로를 돕는 것에 대한 권고:
마음이 약한 자들을 격려하고 힘이 없는 자들을 붙들어 주며 모든 사람에게 오래 참으라

디모데후서 1장 16-18절
바울은 오네시보로가 에베소와 로마에서 그에게 베푼 모든 도움에 대해 칭찬합니다.

e. 성례의 준수

세례
마태복음 28장 19절;
마가복음 16장 15-16절
주님의 명령:
19. 그러므로 너희는 가서 모든 민족을 제자로 삼아 아버지와 아들과 성령의 이름으로 세례를 베풀고

사도행전 2장 41절
오순절에 바울의 설교를 듣고 그리스도를 믿은 사람들은 세례를 받았으며 계속해서 친교를 나누었습니다.

사도행전 8장 12-13, 36-38절
빌립은 사마리아에서 말씀을 전했고 믿는 자들에게 세례를 베풀었습니다. 후에 그는 에디오피아 내시를 그리스도께로 인도하였고 세례를 베풀었습니다.

사도행전 9장 18절
다메섹으로 가는 길에서 회심하여 삼 일을 기다린 후 사울은 아나니아를 통하여 시야를 회복하였고 세례를 받았습니다.

사도행전 19장 48절

이방인 무리가 그리스도를 믿고 세례를 받은 고넬료의 집에 모였을 때 베드로는 그들에게 주님의 이름으로 세례를 받을 것을 명령했습니다.

[다음을 함께 참조하세요.
루디아와 그녀의 가족, 그리고 빌립보 간수와 그의 가족의 세례, 사도행전 16장 14-15, 32-33절; 고린도의 회당장과 그의 가족의 세례, 18장 8절; 에베소에서 세례 요한을 따르는 자들의 세례, 19장 5절; 바울의 간증, 22장 16절]

로마서 6장 3-4절
세례의 중요성:
3. 무릇 그리스도 예수와 합하여 세례를 받은 우리는 그의 죽으심과 합하여 세례를 받은 줄을 알지 못하느냐 4. 그러므로 우리가 그의 죽으심과 합하여 세례를 받음으로 그와 함께 장사되었나니 이는 아버지의 영광으로 말미암아 그리스도를 죽은 자 가운데서 살리심과 같이 우리로 또한 새 생명 가운데서 행하게 하려 함이라
세례는 우리가 그리스도의 죽으심, 장사됨, 부활하심과 합하여 지는 것입니다.

[골로새서 2장 12절을 함께 참조하세요.]

고린도전서 12장 12-13절
13. …한 성령으로 세례를 받아 한 몸이 되었고…

성만찬

사도행전 2장 42절
성령께서 임하시고 교회가 형성된 후 즉시 신자들은 빵을 떼는 것에 참여했습니다.

고린도전서 11장 23-34절
성만찬 준수에 대한 주님의 명령은 25-26절에 나타납니다:
25. 식후에 또한 그와 같이 잔을 가지시고 이르시되 이 잔은 내 피로 세운 새 언약이니 이것을 행하여 마실 때마다 나를 기념하라 하셨으니
26. 너희가 이 떡을 먹으며 이 잔을 마실 때마다 주의 죽으심을 그가 오실 때까지 전하는 것이니라
성만찬은 우리를 위하신 주님의 죽으심을 기념하게 하며 주께서 다시 오심을 상기 시킵니다; 또한 자신을 점검하며 죄를 판단하는 시간입니다(28-32절).
고린도인들은 이 성례를 준수하였으나 과식, 술취함, 이단, 분쟁으로 인하여 해롭게 되었습니다(17-22절); 바울은 무질서함을 바로잡기 위해 편지를 씁니다.

f. 전도와 선교

사도행전 5장 25절
천사들이 감옥에서 베드로와 그의 동역자들을 풀어준 후:
…보소서 옥에 가두었던 사람들이 성전에 서서 백성을 가르치더이다 하니

사도행전 6장 7절
하나님의 말씀이 점점 왕성하여 예루살렘에 있는 제자의 수가 더 심히 많아지고 허다한 제사장의 무리도 이 도에 복종하니라

사도행전 8장 4-25절
예루살렘 교회를 향한 사울의 핍박 때문에:
4. 그 흩어진 사람들이 두루 다니며 복음의 말씀을 전할새 5. 빌립이 사마리아 성에 내려가 그리스도를 백성에게 전파하니 6. 무리가 빌립의 말도 듣고 행하는 표적도 보고 한마음으로 그가

하는 말을 따르더라… 25. 두 사도가 주의 말씀을 증언하여 말한 후 예루살렘으로 돌아갈새 사마리아인의 여러 마을에서 복음을 전하니라

> 프로젝트:
> 사도행전에서 복음이 전파된 곳을 찾아보세요.
> 다음의 제목들을 가진 표를 만드십시오:
> 성경 참조, 지역, 복음을 전파한 사람, 결과

3. 신약의 교회는 멤버십, 관리자와 전달자의 선출, 활동과 관련하여 스스로 결정을 내렸습니다.

마태복음 18장 15-17절
교회는 교인들 사이에서 분쟁이 있을 때 중재하고, 또한 필요하다면 교인 자격을 박탈할 권한을 지닙니다. (고린도전서 5장 1-5, 9-13절)

사도행전 6장 1-6절
교회는 교인들로부터 사역을 수행할 사람들을 선출합니다; 여기에서는 과부들을 섬기기 위해 집사들을 택하였습니다.

사도행전 13장 1-4절
성령의 인도하심 가운데 교회는 선교사로 섬길 자들을 택하였고 그들이 선교 보고하였을 때 함께 기뻐하였습니다. (14장 26-28절)

사도행전 15장 2-3절
교회는 결정을 하는 데 있어서 다른 교회들의 조언과 도움을 얻고자 전달자를 보냅니다. 그들은 또한 이동할 때 필요한 것들을 공급합니다.

사도행전 15장 22-27절
교회는 조언을 요청한 다른 교회를 권고하면서 전달자들에게 말과 편지로 소통하도록 위임합니다.

고린도전서 14장
여기에 사역에 있어서 무질서한 교회가 있습니다. 바울은 그들을 가르쳤으나 혼란을 없애는 것은 그들에게 맡깁니다.

고린도후서 9장 19, 23절
교회는 경제적 필요를 채우고 공동의 선물을 전달하는 특정한 전달자를 승인하는 데 있어서 다른 교회들과 함께합니다.
[고린도전서 16장 3-4절을 함께 참조하세요.]

빌립보서 2장 25절
교회는 필요한 때에 전달자를 보내어 선교사를 돕게 합니다.

빌립보서 4장 14-16절
교회는 그들의 결정에 따라 선교사를 도울 수 있고 그렇지 않을 수도 있습니다. 바울은 빌립보 교회의 계속되는 선물에 감사하였으나 다른 교회들은 이처럼 하지 않을지라도 그들의 권리라는 것을 인정하였습니다.

> 모는 주인(lord)은 종들에게 특정한 제복을 주듯이 사랑은 바로 그리스도께서 주시는 제복입니다. 모든 주인(lord)보다 높으신 주님(the Lord) 되시는 우리의 구원자께서는 사랑이라는 증표로 종들을 알 수 있으실 것입니다.
> _ 휴 레티머(Bishop Hugh Latimer, 1490-1555)

4. 신약의 교회는 교회 전체가 결정에 참여했습니다.

사도행전 1장 15-26절
그 원리는 교회가 있기 전 사도들 가운데 유다를 대신할 사람을 선출할 때 설명됩니다. 120명 가량의 사람이 이 결정에 참여하였습니다. 비록 맛디아는 유명한 사람은 아니었으나, 사도의 수에 들어갔습니다.

사도행전 6장 1-6절
예루살렘의 과부들을 섬기는 사람을 선출하면서 열두 사도는 다음과 같이 설명합니다:
5. 온 무리가 이 말을 기뻐하여… 스데반과 또 빌립과 브로고로와 니가노르와 디몬과 바메나와… 니골라를 택하여 6. 사도들 앞에 세우니 사도들이 기도하고 그들에게 안수하니라

사도행전 11장 1-18절
베드로가 고넬료의 집에 가서 음식을 먹은 후 몇몇 유대인 신자들은 할례받지 못한 자들에게 행한 베드로의 행동을 비난하였습니다. 베드로는 하나님께서 지시하신 것을 설명하였고 다음과 같이 말을 끝맺습니다:
17. 그런즉 하나님이 우리가 주 예수 그리스도를 믿을 때에 주신 것과 같은 선물을 그들에게도 주셨으니 내가 누구이기에 하나님을 능히 막겠느냐 하더라

함께 모였던 사도들과 형제들의 반응:
18. 그들이 이 말을 듣고 잠잠하여 하나님께 영광을 돌려 이르되 그러면 하나님께서 이방인에게도 생명 얻는 회개를 주셨도다 하니라
분명하게 전체 구성원들이 동의합니다.

사도행전 15장 1-31절
안디옥 교회가 할례에 관한 문제를 논의하고자 대표자를 보낼 때, 바리새인들은 질문을 제기했습니다. 사도와 장로들이 이 일을 의논하러 모여(6절). 그러나 온 무리가 가만히 있었고 (12절), 여러 사람들이 이야기 한 후:
22. 이에 사도와 장로와 온 교회가 그 중에서 사람들을 택하여 바울과 바나바와 함께 안디옥으로 보내기를 결정하니… 23. 그 편에 편지를 부쳐… (편지에서 그들은 이야기 합니다.) 28. 성령과 우리는… 옳은 줄 알았노니
그 무리는 만장일치를 얻었습니다.

빌립보서 2장 2-5절
기능적인 원리:
2. 마음을 같이하여 같은 사랑을 가지고 뜻을 합하며 한마음을 품어 3. 아무 일에든지 다툼이나 허영으로 하지 말고 오직 겸손한 마음으로 각각 자기보다 남을 낫게 여기고… 5. 너희 안에 이 마음을 품으라 곧 그리스도 예수의 마음이니

5. 신약의 신자들은 한 주의 첫째 날에 함께 모였습니다; 유대인의 안식일에 많은 복음 전도가 이루어졌습니다.

a. 신자들은 주일에 모였습니다.

마태복음 28장 1절;
마가복음 16장 1, 9절;
누가복음 24장 1절;
요한복음 20장 1절
여러 제자가 무덤에 와서 예수님께서 살아나신 것을 알게 된 것은 한 주의 첫째 날이었습니다.

누가복음 24장 13, 33-45절;
누가복음 20장 19, 26절
예루살렘에 열 명이 모여서 엠마오로 가는 길에서 주님을 만난 두 사람의 이야기를 들은 것은 한 주의 첫째 날이었습니다. 그들이 부활 소식을 듣고, 부활하신 주님을 직접 보았던 기록과 비교해 보세요. 한 주 후에 그들은 다시 모였고 이번에는 도마도 함께 했습니다.

사도행전 20장 7절
드로아에서:
그 주간의 첫날에 우리가 떡을 떼려 하여 모였더니 바울이 이튿날 떠나고자 하여 그들에게 강론할새…

고린도전서 16장 2절
매주 첫날에 너희 각 사람이 수입에 따라 모아두어서 내가 갈 때에 연보를 하지 않게 하라

b. 바울과 동료들은 이미 세워진 집회를 이용하여 유대인의 안식일에 말씀을 전하고 가르쳤습니다.

사도행전 13장 14-16절
바울과 바나바:
14. 그들은 버가에서 더 나아가 비시디아 안디옥에 이르러 안식일에 회당에 들어가 앉으니라
15. 율법과 선지자의 글을 읽은 후에 회당장들이 사람을 보내어 물어 이르되 형제들아 만일 백성을 권할 말이 있거든 말하라 하니 16. 바울이 일어나 손짓하며 말하되 이스라엘 사람들과 및 하나님을 경외하는 사람들아 들으라

17-41절은 그의 메시지를 나타냅니다. - 이스라엘의 역사와 하나님의 약속을 기반으로 한 복음적 주제

사도행전 13장 42-44절
유대인들이 회당을 떠난 후 이방인들은 다음 안식일에도 그에게 말씀을 전할 것을 요청했습니다. 복음에 관한 많은 개인적인 대화가 이어졌습니다:
44. 그 다음 안식일에는 온 시민이 거의 다 하나님의 말씀을 듣고자 하여 모이니

사도행전 16장 13절
빌립보에서 바울과 실라는 안식일에 우리가 기도할 곳이 있을까 하여 문 밖 강가에 나가 거기 앉아서 모인 여자들에게 말하는데 이곳은 루디아가 그리스도를 영접한 곳이었습니다. 그 만남은 안식일에 이루어졌습니다.

사도행전 17장 2절, 18장 4절
2. 바울이 자기의 관례대로 그들에게로 들어가서 세 안식일에 성경을 가지고 강론하며

이것은 데살로니가였습니다. 고린도에서는
4. 안식일마다 바울이 회당에서 강론하고 유대인과 헬라인을 권면하니라

6. 신약의 지역 교회 지도자들은 다양하게 목사, 장로로 불렸고 직분에 따르는 자격이 설명됩니다.

a. 직분

장로:

사도행전 11장 30절, 14장 23절, 15장 2, 4, 6, 22-23절, 20장 17-37절, 21장 18절;
디모데전서 5장 17-19절;
디도서 1장 5절;
야고보서 5장 14절;
베드로전서 5장 1절;
요한이서 1장 1절.
이러한 구절들은 장로가 임명받았음을 나타냅니다. 그들은 하나님의 양들을 감독하고 먹여야 했습니다. 그들은 사도들과 함께 초대 교회의 결정에 있어서 지도력을 부여받았습니다. 그들은 존경받아야 했고 부주의함으로 비난받아서는 안 되었습니다. 그들은 아픈 사람들을 위해 기도해야 합니다.

감독자:
사도행전 20장 28절;
빌립보서 1장 1절;
디모데전서 3장 1, 2절;
디도서 1장 7절

이 구절들은 감독자들이 자신을 삼가며 책임을 맡은 자들에게 관심을 기울이고 양들을 먹이며 높은 자격요건이 요구된다는 것을 중요하게 다루고 있습니다.

목사:
에베소서 4장 11절
목사는 그리스도께서 교회에 주신 은사 가운데 하나로 기록됩니다. 성도들을 온전하게 하며 봉사에 참여하게 함으로 하나님의 기대를 채울 수 있게 합니다. 같은 단어[Pastor]가 양을 돌보는 것 혹은 개인적 관심을 나타내는 것의 의도로 사용됩니다.

b. 자격

디모데전서 3장 2-7절;
디도서 1장 6-9절
2. 그러므로 감독은 책망할 것이 없으며 한 아내의 남편이 되며 절제하며 신중하며 단정하며 나그네를 대접하며 가르치기를 잘하며 3. 술을 즐기지 아니하며 구타하지 아니하며 오직 관용하며 다투지 아니하며 돈을 사랑하지 아니하며 4. 자기 집을 잘 다스려 자녀들로 모든 공손함으로 복종하게 하는 자라야 할지며… 6. 새로 입교한 자도 말지니… 7. 또한 외인에게서도 선한 증거를 얻은 자라야 할지니…

7. 교회의 집사들은 도움이 필요한 자들을 돕는 것을 포함하여 여러 역할로 섬겼습니다.

사도행전 6장 1-6절
예루살렘의 교회는 회중 가운데 과부들을 돌보기 위한 책임을 부여하기 위해 성령과 지혜가 충만하여 칭찬받는 사람 일곱을 선택했습니다.

빌립보서 1장 1절
이 서신서는 빌립보에 있는 모든 성도에게 적용되지만 특별히 감독자와 집사들이 언급됩니다.

디모데전서 3장 8-13절
직분을 위한 자격요건:
3. 술을 즐기지 아니하며… 돈을 사랑하지 아니하며… 9. 깨끗한 양심에 믿음의 비밀을 가진 자라야 할지니… 11. 여자들도 이와 같이 정숙하고 모함하지 아니하며 절제하며 모든 일에 충성된 자라야 할지니라 12. …한 아내의 남편이 되

어 자녀와 자기 집을 잘 다스리는 자일지니

8. 신약의 교회들은 또한 사도, 예언자, 전도자나 교사들을 교회에 허락하신 하나님의 은사로 여겼습니다.

에베소서 4장 11절
여기에는 그리스도께서 교회에 주신 은사를 지닌 사람들이 열거됩니다:
사도… 선지자… 복음 전하는 자… 목사와 교사

사도행전 1장 20-26절
예수님께서 승천하신 후, 유다의 후임자를 선택하기 위한 준비를 하고 있을 때 베드로는 사도의 자격에 관해 이야기합니다:
21. 이러하므로 요한의 세례로부터 우리 가운데서 올려져 가신 날까지 주 예수께서 우리 가운데 출입하실 때에 22. 항상 우리와 함께 다니던 사람 중에 하나를 세워 우리와 더불어 예수께서 부활하심을 증언할 사람이 되게 하여야 하리라 하거늘
그러므로 이 지위는 더 이상 가능하지 않습니다.

사도행전 11장 27절, 13장 1절, 15장 32절, 21장 10절
몇몇 교회에서 특정한 사람들이 예언자로서 언급됩니다.

고린도전서 12장 10절, 14장 3, 29-33절
예언의 은사는 바람직한 것으로 여겨졌습니다.
예언은 목적을 지닙니다:
3. …덕을 세우며 권면하며 위로하는 것이요

예언은 진리에 대한 선포이지만 교회의 역사에 있어서 예언은 또한 진리에 대한 계시를 포함합니다:
30. 만일 곁에 앉아 있는 다른 이에게 계시가 있으면 먼저 하던 자는 잠잠할지니라 31. 너희는 다 모든 사람으로 배우게 하고 모든 사람으로 권면을 받게 하기 위하여 하나씩 하나씩 예언할 수 있느니라 32. 예언하는 자들의 영은 예언하는 자들에게 제재를 받나니

신약 성경의 예언자들은 단순한 설교자가 아니라, 영감 받은 설교자였습니다. 신약 성경이 작성되기 전까지, 그들을 통해 새로운 제도에 따른 새로운 계시가 주어졌습니다(고린도전서 14장 29-30절).

_ The Scofield Reference Bible, 고린도전서 14장 1절에 대한 기록

사도행전 21장 8절
빌립은 전도자라 불리었습니다. 사도행전 6장 5절에는 집사 중의 한 사람이었고 마태복음 10장 3절에서는 사도 중의 한 사람이었음을 주목하세요.

디모데후서 4장 5절
이 서신서는 목사인 디모데에게 쓰였으나 그는 전도자의 일을 하도록 권고받았습니다. 오늘날처럼 당시의 교회들에서도 은사와 책임은 상당 부분 중복되었습니다.

로마서 12장 7절
그리스도의 몸 안에서 다양한 은사들에 대한 설명에서 교사는 가르치는 일을 권고받습니다. 확

실히 이것은 가르침이 그들의 주요 사역이었음을 나타냅니다.
[고린도전서 12장 28-29절을 함께 참조하세요.]

디모데전서 2장 7절;
디모데후서 1장 11절
바울은 자신이 전파하는 자, 사도, 이방인의 스승으로 부름 받았음을 인정하였습니다. 여기에 다시 역할이 중복되고 있습니다.

야고보서 3장 1절
야고보는 교사의 책임을 이해하였고 따라서 믿는 자들이 이 직분에 수반되는 큰 책임을 취하고자 하지 않는다면 교사가 되고자 하지 말아야 할 것을 권고합니다.

III. 교회 관계

1. 교회 안에 그리스도께 연합된 사람들의 삶은 그리스도 밖의 사람들과는 뚜렷하게 구별되어야 합니다.

로마서 12장 2절
너희는 이 세대를 본받지 말고 오직 마음을 새롭게 함으로 변화를 받아 하나님의 선하시고 기뻐하시고 온전하신 뜻이 무엇인지 분별하도록 하라

에베소서 4장 17-32절, 5장 1-10절
17. 그러므로 내가 이것을 말하며 주 안에서 증언하노니 이제부터 너희는 이방인이 그 마음의 허망한 것으로 행함 같이 행하지 말라… 22. 너희는 유혹의 욕심을 따라 썩어져 가는 구습을 따르는 옛 사람을 벗어 버리고… 24. 하나님을 따라 의와 진리의 거룩함으로 지으심을 받은 새 사람을 입으라

갈라디아서 5장 19-23절
여기에는 육체의 일과 성령의 열매가 대조됩니다.

프로젝트:
요한계시록 2-3장에서 각 교회는 무엇을 칭찬받았고, 책망받았는지 주목하세요. 교회의 삶과 사역에서 하나님께서는 무엇을 인정하시고, 무엇을 반대하셨는지, 또한 교회들은 무엇을 하도록 가르침을 받았는지 요약하세요.

2. 그리스도의 주권 아래 교회는 외부의 인간적 권위로부터 독립되어 있습니다.

[앞서 교회의 머리이신 그리스도에 대해 살펴보았던 부분을 참조하세요. 또한 교회가 스스로 결정을 내리는 것에 관한 개념들도 참조하세요.]

마태복음 23장 10절
예수님께서는 믿는 자들에게 오직 주님께서만이 지도자 되심을 분명히 말씀하십니다:
10. 또한 지도자라 칭함을 받지 말라 너희의 지도자는 한 분이시니 곧 그리스도시니라
이는 개인 신자들에게도 해당하는 진리이며 신자들의 몸인 교회도 마찬가지입니다.

마태복음 22장 17-21절

세금에 관한 질문에서 주님께서는 어떤 것은 가이사랴에게 속하였고 또한 어떤 것은 정부가 권리를 갖지 못하는 오직 하나님께 속하였음을 분명하게 말씀하십니다.

사도행전 4장 18-20절, 5장 29절
베드로와 요한은 누구도 그리스도의 이름으로 말하지 말 것을 지시받았습니다. 그들의 대답:
19. 하나님 앞에서 너희의 말을 듣는 것이 하나님의 말씀을 듣는 것보다 옳은가 판단하라 20.
우리는 보고 들은 것을 말하지 아니할 수 없다 하니
또한 두 번째 대답:
29. 사람보다 하나님께 순종하는 것이 마땅하니라

하나님께서는 세 개의 기관을 세우셨습니다: 가정, 시민 정부 그리고 교회. 각각은 다른 기관에 대해 독립적입니다; 각각 고유의 기능을 가지며, 기능을 수행해야 하는 책임이 있습니다. 각각 고유의 권리가 있고 다른 기관은 그 권한을 침범해서는 안 됩니다. 개인으로써 우리는 각각 기관에 특정한 책임을 지닙니다; 이러한 책임은 다른 곳에 자세히 설명됩니다.

3. 성경에 기반을 둔 교회들은 많은 공통점을 가지고 있어서 종종 협력적인 프로젝트에 함께 참여해왔습니다.

에베소서 4장 4-6절
공통의 교리:
4. 몸이 하나요 성령도 한 분이시니 이와 같이 너희가 부르심의 한 소망 안에서 부르심을 받았느니라 5. 주도 한 분이시요 믿음도 하나요 세
례도 하나요 6. 하나님도 한 분이시니 곧 만유의 아버지시라 만유 위에 계시고 만유를 통일하시고 만유 가운데 계시도다

사도행전 15장 1-35절
안디옥과 예루살렘의 교회들은 이방 신자들의 할례에 대해 상호 관심이 있었습니다. 이에 대해 결정하기 위해 각 교회를 대표하는 자들이 만났습니다.

로마서 15장 26절
공동 복지 프로젝트:
26. 이는 마게도냐와 아가야 사람들이 예루살렘 성도 중 가난한 자들을 위하여 기쁘게 얼마를 연보하였음이라
[고린도도 관련되어 있습니다. 고린도후서 8장 1-7절을 함께 참조하세요.]

갈라디아서 1장 2절;
골로새서 4장 15-16절
바울 서신의 공유:
16. 이 편지를 너희에게서 읽은 후에 라오디게아인의 교회에서도 읽게 하고 또 라오디게아로부터 오는 편지를 너희도 읽으라

4. 교회들은 그들이 섬기고 있는 지역사회에 긍정적으로 도덕적 영향을 끼쳐야합니다.

마태복음 5장 13-16절
예수님의 산상수훈:
13. 너희는 세상의 소금이니… 14. 너희는 세상
의 빛이라… 16. 이같이 너희 빛이 사람 앞에 비

치게 하여 그들로 너희 착한 행실을 보고 하늘에 계신 너희 아버지께 영광을 돌리게 하라
이 구절은 구체적으로 교회에 대해 이야기하지는 않지만 교회를 이루는 신자들을 향하신 하나님의 뜻을 나타냅니다.

에베소서 5장 18-22절, 6장 9절
믿는 자들이 주님께 순종하고 성령으로 충만함에 따라 많은 관계들이 향상 됩니다:
남편과 아내, 부모와 자녀, 종과 주인

빌립보서 2장 14-16절
바울은 빌립보의 신자들에게 권고하며 이는 오늘날에도 마찬가지입니다:
14. 모든 일을 원망과 시비가 없이 하라 15. 이는 너희가 흠이 없고 순전하여 어그러지고 거스르는 세대 가운데서 하나님의 흠 없는 자녀로 세상에서 그들 가운데 빛들로 나타내며 16. 생명의 말씀을 밝혀…

창세기의 예:
창세기 26장 28절
블레셋 사람들은 하나님께서 이삭과 함께하심을 알았습니다.

창세기 30장 27절
라반은 야곱이 그와 함께 함으로 인해 하나님께서 그의 집을 축복하신다는 사실을 알았습니다.

창세기 39장 5-6절
애굽의 보디발 장군은 하나님께서 요셉이 행하는 모든 일에 복을 주시는 것을 보았습니다:
5. 그가 요셉에게 자기의 집과 그의 모든 소유물을 주관하게 한 때부터 여호와께서 요셉을 위하여 그 애굽 사람의 집에 복을 내리시므로 여호와의 복이 그의 집과 밭에 있는 모든 소유에 미친지라

창세기 39장 21-23절
간수장이 옥중 죄수를 다 요셉에게 맡겼을 때 감옥의 상태가 개선되었습니다.

창세기 41장 55-57절
흉년 동안 애굽의 음식에 대한 관리는 요셉의 관할하에 있었고 이로써 애굽과 주변 지역들은 살아남았습니다.

활용할 수 있는 생각 thought you can use

진정한 민주주의적 발상은 모든 사람이 다른 사람과 동등해야 한다는 것이 아니라 모든 사람이 방해 없이 하나님께서 만드신 대로 행할 자유를 가져야 한다는 것입니다.

_ 헨리 워드 비처(Henry Ward Beecher), 1813-1887.

신들로 구성된 사람들이 있다면 그들은 민주적으로 통치될 것입니다. 따라서 너무 완벽한 정부는 사람들에게 적합하지 않습니다.

_ 장자크 루소(Jean Jacques Rousseau), 1712-1779.

사람을 변화시키는 것보다 아이를 키우는 것이 쉽습니다.

_ 밥 피터슨(Bob Peterson), 1983sus 3월 10일.

가족이 만들어지고 유지되는 것은 부모가 되는 것이 너무 즐거워서가 아니라 약속을 맺고 그 약속을 지키는 두 사람의 헌신 때문입니다.

_ The Capsule (Caravans for Christ) 1983년 1, 2월호, 18쪽.

질서가 잘 세워진 가정에는 언제나 하나의 확고하고 온화한 성질이 있는데 그것은 지시하지 않으면서 통제하는 것입니다.

_ 에드워드 불워리턴(Edward G. Bulwer-Lytton), 1803-1873.

아버지가 집 안에서 자녀에게 하는 말은 세상에서 들리지 않지만 갤러리에서 속삭이는 것처럼 결국에는 후대들이 분명하게 듣게 됩니다.

_ 장 파울 리히터(Jean Paul Richter), 1763-1826.

공화국의 설립자들에 의해 유산으로 남겨진 자유의 축복을 손상 없이 전하는 것은 신성한 의무입니다.

_ 앤드루 존슨 (Andrew Johnson), 1808-1875

사회적 문제

사회적 문제: 성경적 개념

I. 기본 원칙

1. 권위에 대한 반항은 인간의 특성이며 그것은 죄입니다.

2. 주요한 사회적 문제들은 인간이 하나님의 존재와 권위를 인정하지 않고 하나님께 합당한 자리를 드리기를 거부한 결과입니다.

3. 하나님께서는 그의 자녀들 가운데서든지 다른 자들 가운데서든지 모든 종류의 불의를 비난하십니다.

4. 특별한 필요를 가진 사람들은 특별하게 배려해야 합니다.

5. 경건한 사람들은 예배와 사회 모두에 대해 관심을 가져야 합니다. 어느 쪽도 다른 쪽을 대체할 수 없습니다.

II. 특정한 영역에 대한 가르침

1. 타인의 안전은 모두의 책임입니다.

2. 알코올 중독에서 알 수 있듯이 약물 남용은 하나님께 대한 죄이며 사회에 해를 끼칩니다.

3. 경건한 사람들은 동물에게 친절해야 합니다.

4. 신자들은 주술을 의존해서는 안 됩니다.

5. 범죄는 안전한 환경 및 관련된 모든 사람에 대한 공정성을 보장하기 위해 적절하게 처리되어야 합니다.

사회적 문제: 성경적 배경

I. 기본 원칙

1. 권위에 대한 반항은 인간의 특성이며 그것은 죄입니다.

창세기 11장 1-4절
바벨에서 사람들이 말합니다:
3. 서로 말하되 자 벽돌을 만들어… 4. 또 말하되 자, 성읍과 탑을 건설하여 그 탑 꼭대기를 하늘에 닿게 하여 우리 이름을 내고 온 지면에 흩어짐을 면하자 하였더니
하나님께서는 그들에게 번성하고 땅에 충만하라 말씀하셨습니다(9장 1-2절).

출애굽기 14장 11-12절
이스라엘은 모세에게 대항하였고 다음과 같이 이야기합니다:
11. …애굽에 매장지가 없어서 당신이 우리를 이끌어 내어 이 광야에서 죽게 하느냐 어찌하여 당신이 우리를 애굽에서 이끌어 내어 우리에게 이같이 하느냐
그들은 어떤 필요가 있을 때 이와 같이 반복했습니다.
[16장 2-3절, 17장 1-3절, 민수기 21장 5-6절을 참조하세요.]

민수기 12장 1-3절
미리암과 아론은 모세가 다른 민족 여인과 결혼했다는 사실을 이용하여 모세의 리더십에 대항하였습니다.

민수기 14장 1-4절
백성들은 모세, 갈렙, 여호수아에게 반대하여 열 명의 정탐꾼 편에 서고, 가데스 바네아에서 약속의 땅으로 나아가기를 거부합니다.
(신명기 1장 26-29절, 9장 23-24절)

민수기 16장 1-3절
이백오십 명의 지휘관들은 고라에게 영향을 받아 모세와 아론을 거스릅니다.

신명기 21장 18-21절
하나님께서는 부모에게 반항하는 자녀들을 돌로 쳐서 죽일 것을 명하십니다.

신명기 28장 1-68절
하나님께서는 이스라엘의 순종과 불순종에 따라 축복(1-14절)과 저주(15-68절)를 약속하십니다.

사사기 2장 16-19절
하나님을 따르고 순종하기를 거절한 이스라엘에 대한 예:
그들은 반복해서 하나님께서 보내신 사사들에게 순종할 것을 거부했고(17절), 사사들이 죽자마자 완고한 길을 따라 더 악행을 저질렀습니다(19절).

로마서 1장 21-32절
하나님께서는 인간이 하나님을 알기를 거절하였음을 설명하십니다:
21. 하나님을 알되 하나님을 영화롭게도 아니하며 감사하지도 아니하고… 25. 이는 그들이 하나님의 진리를 거짓 것으로 바꾸어 피조물을 조물주보다 더 경배하고 섬김이라… 28. 또한 그들이 마음에 하나님 두기를 싫어하매…

디모데후서 3장 1-8절
마지막 날의 패역에 대한 신약성경의 서술

요한계시록 9장 20-21절
예외적인 심판을 내리시는 환란기에, 하나님께서는 미래를 내려다보시며 말씀하십니다:
20. 이 재앙에 죽지 않고 남은 사람들은 손으로 행한 일을 회개하지 아니하고… 21. 또 그 살인과 복술과 음행과 도둑질을 회개하지 아니하더라

프로젝트:
사사기를 공부하고 각 심판으로부터 구원을 얻은 후에 따랐던 일련의 행동과 태도를 주목하세요.
이것들을 보세요: 죄, 노예 상태, 구원, 반복해서 발생

프로젝트:
로마서 1장 18-32절을 주의 깊게 연구하세요. 특히 하나님께 대한 반항이 어떻게 나타나는지 하나님께서는 어떻게 반응하시는지 주의하세요. 그로 인해 초래된 죄악에 대해 주목하세요.

2. 주요한 사회적 문제들은 인간이 하나님의 존재와 권위를 인정하지 않고 하나님께 합당한 자리를 드리기를 거부한 결과입니다.

이사야 24장 1-12절
하나님의 심판으로 임할 혼란에 관한 서술을 읽어보세요. 이러한 혼란의 이유:
3. …여호와께서 이 말씀을 하셨느니라… 5. …이는 그들이 율법을 범하며 율례를 어기며 영원한 언약을 깨뜨렸음이라

호세아 4장 1-4절
여기에 다시 다양한 죄와 사회적 붕괴에 대하여 주목하세요:
저주, 속임, 도둑질, 간음, 슬픔, 음식의 부족; 또한 이러한 모든 것에 대한 근본적 원인을 주목하세요:
1. 이 땅에는 진실도 없고 인애도 없고 하나님을 아는 지식도 없고

미가 6장 10-16절
미가는 시대의 문제들에 대하여 열거합니다:
부정직한 사업 거래, 폭력, 거짓과 속임수, 먹어도 배부르지 못함, 아이를 낳지 못하는 여인, 아이 살해, 수확하지 못함, 신뢰할 수 없음, 뇌물, 가정 파괴.
이러한 모든 것의 이면에 담긴 근본적 문제:
6장 8절에서 개괄되어 있듯이 이스라엘은 주님께 순종하지 않고 경건하지 않은 왕들, 오므리와 아합(6장 16절)을 따랐습니다.

마가복음 7장 20-23절
이것은 모든 문제를 일으키는 인간이 지닌 기본적 태도입니다:

21. 속에서 곧 사람의 마음에서 나오는 것은 악한 생각 곧 음란과 도둑질과 살인과 22. 간음과 탐욕과 악독과 속임과 음탕과 질투와 비방과 교만과 우매함이니 23. 이 모든 악한 것이 다 속에서 나와서 사람을 더럽게 하느니라

로마서 7장 20-23절
반복하여 이러한 구절들에서는 인간이 하나님께 영광을 돌리지 않고 진리를 권위 있게 여기지 않으며 창조주 하나님을 경배하기를 거절할 때 하나님께서는 인간이 자신들의 길로 가도록 포기하신다는 것을 나타냅니다. 그 결과는 29-31절에 서술되어 있듯 모든 죄악을 초래하는 욕망, 육체의 신성함을 인정하지 않음, 타락한 마음입니다.

디모데후서 3장 1-9절
다시 하나님께서는 인간의 관심이 하나님을 향하기보다(4절) 인간에게 집중하는(자기를 사랑하며, 2절) 마지막 날의 특징에 대해 열거하십니다. 이러한 서술은 하나님, 가족, 사회에 대한 다른 죄의 목록들과 유사합니다.

3. 하나님께서는 그의 자녀들 가운데서든지 다른 자들 가운데서든지 모든 종류의 불의를 비난하십니다.

욥기 31장 13-23, 29-40절
욥은 사람들의 죄에 대한 하나님의 태도를 잘 알고 있었고 종에 대한 잘못된 태도, 가난한 자 혹은 과부와 고아에 관한 관심 부족(16-22절), 적의 불행을 고소해함, 그를 미워하는 자를 저주하거나 죽이고자 함(29-31절), 환대하지 않음(32절)과 같은 죄를 범하지 않기 위해 자신을 살폈습니다.

이사야 1장 21-23절
하나님께서는 살인, 순수한 것을 값싼 것으로 희석함, 반항, 부정직, 뇌물 수수로 가득한 성읍을 책망하십니다.

이사야 5장 20-23절
하나님께서는 선과 악을 구별하지 못하고, 스스로 지혜롭다 하고, 술 취하며 뇌물로 말미암아 정의를 왜곡하는 자들을 책망하십니다.

이사야 59장 2-8절
2. 오직 너희 죄악이 너희와 너희 하나님 사이를 갈라 놓았고 너희 죄가 그의 얼굴을 가리어서 너희에게서 듣지 않으시게 함이니라 3. 이는 너희 손이 피에 너희 손가락이 죄악에 더러워졌으며 너희 입술은 거짓을 말하며 너희 혀는 악독을 냄이라 4. 공의대로 소송하는 자도 없고 진실하게 판결하는 자도 없으며…

예레미야 5장 26-29, 31절
26. 내 백성 가운데 악인이 있어서… 덫을 놓아 사람을 잡으며 27. …너희 집들에 속임이 가득하도다 그러므로 너희가 번창하고 거부가 되어 28. 살지고 윤택하며 또 행위가 심히 악하여… 빈민의 재판을 공정하게 판결하지 아니하니 29. 내가 이 일들에 대하여 벌하지 아니하겠느냐… 31. 선지자들은 거짓을 예언하며 제사장들은 자기 권력으로 다스리며 내 백성은 그것을 좋게 여기니…

에스겔 16장 49-50절

하나님께서는 소돔의 교만, 게으름, 가난한 자들을 돕지 않음으로 인해 책망하십니다.

에스겔 22장 6-13, 27, 29절
하나님께서는 나그네, 과부, 고아에 대한 학대; 유혈 사태, 간음, 음행; 뇌물 수수, 고리대금과 강탈, 부정직한 이득에 대하여 강력하게 말씀하십니다.

미가 3장 1-4, 9-12절;
하박국 2장 9절;
스가랴 5장 3절, 7장 10-11절, 8장 16-17절
하나님께서는 인육을 먹음, 부당한 판정, 폭력으로 도시를 세움, 돈을 위해 사사, 제사장, 예언자로서 섬김, 외식을 책망하십니다.

요한계시록 21장 8절
그러나 두려워하는 자들과 믿지 아니하는 자들과 흉악한 자들과 살인자들과 음행하는 자들과 점술가들과 우상 숭배자들과 거짓말하는 모든 자들은 불과 유황으로 타는 못에 던져지리니 이것이 둘째 사망이라
[로마서 1장 18-32절, 갈라디아서 5장 19-21절과 많은 다른 구절들을 함께 참조하세요.]

4. 특별한 필요를 가진 사람들은 특별하게 배려해야 합니다.

a. 가난한 자

출애굽기 23장 10-11절
이스라엘은 육 년 동안 농작물을 수확하고 칠 년째 되는 해에는 가난한 자들이 수확하도록 해야 했습니다. 포도원과 감람원도 그러했습니다. 농작물 수확은 교대로 이루어져야 했기 때문에 매년 식량 공급이 있었습니다.

레위기 19장 9-10절, 23장 22절;
신명기 24장 19-22절
가난하게 된 형제들을 위하여 하나님께서는 다른 자들이 그들을 돕도록 지시하셨습니다. 이자를 부여하거나 음식을 팔아서 돈을 얻거나, 노예로써 대하면 안 되었습니다. 비록 그들이 이스라엘 밖에서 주인에게 자신을 팔았다고 할지라도 친척은 구원해야 할 권리를 지녔습니다. 이러한 공급하심은 하나님과 이스라엘의 관계에 근거한 것입니다.

신명기 15장 2, 7-8절
형제 이스라엘의 빚은 매 칠 년째 되던 해에 탕감받아야 했습니다. 관대함이 요청되었습니다:
8. 반드시 네 손을 그에게 펴서 그에게 필요한 대로 쓸 것을 넉넉히 꾸어주라
[9-11절을 함께 참조하세요.]

잠언 22장 16, 22-23절
16. 이익을 얻으려고 가난한 자를 학대하는 자… 가난하여질 뿐이니라… 22. 약한 자를 그가 약하다고 탈취하지 말며 곤고한 자를 성문에서 압제하지 말라 23. 대저 여호와께서 신원하여 주시고 또 그를 노략하는 자의 생명을 빼앗으시리라

잠언 29장 7, 14절
7. 의인은 가난한 자의 사정을 알아 주나… 14. 왕이 가난한 자를 성실히 신원하면 그의 왕위가 영원히 견고하리라

이사야 3장 14-15절
하나님께서는 가난한 자를 이용한 유다를 책망하십니다:
15. 어찌하여 너희가 내 백성을 짓밟으며 가난한 자의 얼굴에 맷돌질하느냐 주 만군의 여호와 내가 말하였느니라 하시도다
[아모스 4장 1절, 5장 11절, 8장 4-7절을 함께 참조하세요.]

마태복음 19장 21절;
누가복음 18장 22절
예수님께서 부자 청년에게 말씀하셨습니다:
21. …네가 온전하고자 할진대 가서 네 소유를 팔아 가난한 자들에게 주라 그리하면 하늘에서 보화가 네게 있으리라 그리고 와서 나를 따르라 하시니

누가복음 3장 11절
세례요한의 말:
11. …옷 두 벌 있는 자는 옷 없는 자에게 나눠 줄 것이요 먹을 것이 있는 자도 그렇게 할 것이니라 하고

로마서 12장 10, 13, 20절
10. 형제를 사랑하여 서로 우애하고 존경하기를 서로 먼저 하며… 13. 성도들의 쓸 것을 공급하며… 20. 네 원수가 주리거든 먹이고 목마르거든 마시게 하라

갈라디아서 2장 10절
(야고보, 게바, 요한)
다만 우리에게 가난한 자들을 기억하도록 부탁하였으니 이것은 나도 본래부터 힘써 행하여 왔노라

야고보서 2장 15-16절
15. 만일 형제나 자매가 헐벗고 일용할 양식이 없는데 16. 너희 중에 누구든지 그에게 이르되 평안히 가라 덥게 하라 배부르게 하라 하며 그 몸에 쓸 것을 주지 아니하면 무슨 유익이 있으리요

프로젝트:
주제별 성경 혹은 용어 색인을 사용하여, 가난한 자가 언급된 모든 구절을 찾아보세요. 하나님의 태도, 우리의 책임, 관심을 기울일 때 약속된 축복

b. 과부와 고아

출애굽기 22장 22-24절
22. 너는 과부나 고아를 해롭게 하지 말라 23. 네가 만일 그들을 해롭게 하므로 그들이 내게 부르짖으면 내가 반드시 그 부르짖음을 들으리라 24. 나의 노가 맹렬하므로 내가 칼로 너희를 죽이리니 너희의 아내는 과부가 되고 너희 자녀는 고아가 되리라
하나님의 강력한 심판입니다.

신명기 14장 28-29절, 26장 12-13절
28. 매 삼 년 끝에 그 해 소산의 십분의 일을 다 내어 네 성읍에 저축하여 29. …레위인과 네 성중에 거류하는 객과 및 고아와 과부들이 와서 먹고 배부르게 하라

시편 146편 9절
여호와께서 나그네들을 보호하시며 고아와 과부를 붙드시고

하나님께서는 특별한 관심을 보이십니다; 우리도 그래야 합니다.

이사야 10장 1-2절
하나님께서는 가난한 자, 과부, 고아의 권리를 빼앗는 명령을 내린 자들을 책망하십니다.

사도행전 6장 1-11절
초대 교회에서 집사들은 특별히 도움이 필요한 과부들을 섬기기 위해 선택되었습니다. 이 사역을 위한 자격요건이 기록된 3절을 주목하세요.

디모데전서 5장 3-16절
여기에는 과부에 대한 교회의 책임에 관하여 목사 디모데에게 전하는 바울의 가르침, 열네 구절이 있습니다. 첫 번째 책임은 가족 구성원에게 속하며 교회는 두 번째로 책임이 있습니다. 과부가 도움을 받기 위해서는 분명한 자격요건이 있습니다. (또한 야고보서 1장 27절 및 다른 구절들에도 발견됩니다.)

c. 노예, 종, 종업원

출애굽기 20장 10절, 23장 12절;
신명기 5장 14절
율법은 주인뿐 아니라 종들을 위해서도 안식일에는 쉴 것을 요구합니다.

출애굽기 21장 2절
히브리 종은 육 년 후에 자유를 얻었습니다; 주인이 아내를 주어 결혼한 종에게는 특별한 공급이 주어졌습니다.
[21장 3-10절을 함께 참조하세요.]

출애굽기 21장 26-27절
주인으로부터 학대받은 종은 자유를 얻게 되었습니다.

신명기 15장 12-15절
다른 히브리인에게 팔렸다가 안식년에 자유를 얻게 된 히브리 종은 새로운 삶을 시작할 수 있도록 풍부한 식량이 주어져야 했습니다. 그들을 애굽에서 구원하신 하나님을 기억하여.

신명기 16장 11, 14절, 12장 12, 18절, 29장 10-11절
율법에 따라 노예는 다양한 축제와 종교적 행사에 참여할 수 있는 권한이 있었습니다.

갈라디아서 3장 28절;
고린도전서 7장 21-22절, 12장 13절;
에베소서 6장 8절
신약 성경 교회에서 노예는 자유인과 같은 신분을 가져야 했습니다:
28. …종이나 자유인이나… 다 그리스도 예수 안에서 하나이니라

에베소서 6장 9절
상전들아 너희도 그들에게 이와 같이 하고 위협을 그치라 이는 그들과 너희의 상전이 하늘에 계시고 그에게는 사람을 외모로 취하는 일이 없는 줄 너희가 앎이라

> 성경은 도움이 필요한 사람들을 돕고, 그리스도를 위하여 세상에 영향을 나타내는 책임에 대하여 많은 것을 나타냅니다. 그러나 우리 혹은 교회가 사회를 기독교화하거나 거룩하게 만들 것이라고 결코 기대하지 않습니다. 그것은 불가능합니다.
>
> _ 로버트 라이트너(Robert R. Lightner), The Baptist Bulletin, 1972년 1월.

d. 죄수, 나그네, 장애인

출애굽기 23장 9절

너는 이방 나그네를 압제하지 말라 너희가 애굽 땅에서 나그네 되었었은즉 나그네의 사정을 아느니라

[22장 21절, 레위기 19장 33-34절을 함께 참조하세요.]

레위기 19장 14절

너는 귀먹은 자를 저주하지 말며 맹인 앞에 장애물을 놓지 말고 네 하나님을 경외하라…

사무엘하 9장

다리를 저는 므비보셋에게 친절을 베푼 다윗 왕에 대한 이야기

에스겔 47장 22-23절

하나님께서는 이스라엘이 그 땅을 되찾게 되었을 때, 그들과 함께 거하는 유대인이 아닌 자들도 그들의 유산을 받아야 함을 명령하십니다: 23. 타국인이 머물러 사는 그 지파에서 그 기업을 줄지니라 주 여호와의 말씀이니라

아모스 1장 3, 6, 11절, 2장 1절

하나님께서는 이방 나라들이 사로잡혀온 민족을 잔혹하게 다룸으로 인한 심판을 선포하십니다. 전쟁의 죄수들.

누가복음 14장 12-14절

가난한 자, 몸 불편한 자, 다리를 저는 자, 맹인들을 위한 잔치를 준비하도록 지시를 받은 손님에 대한 비유

히브리서 13장 3절

너희도 함께 갇힌 것 같이 갇힌 자를 생각하고…

또한 예수님의 지상 사역 중에, 치유하심에 대한 많은 예를 성찰해 보세요.

5. 경건한 사람들은 예배와 사회 모두에 대해 관심을 가져야 합니다. 어느 쪽도 다른 쪽을 대체할 수 없습니다.

사무엘상 15장 1-31절

3. 지금 가서 아말렉을 쳐서 그들의 모든 소유를 남기지 말고 진멸하되… 9. 사울과 백성이 아각과… 모든 좋은 것을 남기고… 20. 사울이 사무엘에게 이르되 나는 실로 여호와의 목소리를 청종하여…21. 다만 백성이… 당신의 하나님 여호와께 제사하려고 양과 소를 끌어 왔나이다 하는지라 22. 사무엘이 이르되 여호와께서 번제와 다른 제사를 그의 목소리를 청종하는 것을 좋아하심 같이 좋아하시겠나이까 순종이 제사보다 낫고 듣는 것이 숫양의 기름보다 나으니 23. 이는 거역하는 것은 점치는 죄와 같고 완고한 것은 사신 우상에게 절하는 죄와 같음이라…

잠언 21장 3절
공의와 정의를 행하는 것은 제사 드리는 것보다 여호와께서 기쁘게 여기시느니라

마태복음 26장 6-13절
베다니의 마리아는 값비싼 향유를 예수님께 부었습니다:
8. 제자들이 보고 분개하여 이르되 무슨 의도로
이것을 허비하느냐 9. 이것을 비싼 값에 팔아 가
난한 자들에게 줄 수 있었겠도다 하거늘 10. 예
수께서… 이르시되… 그가 내게 좋은 일을 하였
느니라 11. 가난한 자들은 항상 너희와 함께 있
거니와…

[예레미야 7장 4-10절, 요한일서 3장 23절, 4장 20-21절을 함께 참조하세요.]

카디널 깁슨은 로마 문명이 멸망한 다섯 가지 이유에 대해 다음과 같이 열거합니다:
(1) 인간 사회의 기초인 가정에 대한 경시 (2) 높아지는 세금; 공공의 돈을 대중을 위한 무료 빵과 서커스를 위해 사용 (3) 광적인 쾌락의 추구; 매년 더 자극적이고, 잔혹하고 부도덕해지는 스포츠, (4) 내부에 진짜 적이 있을 때, 거대한 무기를 확충하는 것…. 개인적 책임의 쇠퇴, (5) 종교의 쇠퇴; 단순한 형태로 사라지는 믿음, 삶과 접촉하지 못함, 사람들을 인도할 능력을 상실 - 로마제국의 쇠퇴와 멸망

II. 특정한 영역에 대한 가르침

1. 타인의 안전은 모두의 책임입니다.

출애굽기 21장 29-32절
본래 사람을 해치는 버릇이 있는 소가 사람을 죽였다면 그 주인은 이에 대해 책임을 져야 합니다.

신명기 22장 8절
새집을 지을 때 지붕에 난간을 만들어 사람이 떨어지지 않게 해야 합니다.

2. 알코올 중독에서 알 수 있듯이 약물 남용은 하나님께 대한 죄이며 사회에 해를 끼칩니다.

a. 와인과 독한 술을 금하는 것은 특별한 책임이 있거나 하나님께 구별된 사람들을 특징짓는 것이었습니다.

레위기 10장 8-10절
대제사장 아론에게 말씀하시는 하나님:
9. 너와 네 자손들이 회막에 들어갈 때에는 포도
주나 독주를 마시지 말라 그리하여 너희 죽음을
면하라… 10. 그리하여야 너희가 거룩하고 속
된 것을 분별하며 부정하고 정한 것을 분별하고
11. 또 나 여호와가 모세를 통하여 모든 규례를
이스라엘 자손에게 가르치리라

민수기 6장 2-4절
나실인들도 와인 혹은 독한 술, 심지어 포도를 먹는 것 까지 금지되었습니다.

사사기 13장 2-5절
삼손을 낳기 전 마노아의 아내는 와인 혹은 독한 술을 마시는 것이 금지되었습니다. 삼손은 나실인이 되어야 했습니다.

잠언 31장 4-5절
4. 르무엘아 포도주를 마시는 것이 왕들에게 마땅하지 아니하고 왕들에게 마땅하지 아니하며 독주를 찾는 것이 주권자들에게 마땅하지 않도다 5. 술을 마시다가 법을 잊어버리고 모든 곤고한 자들의 송사를 굽게 할까 두려우니라

예레미야 35장 6-8절
레갑 족속은 자신들의 아버지께 순종함으로 술을 마시는 것을 거부하였습니다. 레갑 족속의 순종은 이스라엘의 불순종과 대조를 이룹니다.
[1-9절을 참조하세요.]

누가복음 1장 13-15절
천사는 스가랴에게 세례요한은 포도주도 독주도 마시지 않으며 성령으로 충만할 것을 말했습니다.

b. 일반적으로 술 취한 사람들은 비난을 받았습니다.

잠언 20장 1절
포도주는 거만하게 하는 것이요 독주는 떠들게 하는 것이라 이에 미혹되는 자마다 지혜가 없느니라

잠언 23장 20-21, 29-35절
여기에 술 취함으로 인한 결과에 대한 자세한 설명이 있습니다.

이사야 28장 1, 7-8절
하나님께서는 에브라임의 술 취함과 이에 수반되는 행위들에 대해 판단하셨습니다.

하박국 2장 15절
이웃에게 술을 마시게 하되 자기의 분노를 더하여 그에게 취하게 하고 그 하체를 드러내려 하는 자에게 화 있을진저

에베소서 5장 18절
술 취하지 말라 이는 방탕한 것이니 오직 성령으로 충만함을 받으라

3. 경건한 사람들은 동물에게 친절해야 합니다.

출애굽기 21장 33-35절
33. 사람이 구덩이를 열어두거나… 덮지 아니하므로 소나 나귀가 거기에 빠지면 34. 그 구덩이 주인이 잘 보상하여… 35. 이 사람의 소가 저 사람의 소를 받아 죽이면 살아 있는 소를 팔아 그 값을 반으로 나누고…

출애굽기 23장 5절
네가 만일 너를 미워하는 자의 나귀가 짐을 싣고 엎드러짐을 보거든 그것을 버려두지 말고 그것을 도와 그 짐을 부릴지니라

출애굽기 23장 11-12절
11. 일곱째 해에는 갈지 말고 묵혀두어서 네 백성의 가난한 자들이 먹게 하라 그 남은 것은 들짐승이 먹으리라…12. 너는 엿새 동안에 네 일을 하고 일곱째 날에는 쉬라 네 소와 나귀가 쉴 것이며…

[20장 10절을 함께 참조하세요.]

신명기 22장 4절
네 형제의 나귀나 소가 길에 넘어진 것을 보거든 못 본 체하지 말고 너는 반드시 형제를 도와 그것들을 일으킬지니라

신명기 25장 4절
곡식 떠는 소에게 망을 씌우지 말지니라
[디모데전서 5장 18절을 함께 참조하세요.]

마태복음 6장 26절
공중의 새를 보라… 너희 하늘 아버지께서 기르시나니
[12장 24절을 함께 참조하세요.]

누가복음 12장 6절
참새 다섯 마리가 두 앗사리온에 팔리는 것이 아니냐 그러나 하나님 앞에는 그 하나도 잊어버리시는 바 되지 아니하는도다
[창세기 49장 5-6절을 함께 참조하세요.]

4. 신자들은 주술을 의존해서는 안 됩니다.

출애굽기 22장 18절
너는 무당을 살려두지 말라

신명기 18장 9-14절
9. 네 하나님 여호와께서 네게 주시는 땅에 들어가거든… 10. …점쟁이나 길흉을 말하는 자나 요술하는 자나 무당이나 11. 진언자나 신접자나 박수나 초혼자를 너희 가운데에 용납하지 말라 12. 이런 일을 행하는 모든 자를 여호와께서 가증히 여기시나니… 14. 네가 쫓아낼 이 민족들은 길흉을 말하는 자나 점쟁이의 말을 듣거니와 네게는 네 하나님 여호와께서 이런 일을 용납하지 아니하시느니라

사무엘상 28장 7-16절
사울은 도움을 얻기 위해 엔돌의 신접한 여인에게 갔습니다. 그는 그 여인과 사무엘에게 질책을 받았습니다.

이사야 8장 19-20절
19. 어떤 사람이 너희에게 말하기를 주절거리며 속살거리는 신접한 자와 마술사에게 물으라 하거든 백성이 자기 하나님께 구할 것이 아니냐... 20. 마땅히 율법과 증거의 말씀을 따를지니 그들이 말하는 바가 이 말씀에 맞지 아니하면 그들이 정녕 아침 빛을 보지 못하고
[47장 12-14절을 함께 참조하세요.]

갈라디아서 5장 19-21절
19. 육체의 일은 분명하니 곧… 20. …주술과… 21. …이런 일을 하는 자들은 하나님의 나라를 유업으로 받지 못할 것이요

요한계시록 21장 8절
그러나 두려워하는 자들과 믿지 아니하는 자들과 흉악한 자들과 살인자들과 음행하는 자들과 점술가들과 우상 숭배자들과 거짓말하는 모든 자들은 불과 유황으로 타는 못에 던져지리니 이것이 둘째 사망이라

5. 범죄는 안전한 환경 및 관련된 모든 사람들에 대한 공정성을 보장하기 위해 적절하게 처리

되어야 합니다.

a. 범죄는 반드시 죄 값을 치러야 합니다.

창세기 9장 6절
다른 사람의 피를 흘리면 그 사람의 피도 흘릴 것이니 이는 하나님이 자기 형상대로 사람을 지으셨음이니라

출애굽기 21장 12-17, 29절
하나님께서는 특정한 범죄에 대해 죽음으로 처벌하십니다:
계획적인 살인, 아버지 혹은 어머니에게 폭력, 납치, 부모님을 저주, 위험한 소를 가두지 못함.

출애굽기 22장 19-20절
짐승과 행음함, 여호와 외에 다른 신에게 제사를 드림

민수기 35장 31-32절
범죄로 인해 죽게 된 자가 죗값을 다른 것으로 내도록 허용해서는 안 됩니다. 이러한 행위를 허용하는 것은 그 땅을 더럽히는 것입니다.

신명기 19장 11-13절
죄인을 보호하는 것보다 살인과 같은 죄로부터의 자유가 더 중요했기 때문에, 살인자의 죄는 불쌍히 여겨져서는 안 됩니다. 부모님께 반항하는 것도 마찬가지입니다.
[신명기 21장 18-21절을 함께 참조하세요.]

b. 처벌은 범죄에 적합하게 내려져야 합니다.

출애굽기 21장 12절-22장 20절
이 구절에서 많은 예가 있습니다.

민수기 35장 9-28절
의도적인 살인과 비의도적 살인에 대한 차이 - 즉, 살인(16-21절)과 과실치사(9-15, 22-28절)
[출애굽기 21장 12-14절을 함께 참조하세요.]

c. 하나님께서는 생명을 대단히 소중히 여기시기 때문에 살인에 적합한 유일한 형벌로 사형을 선고하십니다.

창세기 9장 6절
다른 사람의 피를 흘리면 그 사람의 피도 흘릴 것이니 이는 하나님이 자기 형상대로 사람을 지으셨음이니라

출애굽기 21장 12절
사람을 쳐 죽인 자는 반드시 죽일 것이나
[출애굽기 24장, 신명기 19장 11-13절을 함께 참조하세요.]

창세기 9장에 나타난 원리가 이스라엘에 율법이 주어지기 이전에 존재했다는 것을 주목하세요.

d. 범죄로 유죄 판결을 받은 사람은 돈을 냄으로 처벌을 면하도록 허용되어서는 안 됩니다.

민수기 35장 31-32절
31. 고의로 살인죄를 범한 살인자는 생명의 속전을 받지 말고 반드시 죽일 것이며

e. 거짓 고발은 하나님께서 책망하시는 심각한 범죄입니다.

출애굽기 20장 16절
네 이웃에 대하여 거짓 증거하지 말라
[23장 1-2, 7절을 함께 참조하세요.]

신명기 19장 16-21절
16. 만일 위증하는 자가 있어 어떤 사람이 악을 행하였다고 말하면… 18. 재판장은 자세히 조사하여… 거짓으로 모함한 것이 판명되면 19. 그가 그의 형제에게 행하려고 꾀한 그대로 그에게 행하여 너희 중에서 악을 제하라

에스더 6-7절
위의 원칙의 예:
모르드개가 아닌 하만이 교수형에 처했습니다.

디모데후서 3장 3절
경건의 모습은 있으나 하나님의 능력이 없는 자들의 특징을 기록한 목록에서 거짓 고발이 포함됩니다.

f. 범죄 용의자는 죄가 판결될 때까지 보호받아야 합니다.

민수기 35장 11-12절
하나님께서는 모세에게 실수로 누군가를 죽인 사람들을 위한 도피성을 세우는 것에 관하여 명령하십니다.

여호수아 20장 1-6절
하나님께서는 후에 이 명령을 여호수아에게 확증하십니다.

g. 한 명의 증인은 유죄 판결을 내리는데 충분하지 않습니다.

신명기 19장 15절
…한 증인으로만 정할 것이 아니요 두 증인의 입으로나 또는 세 증인의 입으로 그 사건을 확정할 것이며

디모데전서 5장 19절
장로에 대한 고발은 두세 증인이 없으면 받지 말 것이요
[민수기 35장 30절, 신명기 17장 2-11절, 잠언 11장 14절, 마태복음 18장 16절을 함께 참조하세요.]

h. 뇌물은 판단의 여지가 없습니다.

출애굽기 23장 8절
너는 뇌물을 받지 말라 뇌물은 밝은 자의 눈을 어둡게 하고 의로운 자의 말을 굽게 하느니라

신명기 16장 19절
너는 재판을 굽게 하지 말며 사람을 외모로 보지 말며 또 뇌물을 받지 말라 뇌물은 지혜자의 눈을 어둡게 하고 의인의 말을 굽게 하느니라

잠언 17장 23절
악인은 사람의 품에서 뇌물을 받고 재판을 굽게 하느니라
[잠언 28장 21절, 전도서 7장 7절, 이사야 5장 23절, 33장 15-16절을 함께 참조하세요.]

i. 정의는 부자인지 가난한 지에 따라 좌우되어서는 안 됩니다.

레위기 19장 15절
너희는 재판할 때에 불의를 행하지 말며 가난한 자의 편을 들지 말며 세력 있는 자라고 두둔하

지 말고 공의로 사람을 재판할지며

신명기 1장 17절
재판은 하나님께 속한 것인즉 너희는 재판할 때에 외모를 보지 말고 귀천을 차별 없이 듣고 사람의 낯을 두려워하지 말 것이며…

잠언 22장 2절
가난한 자와 부한 자가 함께 살거니와 그 모두를 지으신 이는 여호와시니라
[출애굽기 23장 3, 6절, 잠언 24장 23절, 디모데전서 5장 21절, 야고보서 2장 5-9절을 함께 참조하세요.]

j. 범죄로부터의 자유가 범죄자를 불쌍히 여기는 것보다 더 중요합니다.

신명기 19장 13절
네 눈이 그를 긍휼히 여기지 말고 무죄한 피를 흘린 죄를 이스라엘에서 제하라 그리하면 네게 복이 있으리라
[19장 20-32절, 21장 21절을 함께 참조하세요.]

디모데전서 5장 20절
범죄한 자들을 모든 사람 앞에서 꾸짖어 나머지 사람들로 두려워하게 하라

k. 피 흘림은 땅에 대한 것일 뿐 아니라 사람에 대한 것이며 하나님께 대한 것입니다.

민수기 35장 33-34절
33. 너희는 너희가 거주하는 땅을 더럽히지 말라 피는 땅을 더럽히나니 피 흘림을 받은 땅은 그 피를 흘리게 한 자의 피가 아니면 속함을 받을 수 없느니라

l. 사람이 보는 것보다 하나님께서 보시기에 죄는 더욱 심각합니다; 하나님께서는 행동뿐 아니라 태도와 생각을 포함하십니다.

출애굽기 20장 17절
네 이웃의 집을 탐내지 말라 네 이웃의 아내나 그의 남종이나 그의 여종이나 그의 소나 그의 나귀나 무릇 네 이웃의 소유를 탐내지 말라
즉, 우리의 것이 아닌 것을 탐내는 것은 하나님께서 보시기에 죄입니다.

마태복음 5장 21-28절
21. 옛 사람에게 말한 바 살인하지 말라 누구든지 살인하면 심판을 받게 되리라 하였다는 것을 너희가 들었으나 22. 나는 너희에게 이르노니 형제에게 노하는 자마다 심판을 받게 되고… 미련한 놈이라 하는 자는 지옥 불에 들어가게 되리라… 27. 또 간음하지 말라 하였다는 것을 너희가 들었으나 28. 나는 너희에게 이르노니 음욕을 품고 여자를 보는 자마다 마음에 이미 간음하였느니라

혁명을 위한 공산주의 규칙Communist Rules for Revolution

다음의 목록은 연합군이 독일 뒤셀도르프에서 사본을 입수한 후, Bartlesville Examiner-Enterprise(1999년)에 발표되었습니다.

1. 젊은이들을 타락시키십시오; 종교에서 떠나도록 하십시오. 성sex에 관심을 끌게 하십시오. 피상적으로 되게 하십시오. 견고함을 파괴하십시오.

2. 언론의 모든 수단을 장악하십시오.
- 사람들이 운동, 외설스러운 책과 놀이 그리고 다른 사소한 것들에 관심을 집중하게 함으로써 정부에 관한 생각을 잊게 하십시오.
- 시시콜콜한 논쟁거리를 반복하여 사람들이 적대적인 집단으로 나눠지게 하십시오.
- 지도자에 대한 경멸, 조롱, 치욕을 갖게 함으로써 그에 대한 믿음을 파괴하십시오.
- 언제나 참된 민주주의를 설교하지만 가능한 빠르고 무자비하게 권력을 장악하십시오.
- 정부의 사치를 조장하고, 신용을 파괴하고, 물가 상승과 일반적인 불만으로 인플레이션에 대한 두려움을 일으키십시오.
- 중요 산업에서 불필요한 파업을 선동하고 시민들의 소요를 조장하며 이러한 혼란에 대해 정부 측에서는 관대하고 부드러운 태도를 조성하십시오.
- 그럴듯한 논법으로 오래된 도덕적 미덕(정직, 금욕, 자기희생, 약속된 말씀에 대한 믿음, 견고함)을 무너뜨리십시오.

3. 모든 총기를 압수하고 무력하게 살아가게 할 목적으로 어떤 구실을 붙여서라도 모든 총기를 등록하게 하십시오.

ACTS(아신대학교) 교육연구소 소개

고 이영덕 박사님의 연구기금으로 시작된 ACTS 교육연구소는
교회, 가정 ,학교의 교육이 하나님의 뜻 위에 바로 세워지는 것을 목표로
교육학자 및 교사들이 모여 하나님의 교육을 고민하고 연구하면서 시작되었다.
본 연구소는 변화하는 시대 속에서 하나님의 진리에 입각한 교육이 이루어지도록
연구와 교육 및 출판 사업 등을 통하여 한국 기독교교육에 지속적으로 기여하고자 한다.

역자소개
서혜란
아신대학교 기독교교육학과(B.A) 졸업
숭실대학교 일반대학원 평생교육학과(M.A) 졸업
Southwestern Baptist Theological Seminary Christian Education(M.A) 졸업
Southwestern Baptist Theological Seminary Christian Education(Ph.D) 졸업
현재 아신대학교, 서울기독대학교 강사